新視野
中華經典文庫

新 視 野
中華經典文庫

第二版

顏氏家訓

名譽主編 饒宗頤

導讀及譯註 李小杰

中華書局

新視野中華經典文庫

顏氏家訓

□

導讀及譯註

李小杰

□

出版

中華書局（香港）有限公司

香港北角英皇道 499 號北角工業大廈一樓 B
電話：(852) 2137 2338　傳真：(852) 2713 8202
電子郵件：info@chunghwabook.com.hk
網址：http://www.chunghwabook.com.hk

□

發行

香港聯合書刊物流有限公司

香港新界荃灣德士古道 220-248 號
荃灣工業中心 16 樓
電話：(852) 2150 2100　傳真：(852) 2407 3062
電子郵件：info@suplogistics.com.hk

□

印刷

深圳中華商務安全印務股份有限公司

深圳市龍崗區平湖鎮萬福工業區

□

版次

2013 年 1 月初版
2022 年 8 月第二版

□

規格

大 32 開（205 mm × 143 mm）

□

ISBN：978-988-8808-25-0

出版説明

為什麼要閱讀經典？道理其實很簡單——經典正正是人類智慧的源泉、心靈的故鄉。也正是因此，在社會快速發展、急劇轉型，因而也容易令人躁動不安的年代，人們也就更需要接近經典、閱讀經典、品味經典。

邁入二十一世紀，隨着中國在世界上的地位不斷提高，影響不斷擴大，國際社會也越來越關注中國，並希望更多地了解中國、了解中國文化。另外，受全球化浪潮的衝擊，各國、各地區、各民族之間文化的交流、碰撞、融和，也都會空前地引人注目，這其中，中國文化無疑扮演着十分重要的角色。相應地，對於中國經典的閱讀自然也就有不斷擴大的潛在市場，值得重視及開發。

於是也就有了這套立足港台、面向海外的「新視野中華經典文庫」的編寫與出版。希望通過本文庫的出版，繼續搭建古代經典與現代生活的橋樑，引領讀者摩挲經典，感受經典的魅力，進而提升自身品位，塑造美好人生。

本文庫收錄中國歷代經典名著近六十種，涵蓋哲學、文學、歷史、醫學、宗教等各個領域。編寫原則大致如下：

（一）精選原則。所選著作一定是相關領域最有影響、最具代表性、最值得閱讀的經典作品，包括中國第一部哲學元典、被尊為「群經之首」的《周易》，儒家代表作《論語》、《孟子》，道家代表作《老子》、《莊子》，最早、最有代表性的兵書《孫子兵法》，最早、最系統完整的醫學典籍《黃帝內經》，大乘佛教和禪宗最重要的經典《金剛經》、《心經》、《壇經》，中國第一部詩歌總集《詩經》，第一部紀傳體通史《史記》，第一部編年體通史《資治通鑒》，中國最古老的地理學著作《山海經》，中國古代最著名的遊記《徐霞客遊記》，等等，每一部都是了解中國思想文化不可不知、不可不讀的經典名著。而對於篇幅較大、內容較多的作品，則會精選其中最值得閱讀的篇章。使每一本都能保持適中的篇幅、適中的定價，讓普羅大眾都能買得起、讀得起。

（二）尤重導讀的功能。導讀包括對每一部經典的總體導讀、對所選篇章的分篇（節）導讀，以及對名段、金句的賞析與點評。導讀除介紹相關作品的作者、主要內容等基本情況外，尤強調取用廣闊的「新視野」，將這些經典放在全球範圍內、結合當下社會生活，深入挖掘其內容與思想的普世價值，及對現代社會、現實生活的深刻啟示與借鑑意義。通過這些富有新意的解讀與賞析，真正拉近古代經典與當代社會和當下生活的距離。

（三）通俗易讀的原則。簡明的註釋，直白的譯文，加上深入淺出的導讀與賞析，希望幫助更多的普通讀者讀懂經典，讀懂古人的思想，並能引發更多的思考，獲取更多的知識及更多的生活啟示。

（四）方便實用的原則。關注當下、貼近現實的導讀與賞析，相信有助於讀者「古為今用」、自我提升；卷尾附錄「名句索引」，更有助讀者檢索、重溫及隨時引用。

（五）立體互動，無限延伸。配合文庫的出版，開設專題網站，增加朗讀功能，將文庫進一步延展為有聲讀物，同時增強讀者、作者、出版者之間不受時空限制的自由隨性的交流互動，在使經典閱讀更具立體感、時代感之餘，亦能通過讀編互動，推動經典閱讀的深化與提升。

這些原則可以說都是從讀者的角度考慮並努力貫徹的，希望這一良苦用心最終亦能夠得到讀者的認可、進而達致經典普及的目的。

「弘揚中華文化」是中華書局的創局宗旨，二〇一二年又正值創局一百周年，「承百年基業，傳中華文明」，本局理當更加有所作為。本文庫的出版，既是對百年華誕的紀念與獻禮，也是在弘揚華夏文明之路上「傳承與開創」的標誌之一。

需要特別提到的是，國學大師饒宗頤先生慨然應允擔任本套文庫的名譽主編，除表明先生對本局出版工作的一貫支持外，更顯示先生倡導經典閱讀、關心文化傳承的一片至誠。在此，我們要向饒公表示由衷的敬佩及誠摯的感謝。

倡導經典閱讀，普及經典文化，永遠都有做不完的工作。期待本文庫的出版，能夠帶給讀者不一樣的感覺。

目錄

卷三

卷四

卷五

卷六

卷七

教育在學校之外

——《顏氏家訓》的現代詮釋

宋人陳振孫在《直齋書錄解題》中對《顏氏家訓》作出了「古今家訓，以此為祖」的評價。《顏氏家訓》為歷代士族高門所推崇，在後世廣為徵引，被反覆刊刻。因此，《顏氏家訓》影響深遠。

對《顏氏家訓》的研究可分為教育思想、倫理道德、版本和文論研究四種。大陸學者以研究教育及家庭倫理為主，自80年代起至今有40多篇文章發表，大多對顏之推的教育方法持認同意見，認為《顏氏家訓》對現代教育有參考價值[1]。而台灣研究者在關注《顏氏家訓》的家庭倫理之餘，還對其版本及資料耙梳作出了貢獻。周法高在1960年寫就《顏氏家訓彙注》，尤雅姿在90年代發表版本和思想方面的研究[2]，交通大學潘呂棋昌根據不同版本作出顏氏家族的世系表，為後人研究提供方便。日本六朝文學研究素有傳統，其漢學界比較注重《顏氏家訓》中的文學論。鈴木虎雄早在1927年的著作《中國詩論史》中就有所論述，另有林田慎之助的《顏之

1 如80年代有周國光的《顏之推的教育思想》，見《貴州社會科學》，1984年第2期；90年代有揚明的《顏之推的家庭教育方法》，見《華夏文化》，1996年第3期。

2 如《顏氏家訓版本研究》、《顏氏家訓倫理思想述要》等。

推的生活與文學論》，興膳宏《六朝文學論稿》中的《顏之推的文學論》。近年中國大陸各大高校的碩士、博士論文也仍不脫以上三種範式。《顏氏家訓》的研究汗牛充棟，可是對《顏氏家訓》的現代詮釋仍然罕見，實為遺憾。故此，此文從當下社會現象出發，探討《顏氏家訓》在社會道德與通識教育等問題上對當今社會所起的借鑒作用。

近年，頻聞善向教師提無理要求的「怪獸家長」出招[3]，令倍感壓力的教師百上加斤，過分保護子女的「直升機父母」垂直監視[4]，使自理能力甚低的學生更顯「寶貝」。同時，又驚聞社會上出現了各種食物安全問題和道德問題。社會上種種光怪陸離的現象令人不禁發出疑問：這個社會怎麼了？塑造社會各色人等素質的教育是否出現了問題？

重視家庭教育，是中華民族的優良傳統，我國早在周朝便出現了「家訓」[5]。《顏氏家訓》問

---

3 「怪獸家長」一詞來自日本，意思是屢次對學校提出無理要求、妨礙正常學校管理的家長。香港屈穎妍著有《怪獸家長》一書，探討此現象。屈穎妍：《怪獸家長》，香港：天行者出版社，2010年10月。

4 「直升機父母」指某些「望子成龍」、「望女成鳳」心切的父母，就像直升機一樣盤旋在孩子的上空，時時刻刻監控孩子的一舉一動。

5 中國家訓的濫觴可追溯至「周公家訓」。春秋戰國、秦漢、三國也是傳統家訓的發軔期。直至漢代，中國才出現單篇的家訓文獻，如漢代班昭的《女誡》、蔡邕的《女訓》、馬援的《誡兄子嚴、敦書》、鄭玄的《戒子益恩書》、三國諸葛亮的《誡子書》、南北朝時期王僧虔的《誡子書》等。這些家訓篇幅不長，往往因事生教，一事一議，因而對後世的影響均無法與顏之推所撰的《顏氏家訓》相提並論。

世後，受到歷代推崇。宋代晁公武稱是書：「述立身治家之法，辨正時俗之謬，一訓子孫。」明人傅太平在其刻印本〈序〉中說：「蓋〈序致〉至終篇，罔不折衷古今，會理道焉，是可範矣。」清人趙曦明在《抱經堂叢書・顏氏家訓・跋》中譽其為：「苟非大愚不靈，未有讀之而不知興起者。」無論是宋人「立身治家之法，辨正時俗之謬」的評論、還是明人「罔不折衷古今，會理道焉，是可範矣」的讚譽，抑或是清人「未有讀之而不知興起者」的肯定，都把《顏氏家訓》的家庭教育一項放在「修齊治平」這個至高位置上，這與當代家長以「消費意識」要求學校包辦學生順利升學、建立良好操行的觀念迥然不同。**《顏氏家訓》在今日的意義，不僅僅是規範世人，振奮人心，更重要的是向世人展示家庭對道德與教育的主動承擔。**

道德的敗壞：以無恥對抗無恥

「這是最好的時代，這是最壞的時代。」近年，中國崛起，處處可見大國蹤跡。不過與此同時，不少顛覆中國人傳統道德倫理的事情也在發生，如不攙扶倒地老人，富二代、官二代囂張跋扈，部分人炫耀財富……有人說這是道德最敗壞的時代，於是，不少人選擇以無恥對抗無恥，他們認為只有更無恥，才能符合這個「過把癮就死」的時代。人們開始把責任都歸咎於群體，越來越多的人淪為「烏合之眾」[6]，採取「以無恥對抗無恥」這種軟弱的態度來對抗冷漠和釋放慾望。

或許，我們可以對比顏之推所處的時代，再反省自身有沒有理由將道德的敗壞完全歸咎於時代。

顏之推身處一個狼煙四起、兵連禍結的戰爭年代。南北朝兩百年間，中國共出現九個王朝。臣廢君，子弒父，朝代更迭，社會動盪不安，人民流離失所。顏之推雖然身為官二代，歷經三朝，但他不但沒有以門第自居，反而勘破了時代的重重迷霧，仍用傳統儒學的忠、孝、仁、義和中庸之道來「提撕」子孫，教化家庭成員修身齊家。

顏之推，字介，琅琊臨沂（今屬山東）人，出生於書香門第。西晉末年，顏之推的九世祖顏含隨琅琊王司馬睿南渡，是「中原冠帶隨晉渡江者百家」之一[7]。至其祖父顏見遠，因隨南齊的南康王蕭寶融出鎮荊州，舉家從金陵遷居江陵。《梁書・文學傳》稱顏見遠「博學有志行」，而且在梁武帝蕭衍代齊之後，「乃不食，發憤數日而卒」。顏之推的父親顏協，曾任梁湘東王蕭繹

6 法國學者古斯塔夫・勒龐指出，個人一旦融入群體，他的個性便會被湮沒，群體的思想會佔據絕對的統治地位；與此同時，群體的行為也會表現出排斥異議、極端化、情緒化及低智商化等特點，進而對社會產生破壞性的影響。見古斯塔夫・勒龐：《**烏合之眾：大眾心理研究**》，北京：中央編譯出版社，1998年二月。

7 顏之推《**觀我生賦**》自註。

的王國常侍等職，亦有「博涉群書，工於草隸」之譽。由此可見，顏之推的家族不但世代為官，且屬僑姓高門之列。

顏之推自幼好學，博覽群書，辭采華茂，深為梁湘東王賞識，十九歲任湘東王國左常侍。後來梁亡，顏之推仕於北齊，歷二十年，累官至黃門侍郎。公元五七七年，北齊為北周所滅，北周大象末他被任為御史上士。公元五八一年，隋滅北周，他又於隋文帝開皇年間，被太子楊勇召為學士[8]。顏之推自歎「三為亡國之人」，身仕四朝，可謂屢經世變。但他在晚年回首過去，撰寫《顏氏家訓》之時，不但沒有傳授後輩厚黑之術，反而着重以儒家的倫理道德規範教育子孫。綜觀《顏氏家訓》全書，除〈序致第一〉篇外，作者從〈教子第二〉至〈終制第二十〉篇都論及以家庭為依託的人的一生，包括倫常關係、風操品格、學習文章、實際應務、養生歸心、音辭雜藝等諸多方面，而儒學的「修齊治平」的理想始終貫徹在這些具體的日常生活道德實踐中。

有人說中國人的傳統道德價值是建立在熟人社會下的「恥感文化」中的[9]。顧名思義，所

---

8 梁簡文帝大寶元年（五五〇），侯景叛軍攻陷郢州治所夏口，顏之推平生第一次成為俘虜。梁元帝承聖三年（五五四），西魏攻陷江陵，梁元帝被俘殺，顏之推再次被俘，遣送西魏。隋文帝取代北周後，顏之推被太子召為學士。

9 「恥感文化」是美國人類學家露絲·本尼迪克特在《菊花與刀》一書中給日本文化類型下的定義，這是與西方「罪感文化」比較下概括出來的，恥感文化也是中國傳統文化的重要內容之一。時至今日，香港仍到處可見「面斥不雅」的告示。

謂恥感文化就是一種注重廉恥的文化心態。這種文化的特徵是人們非常在乎別人怎麼看、怎麼說、怎麼議論，故其行為被諸多的外在社會因素和標準規範所制約和支配。

儒家孔孟的思想其實蘊含了恥感形成的倫理道德體系，如《論語．憲問》中說：「子曰：『君子恥其言而過其行。』」《論語．為政》言：「道之以政，齊之以刑，民免而無恥；道之以德，齊之以禮，有恥且格。」[10] 不論是孔子提倡以道德來引導，以禮法來約束人們，還是孟子以「羞惡之心」作為人與生俱來的特性，均是儒家倫理道德體系對人所作出的約束。然而，現代社會打破了以往由大家族組成的規範社會，逐漸演變為以小家庭為單位的個人主義社會。群體社會規範湮滅，個人主義興起，都標誌着儒家文化所形成的恥感文化的坍塌。世俗的道德觀念受到衝擊，更讓「以無恥對抗無恥」這種去恥感化的文化有了生長的土壤。西方雖然也經歷了現代化的進程，但是他們仍有宗教這一超越的價值系統作為最後一道防火牆，而中國由於沒有類似

10 體現恥感文化的還有《論語．泰伯》：「邦有道，貧且賤焉，恥也；邦無道，富且貴焉，恥也。」當中把個人的貧賤榮辱和國家興衰存亡聯繫起來，把國家的振興視為自己的責任。這種聯繫體現了士大夫的使命感和擔當精神。孟子則認為「羞惡之心」是人與生俱來的特性，是人之為人的依據。「無羞惡之心，非人也。」明末清初思想家顧炎武也十分重視「恥」，他認為聖人之道就是要「博學於文」、「行己有恥」。他說：「恥之於人大矣，不恥惡衣惡食，而恥匹夫匹婦之不被其澤」，強調要把抽象的道德原則轉化為具體的實踐，要使人們受其恩澤。總之，儒家把恥感同道德聯繫起來，認為恥感是成就道德理想的基本環節。

的基督教神聖世界，從而在物質主義和經濟發展面前，步步倒退，陷入道德的滑坡。

顏之推處於政權更迭頻繁的時代，但是他沒有抱怨環境，入仕北齊後，他對自己的行為時感愧怍，於是在作品中寫到「未獲殉陵墓，獨生良足恥」[11]、「小臣恥其獨死，實有愧於胡顏」[12]等句子，顯示出內心的愧疚與沉痛。不過，顏之推沒有從此沉淪不起，反而「知恥而後勇」，在晚年把自己的經歷及思想沉澱成一本有益於子孫後代的書，成為後人榜樣。

錯位的教育：拚魚不如拚漁

門閥制度自東漢開始發展，至顏之推的時期已臻頂峰，不少家族如清河崔氏、范陽盧氏已歷經數朝。東晉南朝的門閥士族為了控制社會生活各個領域，獨霸社會向上流動的資源，於是竭力維持士庶之間的距離。大多數的世族子弟傲視一切，處處標榜自己門第的高貴與優越，不屑俗務，甚至對朝代更替也不甚留意，惟獨對自己家族的門第和利益百般維護。

11 顏之推：《古意》。

12 顏之推：《觀我生賦》。

南北朝講究出身，現代人依靠父蔭，兩者同樣是拼爹的時代。顏之推家是「中原冠帶隨晉渡江者百家」之一，屬於僑姓高門之列。但顏之推與今天中國一些官二代、富二代的父母不一樣，他們會為兒女攢下偌大的身家，希望子孫可以一世無憂，富貴傳家；而顏之推卻反其道而行之，所謂「授人以魚，不如授人以漁」，他特別重視對子孫後代的教育。

當代中國教育家，言必稱歐美。甚少人知道，中國歷史上，其實並非沒有本土的教育思想，只是中國的教育思想缺乏系統的闡述，且往往散見於不同的典籍，故容易被人忽略。在《顏氏家訓》之前，雖有王僧虔的《誡子書》、三國諸葛亮的《誡子書》等，但它們均以規範道德言行為主。除了散見於儒家經典的片言隻語外，真正觸及教育理論的論述少之又少。《顏氏家訓》則是相對較系統化的著作，它釐定了家長在孩子教育上的責任，並進行了較完整的闡述。

中國古代的典籍，很早已開始討論胎教的重要性。《大戴禮記》言：「胎教之道，書之玉板，藏之金匱，置之宗廟，以為後世戒。」胎教，顧名思義就是對未出世的胎兒實施教育。中國古代胎教之法要求婦女確知自己懷孕之後，就要別處靜室，閉門而居，據説這樣才能產下聰慧、秉性正直、長相端正的嬰兒。雖然這種古代的胎教有點故弄玄虛，甚至近乎巫術，不過，近年科學研究卻證實了胎教確實有獨特的功效。現代醫學、心理學家和教育家認為，所謂對胎兒實施教育，其實是刺激胎兒的感覺器官，促使其迅速發育成熟，增進其對事物反應的敏感度。胎兒在三個月時，人形已基本「塑造」成功，各器官包括大腦和神經系統已分別形成，對母親的情緒變動和外界的刺激已有反應。

《大戴禮記・保傅》中曾這樣闡述胎教的出發點：「正其本，萬物理，失之毫釐，差之千里」。《顏氏家訓・教子第二》說：「古者，聖王有胎教之法：懷子三月，出居別宮，目不邪視，耳不妄聽，音聲滋味，以禮節之」，作者提出具體的胎教方法，可見他對早期教育的重視。平民百姓假如不能實施嚴格的胎教，亦應在孩子出生後儘早教育，因此作者又提出「當及嬰稚，識人顏色，知人喜怒，便加教誨，使為則為，使止則止」，認為家長必須在嬰孩年少時便加以教誨。

孩子出生後，該用什麼方法教導呢？顏之推提出與後世西方教育家相似的教育理論——「寓慈於嚴」。寓慈於嚴即寓慈愛於嚴格的教育之中，父母教子不失愛心，愛子不忘嚴教，如《顏氏家訓・教子第二》說：「父母威嚴而有慈，則子女畏慎而生孝矣。吾見世間，無教而有愛，每不能然。」他這種寓慈於嚴的教育方法暗合現代兒童教育思想中的「恩威型」。現代育兒風格大致可分為四種類型：恩威型、專制型、縱容型和疏忽型[13]。大量研究指出育兒風格對兒童和青少年的學業成績有重要的影響。優秀的學生有高度溫暖、嚴格管理、允許兒童心理自

13 四種類型，加上兩個緯度，定型為：恩威型（高要求、高應答），專制型（高要求、低應答），縱容型（低要求、高應答）和疏忽型（低要求、低應答）。見 Baumrind,D(1991) "The influence of parenting style on adolescent competence and substance use." Journal of Early Adolescence,11:56-95.

主、積極介入學校教育的父母[14]，這類父母多為恩威型父母。教育學家認為恩威型是對孩子最有利的一種教養方式，故建議父母採用，在教育中父母要恩威並重，「寓慈於嚴」，既嚴格教導，又慈愛呵護。假如父母過度放縱孩子或過度專制，可能會把子女養成不知進退，難以適應人類社會叢林法則的怪獸，最終貽害子孫。

多元與守一：打造通識專才

西方的柏拉圖在兩千多年前提倡「七藝」：文法、修辭、邏輯、算術、幾何、天文及音樂，中國的孔子也大約在同一時期提出「六藝」：禮、樂、射、御、書、數。而近代的通識教育思想源於十九世紀，通識教育的目是培養學生獨立思考的能力，讓學生對不同的學科有所認識，能將各種知識融會貫通，最終培養出完整、健全的人格。

14 Chapell,MS&Overton,WF(1998) "Development of logical reasoning in the context of parental style and test anxiety." Merrill-Palmer Quarterly, 44(2):141-156.

漢初罷黜百家，獨尊儒術，中國的文化由多元轉趨單一。惟魏晉南北朝恰好是王綱解紐的時代，是中國歷史上一段思想自由的時期。東漢末年以來，社會矛盾日益加深，社會秩序急劇動盪，上層的統治者已無暇鉗制人們的思想。一度在意識形態上具有支配地位的儒學，此時失去了統治地位，於是知識分子藉機跨越儒學的藩籬，在思想理論上別有發展，社會上的思想呈現出百花齊放的態勢。葛洪在《抱朴子．刺驕》中稱當時士人「皆背叛禮教而從肆邪僻」，而《顏氏家訓》也沒有專於一時一事，反能容納三教九流，描寫南北差異，其多元文化元素歷來被人看重。

與當時一般的士大夫不同，顏之推既有才華，又注重實際，其勤奮嚴謹的治學精神非常值得稱道。他善於觀察社會萬象，勤於積累資料，無論在建康、江陵、還是在鄴下、關中、對所經歷的南北各朝朝野士庶中的各類人物、各地風物俗尚，凡所見聞他都能筆錄整理，並結合文獻作出必要的考證。

《顏氏家訓》全書共二十篇，內容廣泛，知識豐富。除首篇〈序致第一〉說明全書宗旨、末篇〈終制第二十〉叮囑後事、〈歸心第十六〉篇崇佛外，其餘十七篇可分為「家庭倫理」、「品德智慧」、「思想方法」、「養生處世」和「其他知識」，題材多樣。

當中〈雜藝第十九〉篇分論書法、繪畫、射箭、卜筮、算術、醫藥、音樂、投壺、博弈、遊藝等諸多方面。作者指出當時知識分子對琴棋書畫、醫卜星相都必須略知一二。「尺牘書疏，千里面目也」，書法代表了代表人的臉面。身為文人雅士，也必善一門樂器，以陶冶性情，「猶足以暢神情也」。醫學是實用知識，可用於救急，如能微解藥性，「居家得以救急，亦為勝事」。此外，顏之推一生歷經刀光劍影，故唾棄那些裝飾性的「弱弓長箭」，反而講究實用性，「弧矢之利，以威天下，先王所以觀德擇賢，亦濟身之急務也」。

不過，對於這些技藝的熟練程度，顏之推另有獨特的見解。他在〈雜藝第十九〉說：「真草書跡，微須留意」，又言：「彈棋亦近世雅戲，消愁釋憒，時可為之。」他認為一個合格的文人必須懂得這些技藝，但不應花太多時間，只可偶而為之，因為人的精力有限，應該學有專精。顏之推對實務非常重視，在〈涉務第十一〉中將國家大事分為六種，而一般人只能做好一種：「能守一職，便無愧耳。」

范文瀾稱顏之推為「當時南北兩朝最通博最有思想的學者，經歷南北兩朝，深知南北政治、俗尚的弊病，洞悉南學北學的短長，當時所有大小知識，他幾乎都鑽研過，提出自己的見解。」[15] 作為一本家訓，論及如此龐雜的內容，既談雜藝，又論風操和實務。顯然作者不是為了炫耀知識，而是希望提撕子孫，教導他們既要掌握知識，也要擁有相稱的節操；既要家庭和睦，也要教育好後代。他認為選擇這樣的生活方式，並以此為起點，便是對人對己負責了。

15 范文瀾：《中國通史簡編》，香港：商務印書館，2010。

當然，此書寫於一千多年前，難以避免有一些對今人來說不合時宜的消極內容，比如根深蒂固的男尊女卑、歧視婦女的觀念，或是宣揚迷信、明哲保身的思想等。顏氏後裔顏嗣慎在明萬曆刻本跋中說：「觀者誠能擇其善者，而各教於家，則訓之為義，不特曰顏氏而已。」故此，閱讀《顏氏家訓》應擇善而從之。

《顏氏家訓》除拓寬中國家庭教育體系的坐標外，其中個別「古字」，仍見於廣東話日常用語，連接着古代與現代世界。廣東僻處南方，香港古代乃蕞爾小島。惟關山阻隔，通訊不靈，古意得以保存。書中有廣東話中日常使用的「攰」字（見〈書證第十七〉的「弊攰之民」），其意思今天依然沒有改變，仍是疲累之意。而「擘」字（見〈書證第十七〉的「目似擘椒」），在《顏氏家訓》中的意思是分開，剖裂，在廣東話中，「擘」在日常用語的詞組為「擘開」，意為用手分開。而另一筆畫繁瑣的「糴」（見〈治家第五〉的「遣婢糴米」），早見於其他經典，如《史記》：「四年，晉饑，乞糴於秦。」以及左傳：「冬，京師來告饑，公為之請糴於宋、衞、齊、鄭，禮也。」今天在廣東話中的詞組與用法仍舊與兩千多年前一樣，「糴米」，為買米之意。初看不太常用，其實在許冠傑膾炙人口的歌曲《半斤八兩》的歌詞中仍可見此字：「我地呢班打工仔，通街走糴，直頭系壞腸胃」，當中的「走糴」有四處走動之意，引申為打工一族為口奔馳之意。

《顏氏家訓》主要刊本有宋淳熙七年（1180 年）台州公庫本、明萬曆甲戌（1574 年）顏嗣慎刻本和程榮《漢魏叢書》本、清康熙五十八年（1719年）朱軾評點本、雍正二年（1724年）黃叔琳刻節抄本、乾隆四十五年（1780年）盧文弨刻《抱經堂叢書》本、文津閣《四庫全書》本。王利器於1958年撰寫的《顏氏家訓集解》，彙聚近世諸家成果，校勘、考證、辨偽、增補，為近代的《顏氏家訓》研究奠下基礎。

卷一

序致第一

本篇導讀——

本篇是《顏氏家訓》的自序，作者交代此書的寫作目的為「整齊門內，提撕子孫」，即是要端正自家門風，教誨子孫後輩。基於這一宗旨，作者提出了兩個明確的觀點：一是長輩對幼輩的耳提面命是非常重要的，因為「同言而信，信其所親；同命而行，行其所服」；二是家庭教育應從小抓起，否則「習若自然，卒難洗盪」。作者更在這篇中以自己不同階段的經歷告誡人們，家庭教育宜早不宜遲。

夫聖賢之書，教人誠孝[1]，慎言檢跡，立身揚名，亦已備矣。魏、晉已來，所著諸子，理重事複，遞相模效，猶屋下架屋，牀上施牀耳。吾今所以復為此者，非敢軌物範世也，業以整齊門內，提撕子孫。夫同言而信[2]，信其所親；同命而行，行其所服[3]。禁童子之暴謔[4]，則師友之誡，不如傅婢之指揮；止凡人之鬥鬩（dòu xì）[5]，則堯、舜之道，不如寡妻之誨諭。吾望此書為汝曹之所信，猶賢於傅婢寡妻耳。

註釋

1 誠孝：即「忠孝」。作者為避隋文帝楊堅之父楊忠的名諱，改用「誠」字。隋書楊素傳：「煬帝手詔勞素，引古人有言曰：『疾風知勁草，世亂有誠臣。』」「誠臣」即忠臣，俱避隋諱改。2 同言：同樣的話。3 服：信服、敬服。4 暴謔：過分的笑鬧。5 凡人：顏嗣慎本作「兄弟」。鬥鬩：家庭內兄弟之間的爭執。

譯文

古代聖賢的著作，教誨人們忠誠孝順，言語謹慎，行為檢點，建功立業，傳揚美名，道理已經說得非常完備。自魏、晉以來，各種闡述聖賢道理的書，道理重複，互相抄襲，猶如屋裏建屋，牀上疊牀。現在我之所以又寫這種書，不是為了規範世人的言行，只是為了整飭自家門風，提醒子孫後輩。同樣一句話，有的人會相信，因為說話者是他們所親近的人；同樣一個吩咐，有的人會遵行，因為吩咐者是他們所敬服的人。要禁止孩童過分頑皮淘氣，師長的告誡，還不如保姆的勸阻有效；要制止兄弟間的鬥爭，則堯、舜的教導，還不如他們妻子的規勸誘導。我希望此書為你們後輩子孫所信服，那它就勝過了保姆、妻子所起的作用了。

吾家風教，素為整密。昔在齠齔（tiáo chèn）[1]，便蒙誘誨；每從兩兄，曉夕温凊（qìng）[2]，規行矩步，安辭定色，鏘鏘翼翼[3]，若朝嚴君焉。賜以優言，問所好尚，勵短引長，莫不懇篤。年始九歲，便丁荼蓼[4]，家塗離散，百口索然。慈兄鞠養，苦辛備至；有仁無威，導示不切。雖讀《禮傳》，微愛屬（zhǔ）文[5]，頗為凡人之所陶染，肆欲輕言，不修邊幅。年十八九，少知砥礪（dǐ lì）[6]，習若自然，卒難洗盪[7]。二十已後，大過稀焉；每常心共口敵，性與情競，夜覺曉非，今悔昨失，自憐無教，以至於斯。追思平昔之指[8]，銘肌鏤骨，非徒古書之誡，經目過耳也。故留此二十篇，以為汝曹後車耳[9]。

註釋

1 齠齔：垂髫換齒之時，指童年。齠與髫通。2 温凊：冬天温被，夏日扇涼。3 鏘鏘翼翼：鏘鏘，猶「蹌蹌」，形容步趨有禮節；翼翼，恭敬的樣子。鏘鏘翼翼，形容人行走時恭敬而有禮。4丁：當，遭逢。荼蓼：苦菜名，喻指苦辛。這裏指作者父母去世，家境困苦。5屬文：聯字造句，使之相屬，成為文章。《漢書·賈誼傳》：「年十八，以能誦詩書屬文，稱於郡中。」6砥礪：磨煉。7卒：通「猝」，忽然，短時間。8指：通「旨」，即意旨、意向。9後車：後繼之車，引申為借鑒。語出《漢書·賈誼傳》：「前車覆，後車誡。」

譯文

我們家的門風家教，素來嚴謹。早在孩童時代，我就得到長輩的誘導教誨。我時常跟隨兩位兄長，早晚服侍雙親，冬天溫被，夏日扇涼，做事循規蹈矩，言語平和，神色安詳，走路時恭敬有禮，就像給父母大人請安一樣。長輩們經常勉勵我，詢問我的喜好志向，鼓勵我改正短處，發揚優點，無不懇切誠篤。在我九歲之時，父母親相繼去世，家道中落，一個百口之家毫無生氣，冷落蕭條。慈愛的兄長把我撫養大，備嘗生活的艱辛；兄長仁慈卻缺乏威嚴，對我的督導不夠嚴厲。我雖然讀過《周禮》、《左傳》一類的書，也有點喜歡寫文章，但與世俗平庸之人交往而受到熏染，放縱自己的私慾，隨意說話，且不修邊幅。到了十八九歲之時，才稍知要磨煉自己的品性，但習慣成自然，很難一時更改。二十歲以後，我很少犯大錯，但經常口是心非，理智與情感總是互相矛盾，晚上察覺到自己在白天犯的過錯，今天悔悟昨天的過失，自己哀憐沒有得到良好的教育，以致落到這般境地。追想平生所立的志向，感受真是刻骨銘心，那就絕不同於古書上的告誡，僅僅看一看，聽一聽而已。因此，我特意寫下這二十篇文章，作為你們的前車之鑒吧！

賞析與點評

中國哲學是實踐的哲學，歷代儒家典籍皆曉諭人們踐行道德倫理。作者在此篇不惜自揭其醜，以個人的經歷告誡人們家庭教育的重要性，並作前後對比，使人一目了然！作者喪父之前得到良好而嚴謹的教導，故能睦兄、侍親、修身，並用儒家的倫理道德規範自己；可是後來父母親去世，家庭陷入困境，作者受到俗習熏陶而放縱私慾。成年後，習慣成自然，雖能反省悔悟，但理智與情感卻常常互相矛盾，這都是因為沒有得到一以貫之的素質教育。是故，作者以親身的經歷來演活他所寫的家訓，作為後人的前車之鑒。其中「吾家風教，素為整密。昔在齠齔，便蒙誘誨；每從兩兄，曉夕溫凊，規行矩步，安辭定色，鏘鏘翼翼，若朝嚴君焉」一節展現了現代中國少見的溫情畫面——冬天為父母溫被，夏天為雙親扇風，尤其是兄弟相處時，兄為弟範，親密無間。現代人鼓勵人際間的競爭，凡事講求效率，慢慢失去了這樣的家庭風景。

教子第二

本篇導讀——

作者在這一篇延續了〈序致第一〉教誨子孫的宗旨，較為詳細地討論了有關子女教育的問題。他認為兒童的教育應從「嬰稚」之時開始，因為兒童此時已能「識人顏色，知人喜怒」，強調教育子女之時，必須把握好嚴教和慈愛間的尺度，並列舉數例說明父母對孩子過分溺愛的害處。作者認為要保證教育效果，首先要維持父親在子女面前的威嚴，其次要對所有孩子一視同仁，不可有所偏愛。最後，作者強調了品德教育的重要性，告誡子孫不可為了仕進而諂事權貴。

上智不教而成，下愚雖教無益[1]，中庸之人，不教不知也[2]。古者，聖王有胎教之法：懷子三月，出居別宮，目不邪視，耳不妄聽，音聲滋味，以禮節之。書之玉版，藏諸金匱（guì）[3]。生子咳提[4]，師保固明孝仁禮義[5]，導習之矣。凡庶縱不能爾[6]，當及嬰稚，識人顏色，知人喜怒，便加教誨，使為則為，使止則止。比及數歲，可省笞罰。父母威嚴而有慈，則子女畏慎而生孝矣。吾見世間，無教而有愛，每不能然；飲食運為[7]，恣其所欲，宜誡翻獎，應訶反笑，至有識知，謂法當爾。驕慢已習，方復制之，捶撻至死而無威，忿怒日隆而增怨，逮於成長，終為敗德。孔子云：「少成若天性，習慣如自然」是也。俗諺曰：「教婦初來，教兒嬰孩。」誠哉斯語！

註釋

1 上智不教而成，下愚雖教無益：語出《論語．陽貨》：「唯上知與下愚不移。」2 中庸：這裏指中等之材。3 金匱：亦作「金櫃」，即銅製的櫃子，用以收藏文獻或文物。語出《大戴禮記．保傅》：「胎教之道，書之玉版，藏之金匱，置之宗廟，以為後世戒。」4 咳提：指小孩啼哭，笑鬧。5 師保：古代擔任教導皇室貴族子弟職責的官員，有師有保，統稱師保。西周時，有太保、太傅、太師，謂之「三公」；又有少保、少傅、少師，謂之「三少」。6 凡庶：尋常百姓，普通人。7 運為：言行。

譯文

智力超群的人，不用教導也能成材；智力低下的人，雖受教導也於事無補；智力中等的人，不教導就不懂事理。古時候，聖賢的君王就有胎教的方法：妃嬪懷胎三月時，就要住在專門的房間，眼不看不該看的東西，耳不聽不該聽的聲音，所聽的音樂和所嗜的口味等，都要按禮儀加以節制。胎教的方法還要記錄在玉片上，收藏在銅製的櫃子裏。孩子出生後，尚在襁褓之時，就要安排太師、太保對他進行孝、仁、禮、義等方面的引導教育。平民百姓縱然不能做到這樣，也該在孩子成為幼兒，會辨認大人的臉色、能感知大人喜怒的年齡時，就開始教育他，做到大人允許他做才做，不允許他做就立刻停止。這樣等孩子長到幾歲大時，就可省得對他使用鞭、杖的懲罰了。父母對孩子既要保持一定的威嚴，又要不失慈愛，這樣子女就會敬畏謹慎而產生孝心。我見世上有些父母，對子女不加教育，只是一味溺愛，每每不以為然。他們對子女的飲食言行，總是任其為所欲為，該告誡阻止時反而誇獎鼓勵，該呵斥的反而一笑置之。孩子長大懂事以後，便會以為這是理所當然的。孩子已經養成驕橫傲慢的習性，才想到要制止或糾正過來，就算把孩子鞭抽、棍打個半死也難以再樹立父母的威信，父母的憤怒導致子女的怨恨之情日益加深，等到子女長大成人，終會成為道德敗壞的人。孔子說：「少年若天性，習慣如自然。」說的正是這個道理。俗諺說：「教導媳婦要趁新娶的時候，教育兒子要在嬰兒的時候。」這話說得很有道理。

賞析與點評

學者研究指出，古典音樂能促進胎兒感覺神經和大腦皮層感覺中樞的發育，對胎教有相當的益處；同樣，按照現代的懷孕指南，孕婦懷孕首三個月要服用葉酸，這正與書中「音聲滋味」的見解相符。現代心理學指出，一歲左右的嬰兒的自主意識開始發展，慢慢能夠「識人顏色，知人喜怒」，故此這時父母應對兒童的壞習氣加以勸止，並且做到威慈兼備，這樣才能培養孩子良好的生活習慣。雖然在孩子的「嬰稚」時期加以約束會花許多心力，但是教得越早，麻煩越少！

凡人不能教子女者，亦非欲陷其罪惡；但重於訶怒，傷其顏色，不忍楚撻（tà）慘其肌膚耳[1]。當以疾病為諭，安得不用湯藥針艾救之哉[2]？又宜思勤督訓者，可願苛虐於骨肉乎？誠不得已也。

註釋

1 楚撻：杖打。楚，打人用的荊條。2 艾：草本植物，葉製成艾絨可供針灸用。

譯文

凡是不善於教育子女的人，並不是想讓子女作惡犯罪，他們只是不願意大聲怒斥子女，令他們臉色變得沮喪，更不忍心用荊條抽打子女，使其受皮肉之苦。對於這樣的父母，應當以治病救人的道理來打比方，一個人生了病，哪有不用湯藥、針灸就能治好的呢？也應想想那些勤於督促訓導子女的父母，難道他們願意苛刻地虐待自己的骨肉嗎？這確實是不得已啊。

王大司馬母魏夫人，性甚嚴正。王在湓（pén）城時[1]，為三千人將，年逾四十，少不如意，猶捶撻之，故能成其勳業。梁元帝時，有一學士，聰敏有才，為父所寵，失於教義。一言之是，遍於行路[2]，終年譽之；一行之非，掩藏文飾，冀其自改。年登婚宦[3]，暴慢日滋，竟以言語不擇，為周逖抽腸釁（xìn）鼓云[4]。

註釋

1 湓城：也稱湓口，湓浦，是湓水匯入長江之處，即今天的江西九江。2 行路：路上的行人，漢、魏、南北朝人習用語，猶言陌生人。3 婚宦：結婚和為官。這裏指成年。4 釁：以牲血塗抹器物進行祭祀。

譯文

大司馬王僧辯的母親魏老夫人，秉性十分嚴謹方正。王僧辯駐守在湓城時，已經是一位統率三千士卒的將領，年齡已超過四十歲，可是當他的言行稍為不順從母親的意思，老夫人仍用棍棒教訓他，因而成就了王僧辯的績業。在梁元帝時，有一位學士，聰明機敏有才華，從小被他的父親嬌寵，管教失當。他若說對了一句話，他父親就到處宣揚，巴不得過往行人都曉得，整年都掛在嘴邊；如果他做錯了一件事，他父親就極力為他遮掩粉飾，希望他能自覺改正。這學士成年後，粗暴傲慢的惡習日益滋長，最終因說話不檢點，得罪了周逖，被周逖抽出腸子，還用他的血去祭戰鼓。

父子之嚴，不可以狎（xiá）[1]；骨肉之愛，不可以簡。簡則慈孝不接，狎則怠慢生焉。由命士以上[2]，父子異宮[3]，此不狎之道也；抑搔癢痛，懸衾（qīn）篋（qiè）枕[4]，此不簡之教也。或問曰：「陳亢喜聞君子之遠其子，何謂也？」對曰：「有是也。蓋君子之不親教其子也。《詩》有諷刺之辭，《禮》有嫌疑之誡，《書》有悖亂之事，《春秋》有邪僻之譏，《易》有備物之象：皆非父子之可通言，故不親授耳。」

註釋

1 狎：親近而不莊重。2 命士：指受朝廷爵命的士。3 宮：房屋，住宅。4 懸衾篋枕：把被子捆好懸掛起來，把枕頭放進箱子裏。

譯文

父親對孩子要有威嚴，不可過分親昵；骨肉之間應相親相愛，不可怠懶簡慢。若怠懶簡慢，就不能做到父慈子孝，過分親昵就會產生放肆不敬之心。從有地位的讀書人往上數，都是父子分室居住，這就是防止父子過分親昵的方法。為身體不適的長輩按摩抓搔；替長輩整理卧具，這些都是講究禮節的教育。有人問：「孔子的弟子陳亢聽到孔子疏遠自己的兒子而高興，這是什麼緣故呢？」回答說：「這是有道理的。因為君子不親自教授他的孩子。《詩經》裏有諷刺君主的言辭，《禮記》中有自避嫌疑的告誡，《尚書》裏有違禮作亂的事，《春秋》中有對淫亂行為的譏諷，《易經》裏有備物致用的卦象，這些都不是父親可以直接向子女講解的，所以君子不親自教導自己的孩子。」

賞析與點評

孔子說：「君君、臣臣、父父、子子」，西漢的董仲舒提出「君為臣綱，父為子綱，夫為妻綱」，目的就是要捍衛君王，父親和丈夫的絕對權威。只有絕對的權威得到維護，父親在家庭和政治上的絕對管制權才能得到捍衛，至於兒女往往就變成了從屬品。在現代的家庭裏，父親一般都會唱黑臉，並和孩子拉開一定的距離，否則當要運用權威鎮住孩子時，就難於成功。

齊武成帝子琅琊王，太子母弟也，生而聰慧，帝及后並篤愛之，衣服飲食，與東宮相準[1]。帝每面稱之曰：「此黠（xiá）兒也[2]，當有所成。」及太子即位，王居別宮，禮數優僭[3]，不與諸王等；太后猶謂不足，常以為言。年十許歲，驕恣無節，器服玩好，必擬乘輿[4]；嘗朝南殿，見典御進新冰[5]，鈎盾獻早李[6]，還索不得，遂大怒，訽（gòu）曰[7]：「至尊已有，我何意無？」不知分齊（jì）[8]，率皆如此。識者多有叔段、州吁之譏[9]。後嫌宰相，遂矯詔斬之，又懼有救，乃勒麾下軍士，防守殿門；既無反心，受勞而罷，後竟坐此幽薨（hōng）[10]。

註釋

1 東宮：太子所居之處，代指太子。準：比照。2 黠：聰明。3 禮數：古代按名位而分的禮儀等級制度。4 乘輿：皇帝的車子，後用以代指皇帝。5 典御：古代主管帝王飲食的官員。6 鈎盾：古代官署名，主管皇家園林遊獵等事項。7 訽：罵。8 分齊：本分定限的意思。9 叔段：春秋時期鄭莊公的弟弟，因為從小受到母親的溺愛，行事不守禮制，起兵謀反，被擊敗，逃亡至共地，因此稱為共叔段。州吁：春秋時期衞莊公的兒子，受到莊公的寵愛。莊公的另一個兒子桓公即位後，州吁作亂，自立為君，被大臣除掉。10 坐：獲罪。薨：古代稱侯王死為「薨」。

譯文

齊武成帝高湛的三兒子琅琊王高儼，是太子高緯的胞弟，他天生聰慧，武成帝和皇后都非常喜歡他，他的飲食和衣服跟太子沒有兩樣。武成帝經常當面稱讚他說：「這是個聰明的孩子，將來應當有所成就。」後來太子即位，琅琊王搬到其他宮殿居住，不過他的待遇仍然十分優厚，超過其他諸侯。即便如此，太后還認為不夠，常為此向皇帝訴說。琅琊王才十來歲，就驕橫放肆，毫無節制，他在吃穿用住等方面都要與皇帝相比。有一次琅琊王到南殿朝拜，見典御官向皇帝進獻新從地窖裏取出的冰塊，鉤盾令進獻早熟的李子，於是他回府後就派人去索取，未能如願，他就大發脾氣，罵道：「皇帝已經有的東西，我為什麼沒有？」他的言行不知分寸，在其他事情上也是這樣。有識之士大多指責他好像古代的共叔段、州吁一樣。後來，琅琊王假傳聖旨，殺了與他有嫌隙的宰相，行刑時他擔心有人來營救，竟命令手下的軍士守住皇帝所在的宮殿大門。他雖然本無反叛之心，受到安撫後也撤了兵，但最終還是因此事被皇帝下密令處死。

賞析與點評

因溺愛子女而產生的悲劇，並不鮮見，可惜人們沒有把歷史淬煉成經驗，當代有許多父母仍然過分「溺愛」子女。除了因為父母加倍寵愛獨生寶貝外，他們另有自私的原因：父母把子女當成自己生命和身體的延續、自我的延伸，他們不想子女再遭受一次自己經歷過的磨難，於是盡力幫助他們避開。可惜，一葉遮目，因愛成障！父母因為過分溺愛子女，於是選擇性地遺忘每個個體生命都必須面對磨難才能圓滿，沒有人能代替。本章首段說：「吾見世間，無教而有愛，每不能然。」不督導子女，只知溺愛，愛人往往變成害人。近年，有些報道指出「港孩」自理能力低，有些小六學生甚至連簡單的綁鞋帶、洗頭等也不懂。試問孩子離開父母後應如何獨立生活？在內地，每年學期伊始，同樣能看到新一代大學生離開父母後，在學校宿舍不懂得洗衣疊被的新聞，這不禁讓人感歎！《戰國策．觸龍說趙太后》便借憐愛其幼子的太后道出：「父母之愛子，則為之計深遠。」今天的父母應明白：放手，才能握在手。

人之愛子，罕亦能均；自古及今，此弊多矣。賢俊者自可賞愛，頑魯者亦當矜憐。有偏寵者，雖欲以厚之，更所以禍之。共（gōng）叔之死[1]，母實為之。趙王之戮[2]，父實使之。劉表之傾宗覆族，袁紹之地裂兵亡，可為靈龜明鑒也[3]。

註釋

1 **共叔**：即共叔段。2 **趙王**：漢高祖與戚夫人的兒子趙隱王如意。漢高祖曾經想立他為太子，後因大臣阻止而作罷。高祖死後，呂后將戚夫人囚禁，把她製成「人彘」，並毒害如意。3 **靈龜明鑒**：古人以龜殼占卜，以銅鏡照形，故以此二物比喻可資借鑒的事。盧文弨曰：「龜可以占事，鑒可以照形，故以此為比。」

譯文

人們疼愛自己的子女，很少能做到一視同仁。從古到今，這造成的弊病太多了。那聰慧俊秀的孩子，固然值得賞識喜愛；至於那些頑劣愚鈍的孩子，也應當得到憐惜和愛護。那些偏寵孩子的父母，雖然想厚待他們的孩子，但是反而害了孩子。共叔段之死，實際是他母親造成的；趙王如意被殺，其實是他父親促成的。劉表的宗族傾覆，袁紹的兵敗失地（皆有子弟不和的原因），都可說是像靈龜顯示的卦象和明鏡照出的影像一樣值得借鑒啊。

賞析與點評

中國人說：「愛之深，責之切」，但是事實往往變成「愛之深，害之切」。父母不可人為地為小孩製造一個溫室，因為總有一天，父母要離去，孩子要走出這個溫室，面對現實，與別人交友互動。

齊朝有一士大夫，嘗謂吾曰：「我有一兒，年已十七，頗曉書疏[1]，教其鮮卑語及彈琵琶，稍欲通解，以此伏事公卿[2]，無不寵愛，亦要事也。」吾時俛（fǔ）而不答[3]。異哉，此人之教子也！若由此業，自致卿相，亦不願汝曹為之。

註釋

1 書疏：指文書信函等的書寫工作。2 伏事：即服侍。伏，通「服」。3 俛：同「俯」，低頭。

譯文

齊朝有一個士大夫，曾經對我說：「我有一個兒子，已經十七歲了，能寫文書、信札等，教他學鮮卑語和彈琵琶，他也逐漸掌握了。他以這些本領來為王公大臣服務，王公大臣沒有不寵愛他的，這也是一件重要的事啊。」我當時低頭不語，沒有回答。這個人教育孩子的方法真奇怪啊！如果是靠這些事來取悅別人，就是能當上卿相，我也不願你們去做。

兄弟第三

本篇導讀——

作者認為夫婦、父子和兄弟，「一家之親，此三而已矣」，指出這是人倫中最重要的三種關係。在宗法制度長期延續的中國，父子是縱向代際傳承，兄弟關係是橫向的關係，二者都是倫理關係網的重要組成部分，而和睦的兄弟關係更是家庭單位的表率。顏之推認為兄弟之間骨肉情深，「分形連氣」，理應相親相愛。如果兄弟之間不友愛，那麼子姪之間的關係就會疏遠，進而影響家族的團結。作者還論述了一些影響兄弟感情的原因，包括妻子、僕婢的挑撥，以及妯娌之間的衝突。他認為倘若人能不斷自省，處事公正，兄友弟恭，兄弟間便不會不相愛了。

夫有人民而後有夫婦，有夫婦而後有父子，有父子而後有兄弟：一家之親，此三而已矣。自茲以往，至於九族[1]，皆本於三親焉，故於人倫為重者也，不可不篤。兄弟者，分形連氣之人也[2]。方其幼也，父母左提右挈（qiè）[3]，前襟後裾，食則同案，衣則傳服[4]，學則連業[5]，游則共方，雖有悖亂之人，不能不相愛也。及其壯也，各妻其妻，各子其子，雖有篤厚之人，不能不少衰也。娣姒（dì sì）之比兄弟[6]，則疏薄矣；今使疏薄之人，而節量親厚之恩，猶方底而圓蓋，必不合矣。唯友悌（tì）深至[7]，不為旁人之所移者，免夫！

註釋

1 九族：指本身以上的父、祖、曾祖、高祖和以下的子、孫、曾孫、玄孫。也以父族四、母族三、妻族二為「九族」。2 分形連氣：形體各別，氣息相通。3 挈：領，扶持。4 傳服：指大孩子穿過的衣服留給小孩子穿。5 業：古代書寫經籍的大版。連業是指哥哥用過的書籍，弟弟又接着使用。6 娣：弟妹。姒：嫂。娣姒，兄弟之妻的互稱，即「妯娌」。語出《爾雅．釋親》：「長婦謂稚婦為娣婦，娣婦謂長婦為姒婦。」7 友：兄弟相親。悌：敬愛兄長。

譯文

先有人類之後才有夫婦，有了夫婦之後才有父子，有了父子之後才有兄弟，一個家庭中的親人，僅此三者而已。由此延續推廣，直到所謂九族，都是來源於「三親」，因此說「三親」是人倫關係中最重要的，不可不重視。兄弟，是一母所生、形體不同而氣血相通的人。在他們小時候，父母左手拉着一個，右手扯着另一個；這個牽着父母衣服的前襟，那個抓着衣服的後擺；吃飯時兄弟共用一個盤案；哥哥穿過的衣服再傳給弟弟；哥哥用過的課本弟弟接着用；遊玩時，兄弟同去一個地方。兄弟之間即使有悖禮胡鬧的人，也不能不互相愛護。等到兄弟都長大了，各自娶了妻子，撫養自己的孩子，即使是忠誠厚道的兄弟，感情也不能不比小時候淡薄疏遠。妯娌與兄弟相比，妯娌間的感情是疏遠淡漠很多的。如今讓感情疏遠淡薄的妯娌來節制度量兄弟的感情，就好像給方形的底座配上圓形的蓋子，必定是不會適合的。惟有兄弟間互相愛護，感情深厚，不會因別人的影響而疏遠關係，才可避免上述情況！

二親既歿（mò）[1]，兄弟相顧，當如形之與影，聲之與響；愛先人之遺體[2]，惜己身之分氣[3]，非兄弟何念哉？兄弟之際，異於他人，望深則易怨[4]，地親則易弭[5]。譬猶居室，一穴則塞之，一隙則塗之，則無頹毀之慮；如雀鼠之不恤，風雨之不防，壁陷楹淪[6]，無可救矣。僕妾之為雀鼠，妻子之為風雨，甚哉！

註釋　1歿：死。2先人：指已死亡的父母。遺體：古人認為自己的身體是父母死後遺留下來的，故稱「遺體」。3分氣：分得的父母的血氣。4望：期望，責望。5地親：地近情親。弭：止息。6楹：廳堂前的柱子。淪：沒落，塌陷。這裏指摧折。

譯文　父母去世後，兄弟之間更應互相照顧，要如同形體與它的影子、聲音與它的回聲一樣親密。互相愛護先輩所給予的軀體，互相珍惜從父母那裏分得的血氣，不是兄弟的話，誰會這樣互相愛憐呢？兄弟之間的關係與旁人不同，彼此期望過高就容易產生不滿，而關係密切的話，不滿也就容易消除。比如一間房子，發現有一個洞就馬上堵塞住，有一條縫隙就馬上塗蓋住，那麼就不用擔心這房子會有倒塌的危險。如果對麻雀、老鼠的危害不放在心上，對風雨的侵蝕不加防範，當牆倒柱斷時，就無法補救了。奴僕、侍婢好比麻雀、老鼠，妻子好比風雨，他們的危害是更加厲害的呀！

兄弟不睦，則子姪不愛；子姪不愛，則群從疏薄[1]；群從疏薄，則僮僕為仇敵矣。如此，則行路皆踖（jí）其面而蹈其心[2]，誰救之哉！人或交天下之士，皆有歡愛，而失敬於兄者，何其能多而不能少也！人或將數萬之師，得其死力，而失恩於弟者，何其能疏而不能親也！

註釋

1 群從：與「子姪」同輩的族中子弟。2 踖：踐踏。顏嗣慎本註：「踖，跡、七二音，踏也。」

譯文

兄弟之間不和睦，子姪之間就不會互相愛護；子姪不互相愛護，家族中的所有子弟都會互相疏遠，感情淡薄；族中子弟的關係疏遠，感情淡薄，他們的僮僕就會互相仇視敵對了。如果變成這樣，那麼當陌生的路人任意踐踏、侮辱他們時，誰還能救助他們呢？有些人能和天下之士交朋友，且相處融洽，卻不懂得敬重自己的兄長，為什麼能和那麼多人結交，卻不能善待自己僅有的一兩個兄長呢？有的人能統率數萬人的軍隊，使部下為他拚死效力，但他對自己的弟弟卻薄情寡恩，為什麼對關係疏遠的人能廣施恩惠，對關係親密的人卻不能愛護呢？

娣姒者，多爭之地也，使骨肉居之，亦不若各歸四海，感霜露而相思，佇（zhù）日月之相望也[1]。況以行路之人，處多爭之地，能無間者，鮮矣。所以然者，以其當公務而執私情，處重責而懷薄義也；若能恕己而行[2]，換子而撫，則此患不生矣。

註釋　1佇：久立。2恕己：用寬恕自己的態度去對待別人。

譯文　妯娌之間是易生爭執的，即使是同胞姐妹，讓她們成為妯娌住在一起，倒不如讓她們各嫁一方，這樣，她們會因長久分離，感歎霜露降臨而互相思念，仰觀日月而期待相聚。更何況妯娌本來就是互不相識的陌生人，她們處於容易產生爭執的環境裏，能夠沒有隔閡，實在少見。她們之所以這樣，是因為處理家庭中的公共事務時，大家都各懷私心，肩負家庭的重要職責時，又心懷各自微不足道的恩義。假如妯娌能以寬大仁愛之心去辦事，把對方的孩子當作自己的孩子一樣撫養，那麼妯娌不和的事情就不會發生了。

人之事兄，不可同於事父，何怨愛弟不及愛子乎？是反照而不明也。沛國劉璡，嘗與兄瓛連棟隔壁，瓛呼之數聲不應，良久方答；瓛怪問之，乃曰：「向來未着衣帽故也[1]。」以此事兄，可以免矣。

註釋　1向來：剛才，剛剛。

譯文

有些人沒有像侍奉父親一樣來對待自己的兄長，那又何必埋怨兄長對自己的愛護不如對他的孩子呢？由此反省自己就知道自己的不理智。沛國人劉璡，曾經與他的哥哥劉瓛住在兩座只隔一道牆壁的房子裏。有一次劉瓛呼叫劉璡，叫了好幾聲都沒人答話，過了一會兒才聽見劉璡回答。劉瓛感到很奇怪，問他原因，劉璡回答說：「因為剛才我還沒有穿戴好衣帽。」以這種態度侍奉兄長，就可以不用擔心哥哥對弟弟的愛護不及對他自己的孩子了。

賞析與點評

孟子所說的五倫：「父子、君臣、夫婦、長幼和朋友」就有家族的「長幼」一倫。顏之推認為：「人之事兄，不可同於事父，何怨愛弟不及愛子乎？」這不是一種絕對主義，而是一種相對主義，哥哥或弟弟並非具有一種絕對性的權力或處於絕對的地位。由此可見，顏之推雖遵守人倫秩序，但並不是一個食古不化的人。

江陵王玄紹，弟孝英、子敏，兄弟三人，特相友愛，所得甘旨新異[1]，非共聚食，必不先嘗，孜孜色貌[2]，相見如不足者。及西臺陷沒，玄紹以形體魁梧，為兵所圍，二弟爭共抱持，各求代死，終不得解，遂並命爾[3]。

註釋

1 甘旨：美味的食物。2 孜孜：勤勉的樣子。3 並命：為漢、魏、南北朝人慣用語，即相從而死。

譯文

江陵人王玄紹，與弟弟孝英、子敏三人特別友愛，誰若得到美味新奇的食物，如果不是三個人一起享用，誰也不會自己先吃。兄弟三人熱誠的樣子都在神態上顯露出來，他們每次見面，都覺得在一起的時間不夠。到西臺被敵人攻陷時，玄紹因為身體魁梧，被敵軍包圍，兩個弟弟爭着抱住他，各自請求代替哥哥去死，但最終未能解脱厄運，兄弟三人同時被殺害。

賞析與點評

「食則同案，衣則傳服，學則連業，游則共方」，兄弟親密無間，確實令人羨慕。不過在儒家的集體主義下，一個事實很容易被忽略，兄弟之間關係疏遠，比如分家，不僅僅是由妻子或妯娌間的衝突所導致的，有時侯更可能是因為成年男人為開展其新的人生階段和樹立獨立的人生觀而邁出的一步。這是成年男人生命成長的代價，有的人甚至可能會迫不得已地「弒兄」，以達到他們的目標。把全部責任都歸咎於女性，這並不公平。「人之事兄，不可同於事父，何怨愛弟不及愛子乎？是反照而不明也」，兄弟成年後關係疏遠應如何修補？如人們能像上面所說，經常反省觀照自我，即使「各妻其妻，各子其子」，兄弟間也仍能相親相愛。文中間有歧視女性之話語，如「僕妾之為雀鼠，妻子之為風雨」，有詆毀女性之嫌，我們應在理解當時的歷史背景的同時，直指其非。

後娶第四

本篇導讀——

這一篇主要討論妻子死後，丈夫考慮再娶之事。顏之推在本篇大談後娶之害，對續絃不以為然。作者從歷史、地域等不同的角度，說明後娶的妻子往往會與前妻的子女產生矛盾，從而導致「離間骨肉」，崩析家庭，甚至導致「子誣母」、「弟黜兄」等情況。此外，作者又分析後夫和後妻對待前人子女的不同態度：「後夫多寵前夫之孤，後妻必虐前妻之子」，並解釋造成這種現象的原因。本篇還記述了當時南北地區後娶的不同習俗。

吉甫[1]，賢父也，伯奇[2]，孝子也，以賢父御孝子[3]，合得終於天性[4]，而後妻間之，伯奇遂放。曾參婦死[5]，謂其子曰：「吾不及吉甫，汝不及伯奇。」王駿喪妻[6]，亦謂人曰：「我不及曾參，子不如華、元[7]。」並終身不娶，此等足以為誡。其後，假繼慘虐孤遺[8]，離間骨肉，傷心斷腸者，何可勝數。慎之哉！慎之哉！

註釋

1 吉甫：尹吉甫，周宣王時的大臣。2 伯奇：尹吉甫的長子。伯奇的生母早死，其後母想立自己的兒子伯封為繼承人，便誣陷伯奇非禮她，尹吉甫一怒之下，放逐伯奇。伯奇將冤屈寄託於琴曲《履霜操》。尹吉甫後來知道真相，射殺後妻，並召回伯奇。3 御：駕馭，控制。此處指約束、管教。4 天性：天然的品質或特性。這裏指父子之間互相關心愛護的天性。5 曾參：曾子，名參，字子輿，孔子弟子，以孝著稱。6 王駿：西漢成帝時的大臣，效仿曾子，妻死而不續娶。7 華、元：即曾華、曾元，曾子之子。8 假繼：繼母。

譯文

尹吉甫是一個賢明的父親，伯奇是一個孝順的兒子，以賢明的父親來教誨孝順的兒子，應當能完全符合父慈子孝的美德。可是由於吉甫的後妻從中挑撥離間，伯奇被父親放逐。曾參的妻子死後，對兒子說：「我比不上尹吉甫賢明，你們也不如伯奇孝順。」王駿喪妻後，也對勸他再娶的人說：「我不及曾參，我的兒子也比不上曾華、曾元。」曾參、王駿都終身沒有再娶。這些事都足以讓人引以為戒。在曾參、王駿以後，繼母殘酷虐待前妻的孩子，離間父子骨肉的關係，讓人傷心斷腸的事，真是數不勝數。因此你們在娶後妻這件事上，一定要慎之又慎啊！

江左不諱庶孽（niè）[1]，喪室之後，多以妾媵（yìng）終家事[2]；疥癬蚊虻（méng）[3]，或未能免，限以大分[4]，故稀鬥鬩之恥[5]。河北鄙於側出[6]，不預人流[7]，是以必須重娶，至於三四，母年有少於子者。後母之弟，與前婦之兄，衣服飲食，爰及婚宦，至於士庶貴賤之隔[8]，俗以為常。身沒之後，辭訟盈公門[9]，謗辱彰道路，子誣母為妾，弟黜兄為傭[10]，播揚先人之辭跡[11]，暴露祖考之長短[12]，以求直己者，往往而有。悲夫！自古奸臣佞妾，以一言陷人者眾矣！況夫婦之義，曉夕移之，婢僕求容，助相說引，積年累月，安有孝子乎？此不可不畏。

註釋

1 江左：即江東，長江下游以南地區。庶孽：古代稱妾侍所生的子女為庶孽。

2 妾媵：古代諸侯貴族女兒出嫁，從嫁的妹妹或姪女稱媵，後來通稱侍妾為妾縢。終：結束，這裏是繼續管下去的意思。3 疥癬蚊虻：這裏指家庭內部的一些小矛盾糾紛。4 大分：名分。5 鬥鬩：兄弟相爭相鬥。6 河北：黃河以北地區。側出：妾所生的子女。7 人流：有身份者的行列。《人物志．流業篇》：「蓋人流之業，十有二焉：有清節家，有法家，有術家……。」人流之流，與士流、學流、文流、某家者流之流義同。8 士庶：士族和庶族。9 訟：訴訟，打官司。10 黜：貶低。11 辭跡：言語，行跡。此話指傳揚先輩的隱私。12 考：指已去世的父親。祖考：指祖先。

譯文

江東一帶的人不避忌婢妾所生的孩子，正妻死後，大多由妾侍來主管家事，家庭內小的糾紛雖然不能避免，但限於婢妾的地位名分，因此很少發生正妻與婢妾子女間的內訌和羞恥的事情。黃河以北的人卻鄙視婢妾所生的孩子，不給予他們平等的社會地位，因此當正妻死後，就必須再娶，甚至會娶三四次，有的後妻的年齡比前妻的兒子還小。後妻生的兒子，與前妻所生的兒子，從衣服飲食的待遇，以至婚配、做官，都有着士人與庶人、貴族與下等人的差別，而當地人對此也習以為常。當父親去世之後，家庭成員之間的糾紛往往要鬧到官府提出訴訟，誹謗辱罵之聲在路上都聽得到，前妻之子誣衊後母是婢妾，後妻之子貶黜前妻之子為傭僕，各人到處宣揚亡父的私事，爭相暴露祖先的是非長短，想以此證明自己有道理，這種事在那些再娶的家庭經常發生。真可悲啊！自古以來，奸臣佞妾以一句話就陷害了別人的事太多了！何況後母可藉夫妻間的情義，日日夜夜都可以改變丈夫的態度，奴婢為了爭取主人的歡心，就會從旁幫着勸說引誘，這樣長年累月下來，怎麼會有孝子呢？這不能不讓人感到畏懼。

凡庸之性，後夫多寵前夫之孤，後妻必虐前妻之子；非唯婦人懷嫉妒之情，丈夫有沉惑之僻[1]，亦事勢使之然也。前夫之孤，不敢與我子爭家，提攜鞠（jū）養[2]，積習生愛，故寵之；前妻之子，每居己生之上，宦學婚嫁[3]，莫不為防焉，故虐之。異姓寵則父母被怨[4]，繼親虐則兄弟為仇[5]，家有此者，皆門戶之禍也。

註釋

1 沉惑：沉迷、迷惑之意。僻：不良嗜好。2 鞠養：撫養，養育。3 宦學：做官和進學。4 異姓：前夫之子，因為子女跟從夫姓，和繼父不同姓，所以稱「異姓」。5 繼親：後母。

譯文

一般人的秉性，後夫大多寵愛前夫的孩子，後妻則必定會虐待前妻的子女。這並不是說惟有婦人才懷有嫉妒的性情，而男子則有溺愛孩子的毛病，實際上這只是事物發展的形勢所導致的。前夫的子女，不敢與後夫的子女爭奪家產，這樣，後父從小照顧撫養他們，日子一長自然就會產生愛心，因此後父就會寵愛他們。前妻的孩子，年齡地位一般居於自己的子女之上，無論做官、讀書還是娶妻生子，沒有一樣不要提防的，因此後母就要虐待他。父母寵愛異姓孩子會被自己的孩子埋怨，繼母虐待前妻的子女則會使兄弟之間反目成仇，凡是家中有這些事情，都可說是家門的災禍啊。

思魯等從舅殷外臣[1]，博達之士也。有子基、諶，皆已成立，而再娶王氏。基每拜見後母，感慕嗚咽，不能自持，家人莫忍仰視。王亦悽愴，不知所容，旬月求退，便以禮遣，此亦悔事也。

註釋

1 思魯：字孔歸，顏之推的長子。從舅：母親的叔伯兄弟稱從舅。

譯文

思魯他們的堂舅殷外臣，是位博學通達之士。他的兩個兒子殷基、殷諶，都已長大成人，殷外臣在妻子死後續紘王氏。殷基每次拜見後母，都會因思念生母而失聲痛哭，感情無法自控，家人都不忍心抬頭看他。王氏見了也不禁感到悽苦悲傷，不知該如何面對他，因此結婚不到半個月就請求退婚，殷外臣只好按照禮節將她送回娘家，這也是一件令人悔恨的事。

《後漢書》曰：「安帝時，汝南薛包孟嘗，好學篤行，喪母，以至孝聞。及父娶後妻而憎包，分出之。包日夜號泣，不能去，至被毆杖。不得已，廬於舍外[1]，旦入而洒掃[2]。父怒，又逐之，乃廬於里門[3]，昏晨不廢[4]。積歲餘，父母慚而還之。後行六年服，喪過乎哀[5]。既而弟子求分財異居，包不能止，乃中分其財：奴婢引其老者，曰：『與我共事久，若不能使也[6]。』田廬取其荒頓者[7]，曰：『吾少時所理[8]，意所戀也。』器物取其朽敗者，曰：『我素所服食[9]，身口所安也。』弟子數破其產，還復賑給。建光中，公車特徵[10]，至拜侍中。包性恬虛，稱疾不起，以死自乞。有詔賜告歸也。」

註釋

1 廬：指搭建草棚。舍：房子。2 洒掃：灑水掃除污垢。語出《詩經・大雅・抑》：「夙興夜寐，洒掃庭內，維民之章。」3 里門：鄉里之門。古人聚族列里而居，里有里門。4 昏晨不廢：堅持早晚給父母請安，從不廢止。5 喪過乎哀：守喪超過哀禮的限制。古代時，父母死去，子女須服喪三年，薛包服喪六年，因此說「喪過乎哀」。6 若：你。7 荒頓：荒蕪廢棄。8 理：整治。9 服：用。10 公車：漢代官署名。衛尉的下屬機構，設公車令，掌管宮殿中司馬門的警衛工作。臣民上書和被徵召，都由公車接待。

譯文

《後漢書》記載：「漢安帝時，汝南有位姓薛名包字孟嘗的人，他勤奮好學，品行忠誠。他的母親已經去世，薛包因特別孝順而聞名鄉里。後來他的父親娶了後妻，因而逐漸憎惡薛包，將他逐出家門。薛包日夜痛哭流涕，不願離開，以至被父親用棍棒毆打。薛包逼不得已，只好在家門外搭間廬舍棲身，每天早上都回家打掃房屋。他的父親十分惱怒，又把他趕走，於是薛包就只好在里巷外面搭間小屋居住，但每天早晚仍不間斷地向父母請安。這樣過了一年多，他的父母也感到慚愧，讓他搬回家。他的父母逝世後，薛包守孝六年，超過一般守孝三年的禮法慣例。不久，弟弟要求分家居住，薛包不能勸止他的要求，只好將家產平分。自己主動分取奴婢中年老體弱者，說：『這些人與我共事的時間很長，你使喚不了他們。』田地房屋中荒蕪破敗的分給自己，說：『這些是我小時候整治過的，情意上十分依戀。』器具物品則拿了些腐朽破舊的，說：『我平素使用的，已經習慣了。』分家後，他的弟弟多次用光了自己的家產，薛包一次又一次資助他。建光年間，朝廷特意徵聘他，直到拜官侍中。薛包生性恬淡，就聲稱自己臥病在牀，快要死了，乞求回家養病。皇帝只好下詔書讓他保留官銜回家了。」

賞析與點評

顏之推是南北朝學者，距今約有一千五百年，故這篇文章所表現的男權文化，現今讀來難免有偏見之嫌。作者認為女性（後妻）善妒，甚至會「離間骨肉」，其實這跟古代「傳嫡不傳庶」的時代環境有密切關係，不合理的傳承制度，絞殺了本來就易生衝突的後母與遺孤的關係，迫使後妻在自己兒子前途與別人兒子前途的零和博弈之下，只能「慘虐孤遺」。幸好，現今社會法律無嫡庶之分，人們也相對開明，這樣的事情較少發生。《顏氏家訓》雖有歧視女性之嫌，不過作者在一千多年前，仍能得出「前夫之孤，不敢與我子爭家，提攜鞠養，積習生愛，故寵之」的結論，可見他對人性有深刻的理解，故此，其言仍有可讀之處。

治家第五

本篇導讀——

作者在這一章主要闡述了治家的觀點。早在《禮記．大學》中就有「欲治其國者，先齊其家」的看法，人們視齊家為治國的前提。作者認為齊家最重要的就是家庭成員間「上行於下」，互相影響的關係：父母想要子女孝順，就應對子女慈愛；兄長想要弟弟敬愛，就應該對他友善；丈夫想要妻子順從，就應該對妻子重義。作者強調要勤儉持家，不過須寬嚴有度，「儉而不吝」。面對子女的婚嫁問題時，必須以端正態度來對待。作者認為婚配十分注重伴侶的「清白」，反對「賣女納財，買婦輸絹，比量父祖，計較錙銖」這種市井之風。接着，本篇還比較了南北地區的婦女在家庭地位上的差異，描述了重男輕女和虐待兒媳的現象。此外，作者又強調治家要從小事着手，絲毫不容懈怠。

夫風化者[1]，自上而行於下者也，自先而施於後者也。是以父不慈則子不孝，兄不友則弟不恭，夫不義則婦不順矣。父慈而子逆，兄友而弟傲，夫義而婦陵[2]，則天之兇民，乃刑戮（lù）之所攝[3]，非訓導之所移也。

註釋　1 風化：風俗、教化。2 陵：侵侮，欺侮。3 刑戮：刑罰。攝：通「懾」，使人畏懼。

譯文　有關風化教育的問題，是由上面推行到下面，由前人影響後人的。因此，如果父親不慈愛，子女就不會孝順；兄長不友好，弟弟就不會恭敬；丈夫不講情義，妻子就不會溫順。假如父親慈愛有加而子女忤逆不孝，兄長愛護備至而弟弟桀驁不恭，丈夫情義深厚而妻子盛氣淩人，那麼這些人就是天生的兇惡之徒，只能用刑罰去威懾他們，不是教育感化所能改變的。

笞（chī）怒廢於家[1]，則豎子之過立見[2]；刑罰不中[3]，則民無所措手足。治家之寬猛，亦猶國焉。

註釋 1答：用鞭或竹板打。2豎子：未成年的人。3中：適當，合適。

譯文 如果在家庭內廢除鞭笞等體罰手段，那孩子的過失馬上就會出現；如果刑罰不適當，那老百姓就會無所適從。治理一個家庭的寬嚴標準，就像治理國家一樣。

賞析與點評

香港的高考曾出過這樣的題目：「你是否贊成體罰？」對於體罰，各方都有不同的意見。其實根據兒童心理學，孩子一至兩歲時不能打，因為這樣會摧毀他們的安全感，七歲之後也不能隨便打，因為要維護他的自尊，不過研究認為三至六歲這段時間可以對孩子實施體罰。體罰的目的不是要讓小孩感到痛楚，而是要讓他們知道錯誤，故此，只能徒手擊打臀部，而不應用皮帶之類抽打。過分虐待小孩不僅會帶來身體的傷害，還會增加兒童反社會的行為。

孔子曰：「奢則不孫，儉則固；與其不孫也，寧固[1]。」又云：「如有周公之才之美，使驕且吝，其餘不足觀也已[2]。」然則可儉而不可吝已。儉者，省約為禮之謂也；吝者，窮急不恤之謂也。今有施則奢，儉則吝；如能施而不奢，儉而不吝，可矣。

註釋

1「奢則不孫」四句：語出《論語・述而》。孫：通「遜」，恭順。固：鄙陋。2「如有周公」三句：語出《論語・泰伯》。周公：姬旦，周文王之子，武王之弟。武王死後，輔佐成王。

譯文

孔子說：「一個人如果奢侈就顯得驕傲，過於儉樸就顯得寒傖，與其驕傲，寧可寒傖。」孔子又說：「假如才能比得上周公，但卻驕傲自大且吝嗇，他其餘的方面也就不值得一看了。」這樣說來，就是可以節儉而不可吝嗇。節儉，是簡約地按禮法辦事；吝嗇，則指即使對於窮苦急難的人也不救濟。現在捨得施捨的人就奢侈無度，節儉的人卻變得吝嗇小器。假如能施捨於他人而自己又不奢侈，勤儉節約卻不吝嗇，那就可以了。

生民之本，要當稼穡（jià sè）而食[1]，桑麻以衣。蔬果之畜，園場之所產；雞豚之善[2]，塒（shí）圈之所生[3]。爰及棟宇器械，樵蘇脂燭[4]，莫非種殖之物也。至能守其業者，閉門而為生之具以足，但家無鹽井耳。今北土風俗，率能躬儉節用，以贍衣食；江南奢侈，多不逮焉。

註釋

1稼穡：泛指農業生產。2善：美食。鄭玄註：「膳之言善也，今時美物曰珍膳。」王利器認為：顏氏言善，亦猶漢人之言珍膳也。3塒：雞窩。圈：豬圈，牛羊圈。4樵蘇：做燃料用的柴草。脂燭：古人用麻蕡灌以油脂，點燃作照明用。

譯文

人民生存的根本，應當是種植莊稼來獲取食物，種植桑麻來紡織衣服。蔬菜瓜果的積儲，來自於果園菜圃的生產，雞肉、豬肉等美食，來自於雞窩豬圈的畜養。至於房屋器械、柴草蠟燭等，無不源於種植的產物。那些善於掌管家業的人，不用出門，生活所需的物品都夠用了，只是家中沒有鹽和井罷了。現在北方的風俗，大都勤儉節約，以保障衣食所需；而江南一帶卻風尚奢侈，大多比不上北方人那樣懂得持家。

梁孝元世，有中書舍人[1]，治家失度，而過嚴刻，妻妾遂共貨刺客，伺醉而殺之。

註釋

1中書舍人：官名，原稱中書省通事舍人，為中書省屬官，任起草詔令之職，參與機密，權力甚重。

譯文　梁朝孝元帝時，有一個中書舍人，治家有失法度，處事過於嚴厲苛刻，他的妻妾就共同買通刺客，趁他喝醉時把他殺了。

世間名士，但務寬仁；至於飲食餉饋[1]，僮僕減損，施惠然諾[2]，妻子節量，狎侮賓客，侵耗鄉黨[3]：此亦為家之巨蠹（dù）矣[4]。

註釋　1 餉饋：饋贈。2 然諾：應允、承諾。3 鄉黨：泛指鄉里。4 蠹：蛀蟲，這裏指為害家庭的人或事。

譯文　世間有些知名人士，治家只知一味寬大仁厚，以至於日常飲食和用來饋贈親友的東西，僮僕都從中剋扣，減質減量；對於答應接濟他人的錢物，妻妾子女卻減少其數量，以致輕視、侮辱了賓客，侵吞剋扣了鄉里百姓，這也是家庭的一大禍害呀。

齊吏部侍郎房文烈，未嘗嗔怒，經霖雨絕糧，遣婢糴（dí）米[1]，因爾逃竄，三四許日，方復擒之。房徐曰：「舉家無食，汝何處來？」竟無捶撻[2]。嘗寄人宅[3]，奴婢徹屋為薪略盡[4]，聞之顰蹙（pín cù）[5]，卒無一言。

註釋

1 糴米：買米。廣東話至今仍保留「糴米」一詞。而《半斤八兩》中用歌詞「通街走糴」表示「到處奔波」。香港人常用「走走糴糴」表達自己「出去工作很辛苦！」2 捶撻：杖擊、鞭打。3 寄人宅：以宅寄人，把房子借給別人居住。4 徹：拆毀。5 顰蹙：皺眉蹙額，不高興的樣子。

譯文

齊朝的吏部侍郎房文烈，從未對人發過怒，一次家中因久雨斷糧，他派一個婢女外出買米，那個婢女藉此機會逃走了，過了三四天，方才捉住那婢女。房文烈和緩地對她說：「全家人都沒有食糧，你從哪裏回來呢？」竟然沒有要責打她的意思。房文烈曾將自己的住宅借給別人住，奴婢們把房屋拆了當柴燒，幾乎都燒完了，他知道後僅僅皺了眉頭，始終沒說一句話。

裴子野有疏親故屬飢寒不能自濟者，皆收養之。家素清貧，時逢水旱，二石米為薄粥，僅得遍焉，躬自同之，常無厭色。鄴下有一領軍[1]，貪積已甚，家僮八百，誓滿一千；朝夕每人肴膳，以十五錢為率[2]，遇有客旅，更無以兼。後坐事伏法，籍其家產，麻鞋一屋，弊衣數庫，其餘財寶，不可勝言。南陽有人，為生奧博[3]，性殊儉吝，冬至後女婿謁之，乃設一銅甌（ōu）酒[4]，數臠（luán）獐（zhāng）肉[5]；婿恨其單率，一舉盡之。主人愕然，俯仰命益[6]，如此者再。退而責其女曰：「某郎好酒，故汝常貧。」及其死後，諸子爭財，兄遂殺弟。

註釋

1 領軍：官名，東漢建安四年置此官，後改為中領軍，掌管禁兵。2 率：規格，標準。3 奧博：富裕，積蓄富厚。4 甌：酒器。5 臠：切成小塊的肉。獐：一種像鹿的野獸。6 俯仰：周旋，應付。

譯文

裴子野每當有遠親舊部屬陷於飢寒而不能自救時，都盡力收養他們。裴子野家素來清貧，有時碰上水旱災害，便會用二石米煮成稀薄的粥飯，僅僅能讓大家都喝到。裴子野自己也一同喝粥，從沒有厭煩的表情。鄴下城有一個領軍將軍，貪得無厭，有家奴八百人，他還發誓要達到一千人。他家裏每人每天的飲食開支，都以十五錢為標準，遇到有客人臨時住宿，也不增加。後來這位將軍因犯罪被處以死刑，沒收他的家產時，發現他收藏了整整一屋子的麻鞋，破舊的衣服也裝滿了幾個倉庫，其餘財寶，多得說不清。南陽有一個人善於營生，積累豐厚，但性情特別節儉吝嗇。冬至以後，他的女婿來拜見他，他只準備了一小銅壺酒和幾小片獐子肉來招待。女婿恨他過於吝嗇小器，就把酒肉一下子全吃了。主人驚呆了，過了一會兒叫人給女婿添加食物，接着又添了一次。退席後他就責備女兒說：「因為你丈夫愛喝酒，所以你才經常處於貧困當中。」這個人死後，兒子們互相爭奪財產，哥哥竟殺了弟弟。

婦主中饋[1]，唯事酒食衣服之禮耳，國不可使預政，家不可使幹蠱（gǔ）[2]；如有聰明才智，識達古今，正當輔佐君子，助其不足，必無牝（pìn）雞晨鳴[3]，以致禍也。

註釋

1 中饋：指婦女在家中主持飲食等事。2 幹蠱：主事。3 無：勿，不要。牝雞：母雞。牝雞晨鳴，比喻女子主事。

譯文

婦女主持家務，只要辦好酒食衣服等禮法規定的事項就行了。一個國家不可以讓婦女干預國政，一個家庭不可以讓婦女掌管家政。如果有聰明能幹、通曉古今的婦女，也只應當輔佐自己的丈夫，彌補他的不足之處，千萬不可像母雞代替公雞報曉一樣凌駕於男子之上，而招致災禍。

江東婦女，略無交遊，其婚姻之家，或十數年間，未相識者，唯以信命贈遺[1]，致殷勤焉。鄴下風俗，專以婦持門戶[2]，爭訟曲直，造請逢迎[3]，車乘填街衢，綺羅盈府寺[4]，代子求官，為夫訴屈。此乃恆、代之遺風乎[5]？南間貧素，皆事外飾，車乘衣服，必貴整齊；家人妻子，不免飢寒。河北人事[6]，多由內政[7]，綺羅金翠，不可廢闕，羸（léi）馬悴（cuì）奴[8]，僅充而已；倡和之禮[9]，或爾汝之[10]。

註釋

1 信命贈遺：派使者傳達書信問候，贈送禮物。2 持門戶：掌管家庭事務。3 造請：登門晉見。4 府寺：官署，漢代郡國設置屬官，亦如公府，故稱郡國官署為府寺。5 恆：恆州，今山西大同市東北。代：代郡，今河北省蔚縣東。6 人事：交際應酬。7 內政：家庭內部事務。這裏借指主持家務的妻子。8 羸：瘦弱。悴：衰弱，疲萎。9 倡和：夫唱婦隨。10 爾汝：指夫妻間互相輕賤的稱謂。

譯文

江東的婦女，日常沒有什麼交遊，即使是兒女親家之間，有的結親十餘年了，也不太認識，他們一般都只以書信問候或派人互贈禮品來表達情意。至於鄴下城的風俗，卻專靠婦女來主持家務，她們會親自出面與別人爭論是非曲直，又會到處應酬交際，她們坐的車子擠滿了大街小巷，她們穿着錦衣華服擠在官府，有的會代兒子求官，有的會為丈夫申冤。這就是北魏時恆州、代郡一帶鮮卑的遺風吧？南方地區即使是貧寒人家，也都很注重出門時外表的裝飾，他們的車輛和衣服等用品，一定要華貴完備；而家人妻兒，卻難免飢寒之苦。而河北一帶人家的交際活動，多由婦女出面，因此婦女們穿的綾羅綢緞，戴的珠寶首飾是不可缺少的，至於使用瘦弱的馬匹和疲弱的奴僕，那不過是為了充數而已。夫妻之間一唱一和的禮節，恐怕已經被彼此輕賤的稱謂所代替了。

河北婦人，織紝（rèn）組紃（xún）之事[1]，黼黻（fǔ fú）錦繡羅綺之工[2]，大優於江東也。

註釋

1 織紝組紃：織紝，指織布帛；組紃，古指婦女從事女紅。這裏借指婦女從事的織作事務。2 黼黻：古代禮服上所繡的花紋。

譯文

黃河以北的婦女，在紡織方面的事務，以及刺繡、織錦的工藝，都大大優於江東的婦女。

太公曰[1]：「養女太多，一費也。」陳蕃曰[2]：「盜不過五女之門[3]。」女之為累，亦以深矣。然天生蒸民[4]，先人傳體，其如之何？世人多不舉女，賊行骨肉，豈當如此，而望福於天乎？吾有疏親，家饒妓媵（yìng），誕育將及，便遣閽（hūn）豎守之[5]。體有不安，窺窗倚戶，若生女者，輒持將去[6]；母隨號泣，使人不忍聞也。

註釋

1 太公：姜太公。西周開國名臣。2 陳蕃：東漢名臣，曾上書朝廷，以養女太多易致家貧的道理，勸告皇宮不可蓄養太多妃嬪。3 盜不過五女之門：指生養五個女兒要準備五套嫁妝，其花費會使家裏一貧如洗，連盜賊都不會盜竊該家庭。4 蒸：眾，多。5 閽豎：守門的僮僕。6 輒：就。

譯文

姜太公說過：「撫養太多女孩，實在是一種耗費。」陳蕃也說過：「連賊人都不去養有五個以上女兒的人家偷竊。」女兒對家庭的拖累，是十分深重的。然而天生眾民，有男有女，女子也是先人遺傳下來的骨肉，對此能怎麼樣呢？世上的人大多不願生養女孩，有的甚至殘害自己的女兒，難道這樣做，還指望老天會降福給他們嗎？我有一個遠房親戚，他家裏有很多家妓媵妾，每當她們要生孩子時，就派家僕守在門外。當她們身體一有要臨盆的動靜，就從窗口窺視或等在門邊，假如看到誕下的是女嬰，就立刻把孩子抱走，母親只有號哭，這情境真使人不忍聽聞啊。

婦人之性，率寵子婿而虐兒婦。寵婿，則兄弟之怨生焉；虐婦，則姊妹之讒行焉。然則女之行留，皆得罪於其家者，母實為之。至有諺云：「落索阿姑餐[1]。」此其相報也。家之常弊，可不誡哉！

註釋

1 落索：當時俗語，冷落蕭索。阿姑：婆婆。

譯文

婦女的性情，大都寵愛女婿而虐待兒媳。寵愛女婿就會使兄弟們產生怨恨，虐待兒媳，就會使女兒們的讒言得逞。既然這樣，那麼女子不論是嫁到婆家還是待嫁在家，都要得罪家人，這實在是母親造成的啊。以致於有諺語說：「最冷落蕭索的就是婆婆吃飯啊。」這就是寵婿虐媳的報應。這些都是許多家庭常有的弊端，能不引以為戒嗎？

婚姻素對[1]，靖侯成規[2]。近世嫁娶，遂有賣女納財，買婦輸絹，比量父祖，計較錙銖（zī zhū）[3]，責多還少，市井無異[4]。或猥婿在門，或傲婦擅室，貪榮求利，反招羞恥，可不慎歟！

註釋

1 素對：清白的配偶。2 靖侯：即顏之推九世祖顏含，字弘都，謚曰靖。桓溫曾經請求與顏家結成婚姻，顏含認為桓溫勢力過於強盛，故此沒有答應。事見《晉書·孝友傳》。3 錙銖：均為古代很小的計量單位，比喻微小的事物。4 市井：指商販。

譯文

男女婚配要找清白的人家，這是我家祖上靖侯立下的規矩。近年來世人在嫁娶的事上，利用婚嫁賣女兒賺取錢財，有的為買媳婦而拿出彩禮，互相攀比衡量對方父輩和祖上的門第，斤斤計較對方的錢財，要求的多而付出的少，這與商販沒有兩樣。結果有的招了個猥瑣卑劣的女婿上門，有的娶了個兇悍傲慢的媳婦主宰家政。因為貪圖榮華追求錢財，反而招來羞恥，嫁娶之事不能不慎重啊！

借人典籍，皆須愛護，先有缺壞，就為補治，此亦士大夫百行之一也[1]。濟陽江祿，讀書未竟，雖有急速，必待卷束整齊[2]，然後得起，故無損敗，人不厭其求假焉。或有狼籍几案，分散部帙（zhì）[3]，多為童幼婢妾之所點污，風雨蟲鼠之所毀傷，實為累德。吾每讀聖人之書，未嘗不肅敬對之；其故紙有《五經》詞義，及賢達姓名，不敢穢用也[4]。

註釋

1 百行：古代士大夫所訂的立身行己之道，共有百事，稱之為百行。2 卷束：南北朝時，書籍是抄寫在絹帛上，然後捲成一捲收藏，稱之為書卷。這裏是指捲起束理。3 部：部分，類別。古代書籍多按內容分為部類收藏。帙：書、畫的封套，用布帛製成。《說文解字》：「帙，書衣也。」4 穢用：用在不乾淨的地方。

譯文

借了別人的書籍，都必須加以愛護，如果書本原先就有缺損殘破，就要替人修補整治，這也是士大夫立身處世的行為準則之一。濟陽的江祿，讀書還沒結束時，即使有趕着要辦的事，也必定把書籍收拾捲好後才離開，因此他的書籍都沒有損壞，別人也不厭其煩地樂意把書借給他。有些人將書籍散亂地堆放於几案上，同類的書分散各處，包書的書套都散開了，以致書本大多被小孩和婢女侍妾弄髒，或者被風雨侵蝕、蟲蛀、老鼠損壞，這實在是缺乏道德的事。我每次讀聖賢的書時，從來沒有不肅然起敬地看的。如果舊紙上寫有《五經》的詞義和聖賢的姓名，我決不敢把它用在污穢骯髒的地方。

賞析與點評

「其故紙有《五經》詞義，及賢達姓名，不敢穢用也」，三四十年前香港仍保持這樣的風俗，時人稱有字的紙張為「字紙」，不敢隨便擦用，顯示了在書本及知識並不普及時，大家對中國文字和背後所承載的知識的尊重。現今隨着互聯網的興起，網絡的無限複製功能打破了知識的壁壘，儒家的「道」在現代知識面前似乎一無是處，反而傳播的工具「器」，更能得到人們的青睞。

吾家巫覡（xí）禱請[1]，絕於言議；符書章醮（jiào）[2]，亦無祈焉，並汝曹所見也。勿為妖妄之費。

註釋

1 巫覡：古代稱女巫為巫，男巫為覡，合稱「巫覡」。禱請：向鬼神祈禱請求。

2 符書章醮：舊時道士用來驅鬼召神或治病延年的神祕文書。章醮：拜表設祭。道教的一種祈禱形式。

譯文

我家對於請巫醫求神賜福消災之事，從來沒人提起，也不請道士畫符祈神，這些都是你們見到的。你們切勿花錢去做這種妖妄的事。

賞析與點評

中國歷來有「身教」一說，強調榜樣以身作則的作用，比如歷史上著名的「孟母三遷」。本篇專門談治家必須注意的種種事項，諸如父兄要注意以身作則；治家不能沒有章法，但又必須寬嚴適度；既要躬儉節用，又要樂善好施。

故此，作者認為一家之主，作為下人的榜樣，不能一味講究寬厚仁慈，這樣只會被奴婢僕人欺負，只會敗家，不利於治家。這與一般「和其光，同其塵」的和稀泥做法或所謂「中庸之道」很不一樣，可見這是顏之推從生活中得出的經驗之談，即使在今天也是值得借鑒的。

卷二

風操第六

本篇導讀——

風操是指士大夫的風度節操。士大夫歷來推崇「修身」、「齊家」、「治國」、「平天下」。如果說〈治家第五〉所討論的是「齊家」，那麼這篇所討論的就是「修身」。在這一篇，作者以傳統經學對禮的規定為出發點，結合當時的社會情況，對孝、避諱、稱謂、風俗等士大夫待人接物應該注意的問題展開了論述。他認為士大夫講究風度節操是必要的，但食古不化並不可取。他反對一味尊崇古制，一成不變，主張待人處事宜視具體情況而定。

吾觀《禮經》，聖人之教：箕（jī）帚匕箸（zhù）[1]，咳唾唯諾[2]，執燭沃盥（guàn）[3]，皆有節文[4]，亦為至矣。但既殘缺，非復全書；其有所不載，及世事變改者，學達君子，自為節度，相承行之，故世號士大夫風操。而家門頗有不同，所見互稱長短；然其阡陌[5]，亦自可知。昔在江南，目能視而見之，耳能聽而聞之；蓬生麻中[6]，不勞翰墨[7]。汝曹生於戎馬之間，視聽之所不曉，故聊記錄，以傳示子孫。

註釋

1 箕：畚箕，收集垃圾的器具。帚：掃帚。指家內灑掃之事。匕箸：湯匙和筷子。2 咳唾：比喻人的言論。語出《莊子·漁父》：「竊待於下風，幸聞咳唾之音以卒相丘也。」後以「咳唾」稱美他人的言語、詩文等。3 沃盥：倒水洗手。4 節文：節制修飾。《禮記·坊記》：「禮者，因人之情，而為之節文，以為民坊者也。」5 阡陌：途徑。6 蓬：蓬草。蓬生麻中比喻人生長在好的環境中。語出《荀子·勸學》。7 翰墨：筆墨。王利器《顏氏家訓集解》懷疑此處或有闕文，或「翰墨」為「繩墨」之誤，繩墨本指木工取直的工具，後比喻法度。結合前句意思，比喻人生長在良好的環境中，不用規範也能成為正直的人。

譯文

我看《禮記》上有關聖人的教誨：為長輩清掃髒物時應如何使用畚箕、掃帚，進餐時如何拿匙和筷子，應答談吐等行為態度，以至為長輩拿蠟燭、端水洗手等日常小事，都有明確的禮節規定，可說是極為詳備了。但此書已經殘缺不全，沒有恢復原來的樣子，當中還有一些禮節未能記載，有些禮節則隨社會變化而改變了。學問通達的君子，自己會定下一些禮法節度，互相承襲實行，由此被世人稱為士大夫風操。然而各自家庭的情況頗有不同，所得見解也不一致，但他們修身養性的途徑卻是可以知道的。從前我在江南的時候，眼睛所看到的，耳朵所聽到的，都有禮法規矩。人在這環境下自然會懂得禮節，就像蓬草生長在麻中，不用依靠繩墨也長得很直一樣。你們生長於戰爭動亂的年代，看不到也聽不到這些禮節，所以我姑且記錄下來，以傳給子孫後代看。

《禮》曰：「見似目瞿（jù）[1]，聞名心瞿。」有所感觸，惻愴心眼；若在從容平常之地，幸須申其情耳。必不可避，亦當忍之。猶如伯叔兄弟，酷類先人，可得終身腸斷，與之絕耶？又：「臨文不諱，廟中不諱，君所無私諱。」益知聞名，須有消息[2]，不必期於顛沛而走也[3]。梁世謝舉，甚有聲譽，聞諱必哭，為世所識。又有臧逢世，臧嚴之子也，篤學修行，不墜門風。孝元經牧江州，遣往建昌督事，郡縣民庶，競修箋書，朝夕輻輳（còu）[4]，几案盈積，書有稱「嚴寒」者，必對之流涕，不省取記[5]，多廢公事，物情怨駭[6]，竟以不辦而還。此並過事也。

註釋

1 瞿：恭謹的樣子。2 消息：斟酌。王利器認為消息為顏氏習用語。而漢、魏、六朝人消息都作斟酌義用。3 顛沛：顛覆，仆倒。這裏形容人們聽到先人名諱後立即趨避的狼狽樣。4 輻輳：車軸集中於軸心，此喻信函聚集於官署。5 省：檢查。6 物情：人情。

譯文

《禮記》說：「見到與死去的親人相像的人，就要神情恭謹；聽到與死去的親人相同的名字，心中會感到驚恐不安。」這是因為有所感觸，從內心自然而生發的哀傷；若在閒時平常的地方發生這類事，就可把感情宣泄出來。遇到無法避開家諱的時候，也應當強自忍耐不表露出來。這就像自己的伯伯、叔叔、兄弟等人，酷似（故世的）父母，難道要一輩子傷心斷腸，斷絕和他們來往嗎？《禮記》中又說：「寫文告時不避諱，在祖廟中説祝辭時不避諱，與國君談話時不避自己父母的諱。」由此可進一步知道，在聽到有關先人的名字時，必須斟酌一下當時的具體情況，而不必慌忙地避開離去。梁朝的謝舉，很有聲譽，可是當他一聽到先父先母的名諱就會失聲痛哭，被當時的人所譏笑。還有臧逢世，他是臧嚴的兒子，學習勤奮而品行端正，不失其好門風。梁元帝在當江州刺史的時候，派他到建昌督察有關事宜，郡縣的市民百姓，競相上書言事，信函從早到晚聚滿了公堂，几案上堆滿了文書，臧逢世在處理公務時，凡是書信中寫有「嚴寒」的字樣，都必定對着書信流淚哭泣，以至忘記查看和回覆，因此多次荒廢了公事，以致大家都對他抱怨，結果臧逢世因辦不好公事而被遣還。以上講的都是一些過分講究避諱的事。

賞析與點評

顏之推一方面認為事事避諱會過於矯情，陷於形式主義；另一方面，他告訴我們做事要審時度勢，學會變通，認清何為特殊情況，何謂一般情況，應分清主次，不可貽誤正事。

近在揚都[1]，有一士人諱審，而與沈氏交結周厚[2]，沈與其書，名而不姓，此非人情也。

註釋 1 揚都：揚州。2 周厚：關係親密。

譯文 近來在揚都，有一士人忌諱「審」字，而他又與一個姓沈的人交情深厚。姓沈的朋友給他寫信時，為避他的諱而只署名，不寫上姓，這就不合情理了。

凡避諱者，皆須得其同訓以代換之[1]：桓公名白[2]，博有五皓之稱[3]；厲王名長[4]，琴有修短之目。不聞謂布帛為布皓，呼腎腸為腎修也。梁武小名阿練[5]，子孫皆呼練為絹；乃謂銷煉物為銷絹物，恐乖其義。或有諱雲者，呼紛紜為紛煙；有諱桐者，呼梧桐樹為白鐵樹，便似戲笑耳。

註釋 1 同訓：同義詞。2 桓公：齊桓公，春秋五霸之首，名小白。3 博：博戲，古代的一種局戲。4 厲王：西漢淮南厲王，姓劉，名長。5 梁武：南朝梁武帝。

譯文 凡是要避諱的字，都應該找和原字意義相同的字來代替。如齊桓公名叫小白，博戲中的「五白」就被稱為「五皓」；西漢淮南厲王名叫「長」，他的兒子劉安編著《淮南子》時，就把琴的長短說成「修短」。但卻從沒聽說誰把布帛稱為「布皓」，把腎腸稱為「腎修」的。南朝梁武帝的小名叫阿練，他的子孫都稱「練」為「絹」，假如把「銷煉物」稱為「銷絹物」，恐怕就違背原意了。還有諱「雲」字的人，把「紛紜」稱為「紛煙」；有諱「桐」字的人，把「梧桐樹」稱為「白鐵樹」，這便近似於開玩笑了。

周公名子曰禽，孔子名兒曰鯉，止在其身，自可無禁。至若衛侯、魏公子、楚太子[1]，皆名蟣蝨；長卿名犬子，王修名狗子，上有連及[2]，理未為通。古之所行，今之所笑也。北土多有名兒為驢駒、豚子者，使其自稱及兄弟所名，亦何忍哉？前漢有尹翁歸，後漢有鄭翁歸，梁家亦有孔翁歸，又有顧翁寵；晉代有許思妣（bǐ）、孟少孤[3]，如此名字，幸當避之。

註釋　1 魏公子：應為韓公子。2 連及：聯繫涉及。3 妣：死去的母親。

譯文　周公給兒子取名叫伯禽，孔子給兒子取名叫鯉，這類名字的意義只限於他們兒子自身，自然可以沒什麼禁忌地使用。至於像衛侯、韓公子、楚國太子的名字都叫蟣蝨，司馬相如的小名叫犬子，王修的小名叫狗子，這就牽連到他們的父輩，在道理上是講不通的。古時人們所實行的，正是今人所譏笑的。很多北方人給兒子取小名為驢駒、豚子，讓兒子自稱這樣的名字，以及讓他的兄弟也這樣叫他，又怎麼能受得了呢？前漢有人叫尹翁歸，後漢有人叫鄭翁歸，梁朝也有人叫孔翁歸，又有人叫顧翁寵的；晉代有人叫許思妣、孟少孤，像這樣的名字，還是應當避免。

今人避諱，更急於古。凡名子者，當為孫地[1]。吾親識中有諱襄、諱友、諱同、諱清、諱和、諱禹，交疏造次[2]，一座百犯，聞者辛苦，無憀（liáo）賴焉[3]。

註釋

1 為孫地：為孫輩留有餘地。2 交疏：應為「疏交」，指相交之遠者。3 無憀賴：無所依從。

譯文

現在的人對於避諱，比古代更加講究。凡是為兒子取名字，都應當為孫輩留些餘地，使其不因避父諱而陷於尷尬境地。在我所親近熟悉的人中，有諱「襄」字、諱「友」字、諱「同」字、諱「清」字、諱「和」字、諱「禹」字等常用字的，大家聚會的時候，交往疏遠一點的人倉猝之間不知其所諱，結果觸犯了很多人的家諱，使聽者傷心悲苦，大家也無所適從。

昔司馬長卿慕藺相如，故名相如，顧元歎慕蔡邕，故名雍，而後漢有朱倀字孫卿[1]，許暹字顏回，梁世有庾晏嬰、祖孫登，連古人姓為名字，亦鄙事也。

註釋　1 孫卿：即荀卿。

譯文　從前，司馬長卿因仰慕藺相如，所以改名為相如；顧元歎仰慕蔡邕，所以改名為雍。而東漢有朱倀字孫卿、許暹字顏回，梁朝有人叫庾晏嬰、祖孫登，這些人連古人的姓都一起拿來作自己的名或字，這是很鄙俗的事。

昔劉文饒不忍罵奴為畜產[1]，今世愚人遂以相戲，或有指名為豚犢者。有識傍觀，猶欲掩耳，況當之者乎？

註釋　1 畜產：畜生，罵人的話，指人品格低劣，如同畜生。《後漢書·卷二五·劉寬傳》：「客不堪之，罵曰：『畜產。』」

譯文　從前，劉文饒不忍心辱罵奴僕為畜生，而現在一些愚蠢的人卻以此互相戲罵，還有人指名道姓說誰是小豬小牛。有識之士在旁邊聽聞了，還要掩住耳朵，何況那些被辱罵的人呢？

近在議曹[1]，共平章百官秩祿[2]，有一顯貴，當世名臣，意嫌所議過厚。齊朝有一兩士族文學之人，謂此貴曰：「今日天下大同，須為百代典式，豈得尚作關中舊意？明公定是陶朱公大兒耳[3]！」彼此歡笑，不以為嫌。

註釋

1 議曹：官署名。掌言職。2 平章：商量處理。秩祿：俸祿。3 陶朱公：春秋時期越國大夫范蠡的別稱。范蠡佐越王勾踐滅吳後，辭官歸隱陶稱朱公，以經商致富。相傳他的次子在楚國因殺人被抓，他的大兒子帶着千金前往營救，因為捨不得花錢，弟弟最終被殺。

譯文

最近我在議曹參加商議百官的品級俸祿之事，有一個顯達尊貴的人，是一位當代名臣，他認為大家所商議的俸祿過於優厚。有一兩個原屬齊朝士族文學侍從的人，對這位權貴說：「現在天下統一，應為後代樹立典範，豈能還按原來在關中時的那一套辦事呢？你一定好像陶朱公的大兒子般小器吧！」大家聽了一起歡笑，也不因此而有什麼嫌隙。

昔侯霸之子孫[1]，稱其祖父曰家公；陳思王稱其父為家父[2]，母為家母；潘尼稱其祖曰家祖[3]：古人之所行，今人之所笑也。今南北風俗，言其祖及二親，無云家者；田里猥人[4]，方有此言耳。凡與人言，言己世父[5]，以次第稱之，不云家者，以尊於父，不敢家也。凡言姑姊妹女子子[6]：已嫁，則以夫氏稱之；在室[7]，則以次第稱之。言禮成他族[8]，不得云家也。子孫不得稱家者，輕略之也。蔡邕書集，呼其姑姊為家姑家姊，班固書集，亦云家孫，今並不行也。

註釋

1 侯霸：字君房，東漢人，官至大司徒。2 陳思王：曹植。3 潘尼：西晉文學家，潘岳的姪子。4 田里：農村裏。猥人：鄙俗之人。5 世父：大伯父，後為伯父的通稱。6 女子子：女子。7 在室：指女子未出嫁。8 禮成他族：指女子出嫁到婆家。

譯文

從前侯霸的子孫，稱他的祖父為家公；陳思王曹植稱他父親為家父，母親為家母；潘尼稱他的祖父為家祖。古人這些稱呼，已被今人當作笑柄了。現在的南北風俗，稱呼其祖上和父母親時，沒有人說「家」字。只有那些村野中的鄙賤之人，才會用這樣的稱呼。凡是與人交談，談到自己的伯父時，就按照父輩中的排行來稱呼他，不冠以「家」字的原因，是因為伯父尊於父親，所以不敢稱「家」。凡是提及姑母、姊妹等女子時，已經出嫁者，就用丈夫家的姓氏來稱呼她，沒出嫁的就按兄弟姊妹中的排行順序稱呼她。也就是說女子出嫁後就成為婆家的人，故不能稱「家」。對於子孫不能稱「家」，是因為要表示對晚輩的輕視。蔡邕的書信集中，稱呼他的姑母、姐姐為「家姑」、「家姊」；班固的書信集中也說到「家孫」，現在都不這樣稱呼了。

凡與人言，稱彼祖父母、世父母、父母及長姑，皆加尊字，自叔父母已下，則加賢字，尊卑之差也。王羲之書，稱彼之母與自稱己母同，不云尊字，今所非也。

譯文

凡是和別人交談，稱呼對方的祖父母、伯父母、父母及年長的姑母，都要在稱呼前加「尊」字，自對方叔父母以下，則在稱呼前加「賢」字，這是為了表明尊卑差別。王羲之在信中，稱呼對方的母親與稱呼自己的母親一樣，在稱呼前不加「尊」字，現在的人認為這是不對的。

南人冬至歲首，不詣喪家；若不修書，則過節束帶以申慰[1]。北人至歲之日[2]，重行弔禮；禮無明文，則吾不取。南人賓至不迎，相見捧手而不揖，送客下席而已；北人迎送並至門，相見則揖，皆古之道也，吾善其迎揖。

註釋

1 束帶：整飭衣冠，束緊衣帶，表示恭敬。申慰：以示慰問。2 至歲：指冬至、歲首二節。

譯文

南方人在冬至、歲首這兩個節日裏，是不會到辦喪事的人家去弔唁的；如果不寫信致哀的話，就過了節再整飭衣冠親自去表示慰問。北方人在冬至、歲首這兩個節日中，特別重視弔唁活動，這在禮節上沒有明文記載，而我是不贊同的。南方人有客人光臨時不會去迎接，見面時只是拱手而不行彎腰禮，送客時僅僅離開座席而已；北方人迎送客人會走到門口，相見時作揖行禮，這些都是古代的遺風，我讚許他們這種迎來送往和揖手彎腰的禮節。

昔者，王侯自稱孤、寡、不穀[1]，自茲以降，雖孔子聖師，與門人言皆稱名也。後雖有臣、僕之稱，行者蓋亦寡焉。江南輕重[2]，各有謂號，具諸《書儀》；北人多稱名者，乃古之遺風，吾善其稱名焉。

註釋　1 不穀：不善，不好，古代諸侯自稱的謙詞。2 輕：地位低。重：地位高。

譯文　過去，王公諸侯都自稱孤、寡、不穀，從那以後，即使是孔子那樣的至聖先師，與學生談話時也都自稱名字。後來雖然有人自稱臣、僕，但這大概也不多。江南的人不論地位高低，都各有稱號，這都記載在《書儀》之中。北方人多自稱其名，這是古人的遺風，我讚許他們自稱名字的做法。

言及先人，理當感慕，古者之所易，今人之所難。江南人事不獲已[1]，須言閥閱[2]，必以文翰[3]，罕有面論者。北人無何便爾話說[4]，及相訪問。如此之事，不可加於人也。人加諸己，則當避之。名位未高，如為勳貴所逼，隱忍方便，速報取了；勿使煩重，感辱祖父。若沒[5]，言須及者，則斂容肅坐，稱大門中[6]，世父、叔父則稱從兄弟門中，兄弟則稱亡者子某門中，各以其尊卑輕重為容色之節，皆變於常。若與君言，雖變於色，猶云亡祖亡伯亡叔也。吾見名士，亦有呼其亡兄弟為兄子弟子門中者，亦未為安貼也[7]。北土風俗，都不行此。太山羊侃[8]，梁初入南；吾近至鄴，其兄子肅訪侃委曲[9]，吾答之云：「卿從門中在梁，如此如此。」肅曰：「是我親第七亡叔[10]，非從也。」祖孝徵在坐，先知江南風俗，乃謂之云：「賢從弟門中，何故不解？」

註釋

1 不獲已：猶不得已，沒有辦法。2 閥閱：本作伐閱，指世家門第。3 文翰：指信札、公文書。4 無何：無故，沒有由來。5 沒：同歿，去世。6 門中：稱謂族中死者。大門中：對人稱呼自己已故的祖父和父親。7 安貼：妥帖，貼切。8 太山：泰山。羊侃：南朝梁末大將。9 委曲：事情的始末經過。10 親：漢魏至隋，人們習慣在親戚稱謂之前加「親」字，以示與其為直系的或最親近的親戚關係。

譯文

說到先人的名字，按理應當產生感念仰慕之情，這對古人是很容易的，而今天的人卻感到困難。江南地區的人除非是迫不得已，否則與人談及家世的時候，必定是以書信的形式討論，很少會當面談論的。北方地區的人會無緣無故地找人聊天，甚至到家中相訪。像這種談及家世的事，還是不要施加於別人的身上。如果別人把這樣的事施加於你，你就應該設法避開。你們的名聲地位都不高，如果被權貴所逼迫而必須言及家世，你們可以敷衍一下，趕快作答，結束談話，不要讓這種談話煩瑣重複，以免有辱自家祖輩父輩。如果自己的祖父和父親已經去世，談話中又必須提到他們時，就要表情嚴肅，端正坐姿，口稱「大門中」；對伯父、叔父則稱「從兄弟門中」；對已過世的兄弟，則稱兄弟為兄弟之子「某某門中」，並且要各自依照他們的尊卑輕重，來確定自己在表情上應掌握的分寸，無論談到哪個已逝者，表情都要與平常有所不同。如果是與國君談話提及自己過世的長輩，雖然表情上也有所改變，但還是可以說「亡祖、亡伯、亡叔」等稱謂。我看見一些名士，與國君談話時，也有稱呼他的亡兄亡弟為兄之子「某某門中」或弟之子「某某門中」，這是不妥當的。北方的風俗，完全不是這樣的。泰山的羊侃，是在梁朝初年來到南方的。我最近到鄴城，他哥哥的兒子羊肅來訪，問及羊侃的具體情況，我回答他說：「您從門中在梁朝時，具體情況是這樣的。」羊肅說：「他是我嫡親的第七亡叔，不是堂叔。」祖孝徵當時也在座，他早就知道江南的風俗，就對羊肅說：「就是指賢從弟門中，您怎麼不明白？」

古人皆呼伯父叔父，而今世多單呼伯叔。從父兄弟姊妹已孤[1]，而對其前，呼其母為伯叔母，此不可避者也。兄弟之子已孤，與他人言，對孤者前，呼為兄子弟子，頗為不忍；北土人多呼為姪。案：《爾雅》、《喪服經》、《左傳》，姪雖名通男女，並是對姑之稱。晉世已來，始呼叔姪；今呼為姪，於理為勝也。

註釋

1 從父：父親的兄弟。即伯父或叔父。

譯文

古代人都稱呼伯父、叔父，而現在多只單稱伯、叔。堂兄弟、姊妹的父親死後，在他們面前，稱他們的母親為伯母、叔母，這是無法迴避的。兄弟去世，他們的兒女成了孤兒，你與別人談話時，在他們面前，稱他們為兄之子或弟之子，就很不忍心；北方人多數稱他們為姪兒。在《爾雅》、《喪服經》、《左傳》等書中，姪這個稱呼雖然男女通用，但都是對姑姑而言。晉代以來，才開始稱叔姪。現在全都統稱為姪，從道理上說是恰當的。

別易會難，古人所重；江南餞送，下泣言離。有王子侯[1]，梁武帝弟，出為東郡，與武帝別，帝曰：「我年已老，與汝分張，甚以惻愴。」數行淚下。侯遂密雲[2]，赧（nǎn）然而出[3]。坐此被責，飄颻（yáo）舟渚[4]，一百許日，卒不得去。北間風俗，不屑此事，歧路言離，歡笑分首。然人性自有少涕淚者，腸雖欲絕，目猶爛然；如此之人，不可強責。

註釋

1 王子侯：皇室所封列侯。《漢書》有王子侯表。2 密雲：無淚，指強作悲淒之態而不掉眼淚。3 赧然：羞愧的樣子。4 飄颻：飄盪。渚：水中小塊陸地。

譯文

離別容易相會難，古人很重視離別。江南人在為人餞行送別時，談到分離就掉眼淚。有一位王子侯，是梁武帝的弟弟，將到東邊的郡上任職，前來與武帝告別，武帝對他說：「我已年老了，與你分別，真感到傷心。」說着說着，幾行眼淚就往下掉。王子侯就做出悲痛的模樣，卻擠不出眼淚，只好羞愧地離開了皇宮。他因為這件事而被指責，在舟船岸渚間飄盪了一百多天，最終還是不能離開。北方地區的風俗，就不看重這種事，在岔路口談起別離，都是歡笑着分手。當然，有些人天性本來就是很少流淚，他們有時悲痛到腸斷欲絕，眼睛仍是炯炯有神。像這樣的人，就不要強行去責備他。

凡親屬名稱，皆須粉墨[1]，不可濫也。無風教者，其父已孤，呼外祖父母與祖父母同，使人為其不喜聞也。雖質於面，皆當加外以別之；父母之世叔父，皆當加其次第以別之；父母之世叔母，皆當加其姓以別之；父母之群從世叔父母及從祖父母，皆當加其爵位若姓以別之。河北士人，皆呼外祖父母為家公家母；江南田里間亦言之。以家代外，非吾所識。

註釋

1 粉墨：白與黑。此處指須像黑白一樣明確區分。

譯文

凡是親屬的名稱，都應該分辨清楚，不可胡亂使用。有些缺乏教養的人，在祖父母去世後，對外祖父、外祖母的稱呼竟與祖父祖母一樣，使人聽了不高興。即使在外祖父外祖母面前，也應加上「外」字以示區別；父母的伯父、叔父，都應當在稱呼前加上排行順序以示區別；父母的伯母、叔母，都應當在稱呼前加上她們的姓以示區別；父母親的堂伯父、堂伯母、堂叔父、堂叔母以及堂祖父、堂祖母，都應當在稱呼前加上他們的爵位或姓氏以示區別。河北的男子，都稱外祖父、外祖母為家公、家母；江南的鄉間也是這樣稱呼。用「家」字來代替「外」字，這我就弄不懂了。

凡宗親世數，有從父，有從祖[1]，有族祖[2]。江南風俗，自茲已往，高秩者[3]，通呼為尊；同昭穆者[4]，雖百世猶稱兄弟；若對他人稱之，皆云族人。河北士人，雖三二十世，猶呼為從伯從叔。梁武帝嘗問一中土人曰：「卿北人，何故不知有族？」答云：「骨肉易疏，不忍言族耳。」當時雖為敏對，於禮未通。

註釋

1 從祖：父親的堂伯叔。2 族祖：祖父的堂兄弟。3 秩：官吏的俸祿。引申為官吏的職位或品級。4 昭穆：古代宗法制度，宗廟或墓地的輩次排列，以始祖居中。二世、四世、六世，位於始祖的左方，稱昭；三世、五世、七世，位於始祖的右方，稱穆。這是用來分別宗族內部的長幼、親疏和遠近。後亦泛指家族的輩分。《周禮．春宮．小宗伯》：「辨廟祧之昭穆。」「同昭穆」是同一祖宗之意。

譯文

凡是同宗之親的世系輩分，有從父、從祖，有族祖。江南的風俗，從這往上數，對官職高的，通稱為尊，同宗又同輩分的，即使隔了一百代，仍然互相稱作兄弟。如果是對別人稱呼自己宗族的人，則都稱作族人。河北地區的士人，雖然已隔了二三十代，仍然稱從伯父、從叔父。梁武帝曾經問一位中原人說：「你是北方人，為什麼不知道有『族』這一稱呼呢？」中原人回答說：「親屬骨肉之間的關係容易疏遠，所以我不忍心用『族』來稱呼。」這在當時雖然是一種機敏的回答，但從禮儀上卻是講不通的。

吾嘗問周弘讓曰[1]：「父母中外姊妹[2]，何以稱之？」周曰：「亦呼為丈人[3]。」自古未見丈人之稱施於婦人也。吾親表所行，若父屬者，為某姓姑；母屬者，為某姓姨。中外丈人之婦，猥俗呼為丈母[4]，士大夫謂之王母、謝母云。而《陸機集》有《與長沙顧母書》，乃其從叔母也，今所不行。

註釋

1 周弘讓：南朝陳汝南安城人，曾隱居茅山，後仕侯景。2 中外：中表親。中指舅父姨母子女，為內兄弟姊妹；外指姑母子女，為外兄弟姊妹。3 丈人：通稱老人。這裏是對親戚長輩的通稱。4 丈母：古稱父輩的妻子為丈母，今指岳母。

譯文

我曾經問周弘讓說：「對於父母親的中表姊妹，應怎樣稱呼她們？」周弘讓回答說：「也把她們稱作丈人。」自古以來沒有見過把丈人的稱呼用於婦人的。我的親表們所奉行的稱呼是：如果是父親的中表姊妹，就稱呼她為某姓姑；如果是母親的中表姊妹，就稱呼她為某姓姨。中表長輩的妻子，俚俗稱呼她們為丈母，士大夫則稱呼她們為王母、謝母等等。而《陸機集》中有《與長沙顧母書》，其中的顧母就是陸機的從叔母，不過現在已不這樣稱呼了。

齊朝士子，皆呼祖僕射（yè）為祖公[1]，全不嫌有所涉也，乃有對面以相戲者。

註釋

1 僕射：古代官名，置於秦朝，宋以後廢。這裏指北齊的祖珽。

譯文

齊朝的士大夫，都稱僕射祖珽為「祖公」，完全不顧忌這樣稱呼會與祖父的稱呼混為一談，甚至還有人會在祖珽面前用這種稱呼開玩笑。

古者，名以正體，字以表德，名終則諱之，字乃可以為孫氏[1]。孔子弟子記事者，皆稱仲尼；呂后微時，嘗字高祖為季；至漢爰（yuán）種[2]，字其叔父曰絲；王丹與侯霸子語[3]，字霸為君房；江南至今不諱字也。河北士人全不辨之，名亦呼為字，字固呼為字。尚書王元景兄弟，皆號名人，其父名雲，字羅漢，一皆諱之，其餘不足怪也。

註釋

1 氏：上古時期，人們不僅有姓，還有氏。姓是一種族號，氏是姓的分支。戰國以前，男子只稱氏，不稱姓，戰國以後，人們往往以氏為姓，姓氏漸漸合一。漢代時，通稱為姓。古代諸侯的兒子稱公子，公子的兒子稱公孫，公孫的兒子往往以其祖父的字為氏，所以文中說「字乃可以為孫氏」。2 爰種：西漢大臣爰盎之姪。3 王丹：字仲回，東漢京兆下邽人。侯霸：字君房，東漢大臣。

譯文

古時候，名是用來表明自身，字是用來表示德行的。人死後，就應避諱他的名，字卻可以作為孫輩的氏。孔子的弟子在記錄孔子的言行時，都稱他為仲尼；呂后仍是卑微的時候，曾經稱漢高祖劉邦的字「季」；到漢代的爰種，稱他叔叔的字「絲」；王丹與侯霸的兒子說話時，稱侯霸的字「君房」，江南至今不避諱稱字。河北的士大夫們對名和字完全不加區別，名也稱作字，字當然更稱作字。尚書王元景兄弟倆，都是有名望的人，他們的父親名叫王雲，字羅漢，他們對父親的名和字全都加以避諱，其他的人諸多避諱，就不足為怪了。

《禮・間傳》云：「斬縗（cuī）之哭[1]，若往而不反；齊（zī）縗之哭[2]，若往而反；大功之哭[3]，三曲而偯（yǐ）[4]；小功緦（sī）麻[5]，哀容可也，此哀之發於聲音也。」《孝經》云：「哭不偯。」皆論哭有輕重質文之聲也。禮以哭有言者為號，然則哭亦有辭也。江南喪哭，時有哀訴之言耳；山東重喪，則唯呼蒼天，期（jī）功以下[6]，則唯呼痛深，便是號而不哭。

註釋

1 斬縗：舊時五種喪服中最重的一種，用最粗的生麻布製成，左右和下邊不縫。子、未嫁女對父母，媳婦對公婆，承重孫對祖父母，妻對夫都服斬縗。《禮記・喪服小記》：「斬縗括髮以麻。」2 齊縗：喪服名，五服之一，次於斬縗。以粗麻布製成，因其緝邊縫齊，故稱齊縗。為繼母、慈母服齊縗三年，為祖父母、妻、庶母服齊縗一年，為曾祖父母服齊縗五月，為高祖父母服齊縗三月。3 大功：喪服名，五服之一，服期九個月。其服用熟麻布製成，比齊縗稍細，較小功為粗，故稱大功。舊時堂兄弟、未婚的堂姊妹、已婚的姑、姊妹、姪女及眾孫、眾子婦、姪婦之喪，都服大功；已婚女為伯父、叔父、兄弟、姪、未婚姑、姊妹、姪女等服喪，也服大功。4 偯：哭的尾聲。5 小功：喪服名，五服之一，用熟麻布製成，比大功為細，較緦麻為粗，服期五個月。《儀禮・喪服》：「小功者，兄弟之服也。」緦麻：喪服名，五種喪服之最輕者，以細麻布製成，比小功更細，服期為三月。凡疏遠親屬、親戚如高祖父母、曾伯叔祖父母、族伯叔祖父母、外祖父母、岳父母、中表兄弟、婿、外孫等都服緦麻。6 期功：古代喪服名稱。期，服喪一年。功，指大功和小功。

譯文

《禮記・間傳》上說：「穿斬縗這種喪服居喪時，要痛哭至氣竭，好像再也哭不出第二聲一樣；穿齊縗這種喪服居喪時，要哭得死去活來；服大功孝服的人哭泣，第一聲有幾個高低，最後還要拉長餘音；服小功或緦麻孝服的人，只要哭得有悲哀的樣子就可以了。這些就是不同程度的悲哀在聲音上的表現。」《孝經》上說：「孝子痛哭父母的哭聲，氣竭而後止，不會發出餘聲。」這些話都論說哭聲有輕微、沉重、質樸、和緩等種種區別。禮制中，哭泣時雜有言語叫做號，這樣，哭泣也可以帶有言辭。江南地區在喪事哭泣時，經常雜有哀訴的話語；山東一帶在服重喪時，哭泣時只是呼天搶地，在服一年以下的輕喪時，便只是傾訴自己悲痛多麼深重，這就是號而不哭。

江南凡遭重喪，若相知者，同在城邑，三日不弔則絕之；除喪[1]，雖相遇則避之，怨其不己憫也。有故及道遙者，致書可也；無書亦如之[2]。北俗則不爾。江南凡弔者，主人之外，不識者不執手；識輕服而不識主人[3]，則不於會所而弔，他日修名詣其家[4]。

註釋

1 除喪：除去喪服。2 如之：如同那樣，即如同對待「三日不弔」者一樣。3 輕服：五服中較輕的幾種，如大功，小功、緦麻之類。4 名：名刺，相當於今天的名片。

譯文

江南地區，凡遭逢重喪的人家，如果是與他家相識的人，又同住在一個城鎮裏，三天之內不去喪家弔喪，喪家就會與他斷絕交往。解除喪服之後，喪家的人即使與他在路上相遇，也會避開他，因為恨他不憐恤自己。如果是另有原因或路程遙遠而沒能前來弔喪者，也可以寫信表示慰問，如果連書信也不寫，喪家也會像對待同城邑而不親來弔喪的人一樣對待他。北方的風俗則不同。江南地區凡來弔喪者，除了主人之外，對不認識的人是不握手的；如果弔喪者只認識披戴較輕喪服的人而不認識主人，就不會到治喪的地方去弔唁，而是改日準備好名刺再到喪家去表示慰問。

陰陽說云：「辰為水墓[1]，又為土墓，故不得哭。」王充《論衡》云：「辰日不哭，哭則重喪[2]。」今無教者，辰日有喪，不問輕重，舉家清謐（mì）[3]，不敢發聲，以辭弔客。道書又曰：「晦歌朔哭[4]，皆當有罪，天奪其算[5]。」喪家朔望[6]，哀感彌深，寧當惜壽，又不哭也？亦不諭。

註釋

1辰：辰日，天干地支紀日法中的某一天，並不是一個特定的日子，每隔十二天就會出現一個辰日。2重喪：再死人。3清謐：清淨。4晦：陰曆每月的最後一天。朔：陰曆每月初一。5算：壽命。6望：陰曆每月十五日。

譯文

陰陽家說：「辰為水墓，又為土墓，所以辰日不得哭泣。」王充的《論衡》說：「辰日不能哭泣，哭泣就一定會再死人。」今天那些沒有教養的人，辰日有喪事，不問輕喪重喪，全家都靜悄悄的，不敢發出聲音，並謝絕弔喪的客人。道家的書說：「晦日唱歌，朔日哭泣，都是有罪的，上天要減他的壽命。」喪家在朔日望日，悲痛萬分，難道因為珍惜壽命，就不哭泣了嗎？我也弄不明白。

偏傍之書[1]，死有歸殺[2]。子孫逃竄，莫肯在家；畫瓦書符[3]，作諸厭勝[4]；喪出之日，門前然火[5]，戶外列灰[6]，祓（fú）送家鬼[7]，章斷注連。凡如此比，不近有情，乃儒雅之罪人，彈議所當加也[8]。

註釋

1偏傍：不正。2歸殺：也作歸煞、回煞。舊時人們認為人死之後若干日，靈魂會回家一次，稱之為「歸殺」。3畫瓦：在瓦片上畫圖像以鎮邪。4厭勝：古代一種巫術，謂能以詛咒制服、壓服人或物。5然：點燃。6戶外列灰：古人認為在門外鋪灰，可以觀察死人魂魄之跡。7祓：古代除災祈福的儀式。8彈議：輿論批評。

譯文

旁門左道的書上說：人死之後靈魂會返家一次。這天家中的子孫都逃避在外，沒有人肯留在家中；用畫瓦和書符可以鎮邪，唸咒語可以驅鬼；出喪那一天，門前要燃點火種，屋外要鋪灰，要進行除災祈福儀式以送走家鬼，上章天曹祈求斷絕死者殃禍家人。諸如此類的例子，都不近人情，是違背和破壞儒風雅尚的罪人，應當對此進行批評。

己孤，而履歲及長至之節[1]，無父，拜母、祖父母、世叔父母、姑、兄、姊，則皆泣；無母，拜父、外祖父母、舅、姨、兄、姊，亦如之。此人情也。

註釋

1履歲：一年之始，指元旦。長至：指夏至，夏至白晝最長，故稱。不過因為夏至後日漸短，冬至後日又漸長，故冬至也稱長至。此處當指冬至。

譯文

父親或母親去世後，在元旦及冬至這兩個節日裏，若是失去了父親的，在拜望母親、祖父母、世叔父母、姑母、兄長、姐姐時，都要流淚；若是失去了母親，在拜望父親、外祖父母、舅舅、姨母、兄長、姐姐時，也要流淚。這是人之常情啊。

江左朝臣，子孫初釋服，朝見二宮[1]，皆當泣涕；二宮為之改容。頗有膚色充澤，無哀感者，梁武薄其為人，多被抑退。裴政出服，問訊武帝[2]，貶瘦枯槁[3]，涕泗滂沱，武帝目送之曰：「裴之禮不死也。」

註釋

1 二宮：指皇帝與太子。2 問訊：僧尼等向人曲躬合掌致敬叫「問訊」。因為梁武帝信佛，所以裴政以僧禮拜見。3 貶瘦：猶消瘦。

譯文

江南的大臣，他們的子孫剛除去喪服，去朝見皇帝和太子的時候，都應該哭泣流淚，皇帝和太子會為之動容。但也有一些膚色豐滿光澤，沒有一點哀痛的人，梁武帝看不起他們的為人，這些人大多被貶降謫退。裴政除去喪服後，行僧禮朝見梁武帝，他憔悴瘦削，淚如雨下，涕淚交流，梁武帝目送着他出去說：「裴政父親裴之禮雖死猶生啊！」

賞析與點評

孟子說：「上有好者，下必有甚焉者矣。」皇帝提倡孝悌，從上而下，固然可喜，不過卻容易為「影帝」、野心家所用；再者，如果一個社會的道德要求過高，而一般人做不到時，那麼這樣的道德標準便會形同虛設，且容易流於虛偽。

二親既沒，所居齋寢[1]，子與婦弗忍入焉。北朝頓丘李構，母劉氏，夫人亡後，所住之堂，終身鎖閉，弗忍開入也。夫人，宋廣州刺史纂之孫女，故構猶染江南風教。其父獎，為揚州刺史，鎮壽春，遇害。構嘗與王松年、祖孝徵數人同集談宴。孝徵善畫，遇有紙筆，圖寫為人。頃之，因割鹿尾[2]，戲截畫人以示構，而無他意。構愴然動色，便起就馬而去。舉坐驚駭，莫測其情。祖君尋悟，方深反側[3]，當時罕有能感此者。吳郡陸襄，父閑被刑，襄終身布衣蔬飯，雖薑菜有切割，皆不忍食；居家唯以掐摘供廚。江寧姚子篤，母以燒死，終身不忍啖炙（dàn zhì）[4]。豫章熊康，父以醉而為奴所殺，終身不復嘗酒。然禮緣人情，恩由義斷，親以噎死，亦當不可絕食也。

註釋

1齋寢：齋戒時居住的房屋。2鹿尾：鹿的尾巴，是古代珍貴食品。3反側：惶恐不安。4啖：吃。炙：烤肉。

譯文

父母親去世之後，他們生前齋戒時住過的房屋，兒子和媳婦都不忍心進去。北朝頓丘郡的李構，他母親是劉氏，劉氏死後，她生前所住的房子，李構終身將其鎖閉，不忍心開門進去。劉氏是宋廣州刺史劉纂的孫女，所以李構也受到江南風教的熏陶。他的父親李獎，是揚州刺史，鎮守壽春時被人殺害。李構曾經與王松年、祖孝徵幾個人聚在一起喝酒聊天。孝徵善於畫畫，見有紙有筆，就畫了一個人。過了一會，他因為割取宴席上的鹿尾，就開玩笑地把人像也割成幾截給李構看，但並沒有其他意思。李構卻悲傷得變了臉色，立刻起身乘馬離去了。在座的人都十分驚訝，沒有人能猜出其中的原因。但祖孝徵隨即就省悟了，這才深感惶恐不安，當時卻很少有人能感知這件事。吳郡的陸襄，他的父親陸閑遭到刑戮，陸襄終身穿布衣茹素，即便是生薑，如果用刀切割過，他都不忍心食用，家人只好用手掐摘蔬菜供廚房之用。江寧的姚子篤，因為母親是被燒死的，所以他終身不忍心吃烤肉。豫章的熊康，父親因酒醉後被奴僕殺害，所以他終身不再喝酒。然而禮是因為人的感情需要而設立的，感念父母之情則可根據事理而斷絕，假如父母親因為吃飯噎死了，也不能因此而絕食吧。

《禮經》：父之遺書，母之杯圈[1]，感其手口之澤，不忍讀用。政為常所講習，讎（chóu）校繕寫[2]，及偏加服用，有跡可思者耳。若尋常墳典[3]，為生什物，安可悉廢之乎？既不讀用，無容散逸，唯當緘保[4]，以留後世耳。

註釋

1 杯圈：一種木製飲器。2 讎校：校對文字。3 墳典：三墳五典。伏羲、神農、黃帝之書叫三墳；少昊、顓頊、高辛、唐、虞之書叫五典。這裏指書籍。4 緘保：封存。

譯文

《禮經》上說：父親遺留的書籍，母親用過的口杯，能夠感受到上面留有父母的手和口的氣息，就不忍心閱讀或使用。只因為這些東西是他們生前經常用來講習，校對繕寫，以及特別偏愛使用的，上面留下了父母的痕跡可引發哀思之情。如果是平常所用的古書，或生活中常用的各種物品，怎麼能全部廢棄它們呢？父母的遺物既然不閱讀使用，就不要讓它們散失，應當封存保護，以留傳給後代。

思魯等第四舅母，親吳郡張建女也，有第五妹，三歲喪母。靈牀上屏風，平生舊物，屋漏沾濕，出曝曬之，女子一見，伏牀流涕。家人怪其不起，乃往抱持；薦席淹漬[1]，精神傷怛（dá）[2]，不能飲食。將以問醫，醫診脈云：「腸斷矣！」因爾便吐血，數日而亡。中外憐之[3]，莫不悲歎。

註釋

1 薦席：墊席。淹漬：浸泡，淹浸。2 傷怛：悲傷痛苦。3 中外：指中表親屬。

譯文

思魯幾弟兄的四舅母，是吳郡張建的女兒，她有一位五妹，三歲時母親就死了。那靈牀上的屏風，是她母親平時使用的舊物。這屏風因房子漏水而被淋濕了，被人拿出去曝曬。那女孩一見，就伏在牀上流淚。家人見她一直不起來感到奇怪，就過去抱她起身，只見墊席已被淚水浸濕，女孩神色哀傷，不能夠飲食。家人帶她求醫，醫生診脈後說：「她已經傷心斷腸了！」女孩因此就吐血，幾天後就死了。中表親屬都憐惜她，沒有不悲傷歎息的。

《禮》云：「忌日不樂[1]。」正以感慕罔極，惻愴無聊，故不接外賓，不理眾務耳。必能悲慘自居，何限於深藏也？世人或端坐奧室，不妨言笑，盛營甘美，厚供齋食；迫有急卒（cù）[2]，密戚至交，盡無相見之理：蓋不知禮意乎！

註釋　1忌日：父母去世的日子。2卒：同「猝」，倉猝。

譯文　《禮記》說：「父母的忌日不宴飲作樂。」正因為有說不盡的感傷思慕，鬱鬱不樂，所以這個日子不接待賓客，不處理紛繁的事務。如果確能做到傷心獨處，何必把自己局限於深室呢？世間有些人端坐於深宅之中，卻並不妨礙他談天說笑，盡情享用美味的食品，擺出精緻素餐供奉亡者。可是一旦有危急的事情發生，即使至親朋友來訪，他們卻認為沒有相見的理由：這種人大概是不懂得禮的意義吧！

魏世王修，母以社日亡[1]。來歲社日，修感念哀甚，鄰里聞之，為之罷社。今二親喪亡，偶值伏臘分至之節[2]，及月小晦後[3]，忌之外，所經此日，猶應感慕，異於餘辰，不預飲宴、聞聲樂及行遊也。

註釋　1社日：祭祀社神之日。2伏臘：伏祭和臘祭之日。伏祭在夏季伏日，臘祭在農曆十二月。分：春分、秋分。至：冬至、夏至。3晦：農曆每月的最後一天，即朔日的前一天。

譯文

魏朝王修的母親是在社日這天去世的，第二年的社日，王修感念亡母，十分哀痛，鄰居們聽說後，為此而停止了社日的祭祀慶祝活動。現在，父母親去世的日子，如果正碰上伏祭、臘祭、春分、秋分、夏至、冬至這些節日，以及忌日前後三天、忌月晦日前後三天，除了忌日這天外，凡在上述的日子裏，子孫仍應對父母親感懷思慕，與別的日子有所區別，不應參加宴飲，不聽音樂和不外出遊玩。

劉縚、緩、綏，兄弟並為名器[1]，其父名昭，一生不為照字，唯依《爾雅》火傍作召耳。然凡文與正諱相犯[2]，當自可避；其有同音異字，不可悉然。劉字之下，即有昭音[3]。呂尚之兒，如不為上；趙壹之子，儻不作一[4]：便是下筆即妨，是書皆觸也。

註釋

1 名器：著名人物。2 正諱：指人的正名。3 昭音：昭的讀音。「劉」字上從卯，下從釗，釗的讀音正與昭同，是同音不同字，所以文中說「劉字之下，即有昭音」。4 儻：同「倘」，假使，如果。

譯文

劉紹、劉緩、劉綏三兄弟，同為名人，他們的父親名叫劉昭，所以他們兄弟便一輩子都不寫照字，只是依照《爾雅》用火字旁加召來代替。然而凡文字與人的正名相同，當然應該避諱。如果行文中出現同音異字，就不該全都避諱了。「劉」字的下半部分就有「昭」的音。呂尚的兒子如果不能寫「上」字，趙壹的兒子如果不能寫「一」字，便會一下筆就有阻礙，一寫字就犯諱了。

嘗有甲設宴席，請乙為賓；而旦於公庭見乙之子，問之曰：「尊侯早晚顧宅？」乙子稱其父已往。時以為笑。如此比例，觸類慎之，不可陷於輕脫。

譯文

曾經有位甲君安排宴席，準備請乙君來做客。早上在官署見到乙的兒子，就問他說：「令尊大人何時可以光臨寒舍？」乙君的兒子卻說他父親已經去了，當時的人以此為笑柄。像類似的事例，遇到後就該慎重對待，不可那樣輕佻。

江南風俗，兒生一期，為製新衣，盥浴裝飾，男則用弓矢紙筆，女則刀尺針縷，並加飲食之物，及珍寶服玩，置之兒前，觀其發意所取，以驗貪廉愚智，名之為試兒。親表聚集[1]，致宴享焉。自茲已後，二親若在，每至此日，嘗有酒食之事耳。無教之徒，雖已孤露[2]，其日皆為供頓[3]，酣暢聲樂，不知有所感傷。梁孝元年少之時，每八月六日載誕之辰[4]，常設齋講[5]；自阮修容薨歿之後[6]，此事亦絕。

註釋

1 親表：親屬中表。姑母的子女叫外表，舅父姨母的子女叫內表，互稱中表。2 孤露：魏晉時人以父亡為孤露，亦稱「偏露」，孤單無所蔭庇的意思。3 供頓：設宴待客。4 載誕之辰：生日。5 齋講：宣講佛法之集會。6 修容：三國時魏宮內女官名，南朝宋改為昭容，至隋仍置修容，為九嬪之一。阮修容是指梁孝元帝的母親。薨：死亡，多指王侯死亡。

譯文

江南的風俗，孩子生下來一周年，就為他縫製新衣裳，給他洗澡和裝飾打扮，若是男孩，會拿來弓、箭、紙、筆，若是女孩，會拿來剪子、尺子、針線，還要加上一些飲食物品，以及珍寶玩具等物，把它們放在孩子面前，觀察他（她）想抓取的東西，以此來檢驗孩子今後是貪婪還是廉潔，是愚蠢還是聰明，這種風俗稱為「試兒」。這一天，親戚們都聚在一起，設宴歡樂。從此以後，父母親只要還在世，每到這個日子，就要置酒備飯，吃喝一頓。那些沒有教養的人，有的雖然父親已不在世，到了這天仍照常設宴請客，盡興痛飲，縱情聲樂，不知該有所感傷。梁孝元帝年輕的時候，每到八月六日生日這天，常常是設集會宣講佛法。自從他母親阮修容去世之後，這種事也就停止了。

人有憂疾，則呼天地父母，自古而然。今世諱避，觸途急切[1]。而江東士庶，痛則稱禰（nǐ）[2]。禰是父之廟號[3]，父在無容稱廟，父歿何容輒呼？《蒼頡篇》有倄字[4]，《訓詁》云[5]：「痛而謼（hū）也[6]，音羽罪反[7]。」今北人痛則呼之。《聲類》音于耒反[8]，今南人痛或呼之。此二音隨其鄉俗，並可行也。

註釋

1 觸途：各方面，處處。2 禰：古代對已在宗廟中立牌位的亡父的稱謂。3 廟號：父歿後在宗廟所立的木製的神位的稱號。4《蒼頡篇》：古代文字學著作，李斯所作。5《訓詁》：一本解釋《蒼頡篇》的書。6 謼：同「呼」，大聲呼叫。7 反：反切。中國古代的一種注音方法，取反切上字的聲母和反切下字的韻母，並且取上字聲調的陰陽和下字的平仄，然後合起來成為另外一個字的注音。8《聲類》：

書名，三國時期魏國人李登所作，音韻學著作。

譯文

人有憂患疾病，就呼喊天地父母，自古以來就是這樣。現在的人特別講究避諱，處處都比古人來得嚴格。而江東的士人百姓，悲痛時就呼叫「禰」。「禰」是已故父親的廟號，父親在世時不允許立廟號，故不能喊，父親死後怎能隨意呼叫他的廟號呢？《蒼頡篇》中有「侑」字，《訓詁》解釋說：「這是因悲痛而呼喊的聲音，讀音是羽罪反」。現在北方人悲痛時就呼叫這個音。《聲類》指出這個字的音是于来反，現在南方人悲痛時有的就呼叫這個音。這兩個音隨人們的鄉俗而定，都是可行的。

梁世被繫劾（hé）者[1]，子孫弟姪，皆詣闕（yì què）三日[2]，露跣（xiǎn）陳謝[3]；子孫有官，自陳解職。子則草屩（juē）粗衣[4]，蓬頭垢面，周章道路[5]，要（yāo）候執事[6]，叩頭流血，申訴冤枉。若配徒隸，諸子並立草庵於所署門，不敢寧宅[7]，動經旬日，官司驅遣，然後始退。江南諸憲司彈人事[8]，事雖不重，而以教義見辱者，或被輕繫而身死獄戶者，皆為怨仇，子孫三世不交通矣。到洽為御史中丞，初欲彈劉孝綽，其兄溉先與劉善，苦諫不得，乃詣劉涕泣告別而去。

註釋

1劾：審理、判決。2詣闕：赴廟堂。3露：指露髻，即不戴帽子露出髮髻。跣：光着腳不穿鞋。4草屩：草鞋。5周章：驚恐不安。6要候：中途等候，迎候。7寧宅：安居。8憲司：魏晉以來御史的別稱。

譯文

梁朝被拘囚彈劾的人，他的子孫弟姪們，都要趕赴皇帝的殿廷，整整三天，露髻赤足，陳情請罪。如子孫中有做官的，就主動請求解除官職。他的兒子們則穿上草鞋和粗布衣服，蓬頭垢面，驚恐不安地守候在道路上，攔住主管官員，叩頭流血，申訴冤情。如果這人被發配去服苦役，他的兒子們就一起在官署門口搭起小草棚居住，不敢在家中安居，一住就是十來天，直到官府驅逐才退離。江南地區各御史彈劾某人，案情雖不嚴重，但若某人是因教義而受彈劾之辱，或因輕罪被拘留而身死獄中，兩家就會成為死對頭，子孫三代都不相往來。到洽當御史中丞的時候，一開始想彈劾劉孝綽，到洽的哥哥到溉早就與劉孝綽關係友好，他苦苦規勸到洽不要彈劾劉孝綽而未能如願，就前往劉孝綽處，流着淚與他告別，然後離去。

兵凶戰危，非安全之道。古者，天子喪服以臨師，將軍鑿凶門而出[1]。父祖伯叔，若在軍陣，貶損自居，不宜奏樂宴會及婚冠吉慶事也[2]。若居圍城之中，憔悴容色，除去飾玩，常為臨深履薄之狀焉[3]。父母疾篤，醫雖賤雖少，則涕泣而拜之，以求哀也。梁孝元在江州，嘗有不豫[4]；世子方等親拜中兵參軍李猷焉。

註釋

1 凶門：古代將軍出征時，會鑿一扇向北的門，由此出發，如辦喪事一樣，表示必死的決心。2 冠：冠禮。古代男子二十歲行成人禮，結髮戴冠。3 臨深履薄：「如臨深淵，如履薄冰」的縮語，比喻謹慎戒懼。4 不豫：天子病稱不豫。

譯文

兵器都是凶器，戰爭都是危險的事，此二者都不是安全之道。古代打仗之前，天子要身穿喪服去檢閱軍隊，將軍要鑿一扇凶門，然後由此出征。某人的父祖伯叔如果在軍隊裏，他就應該貶抑約束自己，不宜參加奏樂、宴會，以及婚禮、冠禮等吉慶活動。如果某人的父祖伯叔被圍困在城邑之中，他就應該顯得面容憔悴，而且脫下各種裝飾品，時時表現出如臨深淵、如履薄冰的模樣。如果他的父母病重，即使那醫生地位低、年紀輕，他也應該向醫生哭泣跪拜，以求得到醫生的憐憫。梁孝元帝在江州的時候，曾經生了病，他的大兒子蕭方等就親自拜求過中兵參軍李猷。

四海之人，結為兄弟，亦何容易。必有志均義敵[1]，令終如始者，方可議之。一爾之後[2]，命子拜伏，呼為丈人，申父友之敬；身事彼親，亦宜加禮。比見北人，甚輕此節，行路相逢，便定昆季[3]，望年觀貌，不擇是非，至有結父為兄，託子為弟者。

註釋 1 敵：相當。2 一爾：一旦如此。3 昆季：指兄弟。長為昆，幼為季。

譯文 四海之內的異姓人，結拜為兄弟，是多麼不容易的事。他們必須是志向相同、義氣相投，能夠對朋友始終如一的人，才可以考慮結交。一旦與人結拜為兄弟，就要讓自己的孩子向他伏地下拜，稱他為「丈人」，表達孩子對父親朋友的尊敬。自己對結拜兄弟的父母親，也應該待之以禮。近來見到一些北方人，很輕視這種結交的禮節，兩人陌路相逢，就結為兄弟，有的只看看對方年齡、外貌，不管是非，以至於有把父輩當成兄長，把子姪輩當成弟弟的。

昔者，周公一沐三握髮，一飯三吐餐，以接白屋之士[1]，一日所見者七十餘人。晉文公以沐辭豎頭須[2]，致有圖反之誚。門不停賓，古所貴也。失教之家，閽

(hūn)寺無禮[3]，或以主君寢食嗔怒，拒客未通，江南深以為恥。黃門侍郎裴之禮[4]，號善為士大夫，有如此輩，對賓杖之。其門生僮僕，接於他人，折旋俯仰[5]，辭色應對，莫不肅敬，與主無別也。

註釋

1 周公：西周初年政治家，輔佐周成王，制禮作樂。相傳周公因忙於接待天下賢人，往往洗一次頭會中斷多次，吃一次飯也中斷多次。沐：洗頭。白屋之士：指平民。古代平民住房不施彩，故稱其住屋為白屋。2 晉文公：春秋五霸之一，姓姬，名重耳。豎：小臣。《左傳．僖公二十四年》記載豎頭須求見晉文公，晉文公以正在洗頭為由，拒絕見他。豎頭須說洗頭時心是朝下倒過來的，怪不得思維顛倒，晉文公便接見了他。3 閽寺：豪貴之家的守門人。4 黃門侍郎：秦官名，漢因之，因給事於黃門，故稱黃門侍郎。5 折旋：曲行。古代行禮時的動作。

譯文

從前，周公洗一次頭要三次停下握住頭髮，吃一頓飯要三次中斷，把口中的食物吐出來，為的是接待來訪的平民寒士，他一天之內接見的人達七十多個。而晉文公以正在洗頭為由拒絕接見侍臣頭須，以致遭來思維顛倒的譏誚。不能讓賓客滯留在門口，這是古人所看重的。那些沒有教養的人家，他們的守門人也沒有禮貌，有的以主人正在睡覺、吃飯或發脾氣為藉口，拒絕為客人通報，江南地區的人家深以這種事為恥。黃門侍郎裴之禮，被稱作為人楷模的士大夫，如果他家中有這類慢待賓客的僕人，他會在客人面前用棍子打僕人。因此他的門生、僮僕在接待客人時，進退禮儀，言行舉止，無不畢恭畢敬的，與主人沒有什麼兩樣。

賞析與點評

如果我們認為古人講究「風操」是因為聖人的教誨及執政者循循善誘而造成的，這也許並不錯。不過更深層次的原因是：聖人的教誨與儒家文化的氛圍形成了一種「恥感」社會文化。例如孟子指出「羞惡之心」是人與生俱來的特性，並認為「無羞惡之心，非人也」，即視「羞惡之心」是人之為人的依據。故此，以儒家文化為主的恥感社會文化，形成了道德體系，有效約束人的慾望，其效果如《論語．為政》中所言：「道之以政，齊之以刑，民免而無恥；道之以德，齊之以禮，有恥且格。」本文中也舉例說：「失教之家，閽寺無禮，或以主君寢食嗔怒，拒客未通，江南深以為恥」，如果主人因僮僕失禮而怠慢客人，應感到恥辱；更有甚者，官員一旦犯罪，其子孫亦因羞而辭職，「子孫有官，自陳解職」。如果社會能夠形成這種恥感氛圍，所謂的失範、失德、失節操的事情，相信會大大減少。

慕賢第七

本篇導讀——

慕賢，即仰慕賢人之意。作者認為人年少時性情尚未定型，故攀附景仰聖人，可受「潛移暗化」之影響，久而久之，能提高自己的品德修養。不過賢人大多不容易被認同，因為「世人多蔽，貴耳賤目，重遙輕近」，所以我們應儘量宣揚他們的功績。顏之推以史為鑒，以齊梁時代的賢臣名將為例，闡述人才與國之興亡之間的關係。他主張重視人才、善待人才，切勿妒賢嫉才，以致黃鐘盡去，長城自毀。

古人云：「千載一聖，猶旦暮也；五百年一賢，猶比髆（bó）也[1]。」言聖賢之難得，疏闊如此[2]。儻遭不世明達君子，安可不攀附景仰之乎？吾生於亂世，長於戎馬，流離播越[3]，聞見已多。所值名賢，未嘗不心醉魂迷向慕之也。人在年少，神情未定，所與款狎[4]，熏漬陶染，言笑舉動，無心於學，潛移暗化，自然似之。何況操履藝能[5]，較明易習者也？是以與善人居，如入芝蘭之室，久而自芳也。與惡人居，如入鮑魚之肆[6]，久而自臭也。墨子悲於染絲，是之謂矣。君子必慎交遊焉。孔子曰：「無友不如己者。」顏、閔之徒[7]，何可世得！但優於我，便足貴之。

註釋

1 髆：肩胛。比髆指並肩，挨得近。2 疏闊：間隔久遠。3 播越：離散，流亡。4 款狎：款洽狎昵，彼此關係親密。5 操履：操守德行。6 鮑魚之肆：賣鹽漬魚的店鋪，氣味腥臭。這裏比喻壞人與小人聚集的地方。7 顏、閔：指孔子弟子顏回、閔損，有賢德之人。

譯文

古人說：「一千年能出一個聖人，就如同從早到晚那麼快了；五百年出一位賢士，密得就像肩碰肩一樣了。」這是說聖賢難得，曠世不遇。倘若有幸遇上了人世罕有的賢明君子，怎能不去攀附景仰他呢？我生於亂世，成長在兵荒馬亂的年代，顛沛流離，見聞甚多，但只要遇到有名望的賢人，未嘗不心醉魂迷地嚮往欽慕他。人年輕的時候，精神性情尚未定型，常與那些志趣相投的朋友朝夕相伴，受其熏陶感染，一言一笑，一舉一動，雖非刻意，但在潛移默化中，自然就跟朋友變得相似了。何況操守德行和技藝才能，不是明顯容易學到的東西嗎？因此，與好人住在一起，就像進入滿是芷草蘭花的屋子中一樣，時間一長，自己也變得芬芳起來；與壞人住在一起，就像進入賣鹽漬魚的店舖一樣，時間一長，自己也會變得腥臭難聞。墨子看見人們染絲就歎惜，說的也就是這個意思。君子與人交往一定要慎重。孔子說：「不要和不如自己的人交朋友。」像顏回、閔損那樣的賢人，哪是我們在人生裏可以遇見的呢？只要是比我好的，就足以讓我尊重他了。

世人多蔽，貴耳賤目，重遙輕近。少長周旋[1]，如有賢哲，每相狎侮，不加禮敬。他鄉異縣，微藉風聲，延頸企踵[2]，甚於飢渴。校其長短，核其精粗，或彼不能如此矣。所以魯人謂孔子為東家丘[3]。昔虞國宮之奇[4]，少長於君，君狎之，不納其諫，以至亡國，不可不留心也。

註釋

1 少長：指從年少到長大成人。周旋：交往。2 延頸企踵：伸長脖子踮起腳跟，形容殷切盼望。3 東家丘：東邊的鄰居孔丘。當時魯國人不清楚孔子的價值，把他看作平常人，稱之為「東家丘」。4 宮之奇：虞國大夫，年紀稍長於國君。虞君自幼與他相熟，因此不重視宮之奇勸諫他不要借道給晉國的意見，最終亡國。事見《左傳．僖公五年》。

譯文

世間的人多有一種偏見，就是對傳聞的東西很看重，對親眼所見的東西卻很輕視；對遠處的事情很感興趣，對近處的事情卻不放在心上。從小到大在一起相處的人，其中或有賢人智士，人們卻往往輕慢侮弄他們，並不以禮相待。至於處在遠方異土的人，憑着風傳的一點名聲，就能使大家伸長脖子、踮起腳跟去朝思暮盼，渴望之情甚至超過了飢渴。其實比較一下兩者的長短，審察二人的優劣，也許遠處的人還不如身邊的人。正因如此，魯國人稱孔子為「東家丘」。從前虞國的宮之奇，與虞國國君從小一起相處，國君與他太親近了，因此沒有採納他的勸諫，以致亡國了，這個教訓不可不永記在心啊。

用其言，棄其身，古人所恥。凡有一言一行，取於人者，皆顯稱之，不可竊人之美，以為己力；雖輕雖賤者，必歸功焉。竊人之財，刑辟（pì）之所處[1]；竊人之美，鬼神之所責。

註釋　1 刑辟：刑法，刑律。

譯文　採用了某人的意見卻拋棄那人，古人認為這種行為是可恥的。凡採納一個建議、辦理一件事情，如得到別人幫助，都應公開稱讚，不可竊取別人的成果，把它當作是自己的功勞。即使對方是地位低下的人，也一定要把功績歸於他。竊取別人的錢財，會遭到刑法的處置；竊取別人的成果，會遭到鬼神的譴責。

梁孝元前在荊州，有丁覘者，洪亭民耳，頗善屬文，殊工草隸。孝元書記，一皆使之。軍府輕賤[1]，多未之重，恥令子弟以為楷法，時云：「丁君十紙，不敵王褒數字。」吾雅愛其手跡，常所寶持。孝元嘗遣典籤惠編送文章示蕭祭酒[2]，祭酒問云：「君王比賜書翰[3]，及寫詩筆[4]，殊為佳手，姓名為誰？那得都無聲問[5]？」編以實答。子雲歎曰：「此人後生無比，遂不為世所稱，亦是奇事。」於是聞者

稍復刮目。稍仕至尚書儀曹郎[6]，末為晉安王侍讀[7]，隨王東下。及西臺陷歿[8]，簡牘湮散，丁亦尋卒於揚州。前所輕者，後思一紙，不可得矣。

註釋

1 軍府：蕭繹在荊州時都督六州軍事，故稱其治所為軍府。2 典籤：本為掌管文書的小官，後來權力甚大，稱為籤帥。3 比：近來。4 詩筆：六朝人以詩、筆對言，筆指無韻之文。5 聲問：聲譽，名聲。問，通「聞」。6 儀曹郎：古代官名。7 晉安王：指梁簡文帝蕭綱，他於天監五年被封為晉安王。侍讀：諸王屬官，職責是給諸王講學。8 西臺：指江陵，在湖北荊州。

譯文

梁孝元帝過去在荊州時，有一位叫丁覘的手下，是洪亭人，很會寫文章，特別擅長草書和隸書，孝元帝的文書抄寫，全都交給他做。軍府中那些地位低下的人，大都看不起他，恥於讓自己的子弟去臨習他的書法，當時流行的話是：「丁君寫上十張紙，也比不上王褒寫的數個字。」我非常喜愛丁君的書法墨跡，常常把它們珍藏起來。孝元帝曾經派一位叫惠編的典籤送文章給祭酒蕭子雲看，蕭子雲問惠編：「君王最近寫給我的書信，以及他的詩歌文章，書法非常漂亮，那代筆者定是一位書法高手，他姓甚名誰？哪裏會一點名聲都沒有呢？」惠編據實回答了。蕭子雲感歎道：「此人在後輩中沒有人能與之相比，竟然不被世人所稱道，這真是一件奇怪的事。」從此以後，聽說這事的人慢慢對丁覘刮目相看。丁覘後來漸漸升任到尚書儀曹郎的位置，最後任至晉安王的侍讀，隨晉安王東下。後來江陵陷落的時候，那些文書信札一起散失了，丁覘不久也在揚州去世。從前輕視他書法的人，後來想得到片紙隻字也不可能了。

賞析與點評

諾貝爾文學獎得主莫言從開始寫作到得獎時已寫作了三十年，拿獎前後，待遇迥異，有內地教科書出版社要為他立專章，部分讀者甚至認為他可比肩魯迅和狄更斯。這是由於得獎後莫言的水平立即就提升了，還是讀者的欣賞能力因莫言獲獎而突然提高了？兩者都不是，原因只是「聞者稍復刮目」，莫言得獎後得到了所謂的認同而已。如要真正做到慕賢識士，就必須培養自己的眼光；光是靠別人的指點，是難以到達事物的深處的。

侯景初入建業[1]，臺門雖閉[2]，公私草擾，各不自全。太子左衛率羊侃坐東掖門，部分經略[3]，一宿皆辦，遂得百餘日抗拒兇逆。於時，城內四萬許人，王公朝士，不下一百，便是恃侃一人安之，其相去如此。古人云：「巢父、許由[4]，讓於天下；市道小人，爭一錢之利。」亦已懸矣。

註釋

1 侯景：南北朝人，善騎射，初仕魏，後降於梁武帝，封為河南王。後篡梁自立為漢帝，攻破梁都建康，為王僧辯等討平。建業：梁時稱建康，即今天江蘇南京。2 臺門：禁城之門。晉、宋時謂朝廷禁省為臺，稱禁城為臺城。3 部分：部署安排。經略：策劃處理。4 巢父、許由：俱為堯時人，堯以天下讓此二人，皆不受。

譯文

侯景剛攻入建業城的時候，臺城的門雖已緊閉，但城內的官吏百姓仍驚恐不安，人人自危。這時，只有太子左衛率羊侃坐鎮東掖門，部署策劃禦敵方略，僅一個晚上就策劃好了，於是爭取到一百多天的時間來抵抗兇惡的叛軍。當時，臺城內四萬多人，其中的王公大臣不下一百，就只靠羊侃一人來安定局面，他們之間表現的差距竟如此之大。古人說：「巢父、許由把天下都推辭掉了，而市井小人卻為一文錢而爭執不休。」兩者的差距太懸殊了。

齊文宣帝即位數年，便沉湎縱恣，略無綱紀；尚能委政尚書令楊遵彥，內外清謐，朝野晏如[1]，各得其所，物無異議，終天保之朝[2]。遵彥後為孝昭所戮，刑政於是衰矣。斛律明月，齊朝折衝之臣[3]，無罪被誅，將士解體[4]，周人始有吞齊之志，關中至今譽之。此人用兵，豈止萬夫之望而已哉！國之存亡，係其生死。

註釋

1晏如：安然的樣子。2天保：北齊文宣帝高洋的年號，起於五五〇年，止於五五九年，共十年。3折衝之臣：指軍事棟樑，重要武臣。衝，古代戰車的一種。折衝，意思是使敵人的戰車後撤，即擊退敵軍。4解體：人心離散。

譯文

北齊文宣帝即位幾年後，便沉湎酒色，放縱恣睢，毫無綱常法紀。不過他尚能將政事交給尚書令楊遵彥處理，故朝廷內外，清靜安寧，朝野上下，安然無恙，群臣各得其所，大家都沒有什麼不同的議論，這種局面一直保持到了天保朝才結束。楊遵彥後來被孝昭帝所殺，國家的刑律政令從此走向衰敗。斛律明月是齊朝安邦卻敵的重臣，可是無罪被殺，軍隊將士因此人心渙散。北周人於是萌生了吞併齊國的慾望，關中一帶人民至今仍對斛律明月稱譽不已。這個人用兵，豈止是眾望所歸而已啊！他的生死，牽繫着國家的存亡。

張延雋之為晉州行臺左丞[1]，匡維主將，鎮撫疆埸（yì）[2]，儲積器用，愛活黎民，隱若敵國矣[3]。群小不得行志，同力遷之。既代之後，公私擾亂，周師一舉，此鎮先平。齊亡之跡，啟於是矣。

註釋

1 行臺：凡朝廷遣派大臣督諸軍於外，謂之行臺。2 疆埸：國界，邊界。3 隱：威重貌。敵國：相當於一國。

譯文

張延雋任晉州行臺左丞時，輔助支持主將，鎮守安撫邊疆，儲藏聚集人才物資，愛護救助百姓，其威嚴莊重可與一國相匹敵。一些卑鄙小人因不能隨心所欲，就聯合起來排斥他。那些人取代了他的位置之後，把晉州上下弄得一片混亂，北周的軍隊一起兵，晉州城就最先被攻克。齊國的滅亡，就從這裏開始了。

賞析與點評

「天下治亂繫於用人」，這是北宋史學家范祖禹從歷史經驗中總結出來的至理名言。世上一切競爭，歸根結底，都是人才的競爭。因此，平時我們要以賢人為師，從而「見賢思齊」。顏之推認同孔子所言：「三人行，必有我師焉。」不過這種「我師」不是不加選擇的，他認為「但優於我」，即是孔子所言「無友不如己者」，我們首先要發現賢人，一旦發現了賢人，除了向他們學習之外，還應向人推介，不可剽竊他們的成果，這樣才能慕賢人進而推良才。作者在文中以日常生活和歷史賢臣名將為例，展現了他獨到的眼光和寬闊的胸懷，這顯然是與中國古代重才敬賢的思想一脈相承的。

卷三

勉學第八

本篇導讀——

《荀子》有〈勸學〉篇，《顏氏家訓》亦有〈勉學〉篇。兩篇相去數百年，雖然其論證角度和寫作背景都各不相同，但兩篇皆強調學習的重要性。顏之推指出兩朝貴族子弟平時養尊處優、不學無術，「射則不能穿札，筆則才記姓名」，以致當發生動亂，朝代更替時，他們便顛沛流離，窘迫度日。作者認為「人生在世，會當有業」，不論哪個行業，學好了，都可以安身立命。他鼓勵子弟要學會一技之長：「積財千萬，不如薄技在身」。本篇還諷刺了「博士買驢，書券三紙，未有驢字」的迂腐之徒，提倡要重視「眼學」，而勿信「耳學」；反對「空守章句，但誦師言，施之世務，殆無一可」的空疏學風。

自古明王聖帝猶須勤學，況凡庶乎！此事遍於經史，吾亦不能鄭重[1]，聊舉近世切要，以啟寤汝耳[2]。士大夫子弟，數歲已上，莫不被教，多者或至《禮》、《傳》，少者不失《詩》、《論》。及至冠婚，體性稍定；因此天機，倍須訓誘。有志尚者，遂能磨礪，以就素業[3]；無履立者[4]，自茲墮慢[5]，便為凡人。人生在世，會當有業：農民則計量耕稼，商賈則討論貨賄，工巧則致精器用，技藝則沉思法術，武夫則慣習弓馬，文士則講議經書。多見士大夫恥涉農商，差務工技，射則不能穿札[6]，筆則才記姓名，飽食醉酒，忽忽無事[7]，以此銷日，以此終年。或因家世餘緒，得一階半級，便自為足，全忘修學；及有吉凶大事，議論得失，蒙然張口，如坐雲霧；公私宴集，談古賦詩，塞默低頭，欠伸而已[8]。有識旁觀，代其入地[9]。何惜數年勤學，長受一生愧辱哉！

註釋

1 鄭重：這裏是頻繁的意思。2 寤：通「悟」。3 素業：清素之業，即士族所從事的儒業。4 履立：操行。5 墮慢：怠惰散漫。6 札：鎧甲上用皮革或金屬製成的葉片。7 忽忽：恍惚。8 欠伸：倦時打哈欠和伸懶腰。9 入地：羞愧入地。

譯文

自古以來的聖明帝王，尚且需要勤奮學習，何況是普通老百姓呢！這類事情在經籍史書中隨處可見，我不能列舉太多的例子，姑且舉幾個近世重要的事說說，藉以啟發你們覺悟。士大夫家的子弟，在幾歲以後，沒有不受教育的，學得多的已學習了《禮經》和《春秋三傳》；學得少的也學完了《詩經》和《論語》。等到他們二十歲行冠禮或結婚以後，體質性情逐漸成型，應趁此時，加倍對他們進行教育和誘導。那些志氣高尚的人，就能經受磨煉，成就清素的儒家事業；那些沒有操守的人，從此懶惰下去，就成了平庸的人。人生在世，都應當有一定的職業：農民要計劃籌算怎樣耕田種地，商販要商討買賣生財之道，能工巧匠要精心製作器具，藝人要深入研習技藝，武士要熟習騎馬射箭，文人要講論儒家經典。我常常見到一些士大夫恥於從事農商，又羞於研習手工技藝，射箭連鎧甲也射不穿，動筆僅僅能書寫自己的名字，他們整天酒足飯飽，恍恍惚惚，無所事事，以此消磨時光，以此了結一生。有的人靠着祖上的蔭庇，得到了一官半職，便自我滿足，完全忘記了學習修業。當碰上吉凶大事，與人議論得失時，就懵懵懂懂，張口結舌，如墮雲霧之中。在各種公私宴會上，大家談古論今，吟詩作賦，他們卻像被塞住了嘴巴一樣，低頭不能吭聲，只好打打呵欠，伸伸懶腰罷了。那些有見識的旁觀者，都替他們害羞，恨不能鑽到地下去。這些人為什麼不勤學幾年，而寧願受一生的愧辱呢！

梁朝全盛之時，貴遊子弟[1]，多無學術，至於諺云：「上車不落則著作[2]，體中何如則祕書[3]。」無不熏衣剃面，傅粉施朱，駕長簷車[4]，跟高齒屐[5]，坐棋子方褥[6]，憑斑絲隱囊[7]，列器玩於左右，從容出入，望若神仙。明經求第[8]，則顧人答策[9]；三九公宴[10]，則假手賦詩。當爾之時，亦快士也[11]。及離亂之後，朝市遷革，銓衡選舉[12]，非復曩（nǎng）者之親[13]；當路秉權，不見昔時之黨。求諸身而無所得，施之世而無所用。被褐而喪珠，失皮而露質，兀若枯木，泊若窮流，鹿獨戎馬之間[14]，轉死溝壑之際。當爾之時，誠駑材也。有學藝者，觸地而安。自荒亂已來，諸見俘虜。雖百世小人，知讀《論語》、《孝經》者，尚為人師；雖千載冠冕，不曉書記者，莫不耕田養馬。以此觀之，安可不自勉耶？若能常保數百卷書，千載終不為小人也。

註釋

1 貴遊子弟：無官職的王公貴族稱為貴遊。這裏泛稱貴族子弟。2 著作：即著作郎，古代官名。3 體中何如：當時書信中的客套話。這裏是指這些貴遊子弟無才無學，僅僅能寫一般問候起居的書信而已。4 長簷車：一種用車幔覆蓋整個車身的車子。5 跟：穿屐。高齒屐：一種裝有高齒的木底鞋。6 棋子方褥：一種用方格圖案的絲織品製成的方形坐褥。7 憑：倚。隱囊：靠枕。8 明經：漢朝出現的選舉官員的科目，開始於漢武帝時期，至宋神宗時期廢除。被推舉者須明習經學，故以「明經」為名。9 顧：通「僱」。答策：即對策。10 三九：即三公九卿，封建王朝執掌中央政權的高級官員。11 快士：優秀人物。12 銓衡：衡量，品評。選舉：選拔人才。13 曩：過去。14 鹿獨：顛沛流離的樣子。

譯文

梁朝極盛時期，無官職的貴族子弟大多不學無術，以致諺語說：「只要登車不跌跤，便可當著作郎；只要能寫『身體好』，便可當祕書郎。」這些貴族子弟沒有一個不以香料熏衣，修剃臉面，塗脂抹粉的。他們乘着長簷車，穿着高齒屐，坐在有方格圖案的絲綢坐褥上，倚着五彩絲線織成的靠枕，身邊擺着各種古玩，不慌不忙地進進出出，看上去彷彿神仙一樣。到參加明經科考試以求取功名的時候，他們就僱人頂替自己回答策問；在三公九卿出席的宴會上，他們就請別人替自己吟詩作賦。這時候，他們也算是快意之士。及至動亂之後，改朝換代，選人用人的，不再是往日的親朋；當政掌權的，不再是過去的同伴。這些貴族子弟想靠自己去求得一官半職卻無所獲，想在社會上發揮作用又身無長技。他們只能身穿粗布衣服，丟掉自己的品格，剝下華麗的外表，露出無能的本質，呆頭呆腦像一截枯木，有氣無力像一條乾涸的河流，在兵荒馬亂之中顛沛流離，最後拋屍於荒溝野壑之中。這個時候，這些貴族子弟的的確確成了蠢材。而有學識、有技藝的人，則到處可以安身。自從兵亂以來，我見過不少俘虜。即使世代是平民百姓，只要懂得《論語》和《孝經》，還可以當別人的老師；有些人雖然出身年代久遠的世家大族，但因為不會動筆作文，沒有一個不去耕田養馬。由此看來，人們怎能不自勵自勉、努力學習呢？如果能夠經常研讀幾百卷書籍，就是再過一千年也不會成為貧賤的人。

夫明《六經》之指[1]，涉百家之書，縱不能增益德行，敦厲風俗[2]，猶為一藝，得以自資。父兄不可常依，鄉國不可常保，一旦流離，無人庇蔭，當自求諸身耳。諺曰：「積財千萬，不如薄技在身。」技之易習而可貴者，無過讀書也。世人不問愚智，皆欲識人之多，見事之廣，而不肯讀書，是猶求飽而懶營饌，欲暖而惰裁衣也。夫讀書之人，自羲、農已來[3]，宇宙之下，凡識幾人，凡見幾事，生民之成敗好惡，固不足論，天地所不能藏，鬼神所不能隱也。

註釋

1 六經：指《詩》、《書》、《禮》、《樂》、《易》、《春秋》六部儒家經典。2 敦厲：敦促砥礪。3 羲：伏羲氏，中國古代傳說中的三皇之一。農：神農氏，中國古代

譯文

傳說中教人衣耕、親嚐百草的人，也被列為三皇之一。

通曉《六經》旨意、涉獵百家著述的人，即使不能增強道德修養，砥礪世風習俗，仍算有一藝之長，可藉此謀生。父親兄長不能長期依賴，家鄉邦國不能常保無虞，一旦流離失所，沒有人庇護賙濟時，就得靠自己了。俗話說：「積蓄千萬財產，不如身有薄技。」技藝中容易學習而又可貴的，莫過於讀書了。世人不管是愚蠢的還是聰明的，都希望認識的人多，見識的事廣，卻不肯讀書，這就好像想飽餐卻懶得做飯，想身體暖和卻懶得裁衣一樣。大凡讀書人，從伏羲、神農的時代以來，在這世界上，認識過多少人，見識過多少事，對一般人的成敗好惡，根本不用細說了，就連天地萬物的道理，鬼神的事情，也是瞞不過他們的。

有客難主人曰[1]：「吾見強弩（nǔ）長戟（jǐ）[2]，誅罪安民，以取公侯者有矣；文義習吏，匡時富國，以取卿相者有矣；學備古今，才兼文武，身無祿位，妻子飢寒者，不可勝數，安足貴學乎？」主人對曰：「夫命之窮達，猶金玉木石也；修以學藝，猶磨瑩雕刻也。金玉之磨瑩，自美其礦璞[3]；木石之段塊，自醜其雕刻。安可言木石之雕刻，乃勝金玉之礦璞哉？不得以有學之貧賤，比於無學之富貴也。且負甲為兵，咋筆為吏[4]，身死名滅者如牛毛，角立傑出者如芝草[5]；握素披黃[6]，吟道詠德，苦辛無益者如日蝕，逸樂名利者如秋荼[7]，豈得同年而語矣。且又聞之：生而知之者上，學而知之者次。所以學者，欲其多知明達耳。必有天才，拔群出類，為將則闇與孫武、吳起同術[8]，執政則懸得管仲、子產之教[9]，雖未讀書，吾亦謂之學矣。今子即不能然，不師古之蹤跡，猶蒙被而臥耳。

註釋

1 主人：作者自稱。2 弩：一種用機械力量發射的弓。戟：古代一種結合戈與矛的長柄兵器。3 礦：未經冶煉的金屬。璞：未經雕琢的玉石。4 咋：啃咬。咋筆：猶操筆。古人構思為文時常以口咬筆桿，故云。5 角立：像角一樣挺立。芝草：即靈芝草。6 素：即絹素。黃：即黃卷。素、黃均代指書籍。7 荼：菅茅等植物的白花，因其秋天花開茂盛，故文中以秋荼比喻繁多。8 孫武、吳起：春秋時期著名軍事家。9 管仲、子產：春秋時期著名政治家，管仲相齊，子產相鄭。

譯文

有客人詰問我說：「手持強弓長戟，誅滅罪人，安撫百姓，以此取得公侯祿位的人，我看是有的；闡釋禮儀，研習吏道，匡正時世，使國家富足，以此獲取卿相職位的人，我看是有的；而學問貫通古今，才能兼備文武，卻身無俸祿官職，妻子兒女捱餓受凍的人，卻數也數不清。這麼看來，何必看重學習呢？」我回答他說：「一個人的命運是窮困還是顯達，就好比金、玉與木、石。研習學問和技藝，就好比琢磨金、玉和雕刻木、石。經過琢磨的金、玉，比礦石、璞玉更美；一段一塊的木、石，比經過雕刻的木、石醜陋。怎麼可以說經過雕刻的木、石，就勝過未經琢磨的礦石、璞玉呢？所以，不能以有學問的貧賤人，與無學問的富貴人相比。況且，披起鎧甲當兵的人，和操筆充任小吏的人，身死名滅的，多如牛毛；卓然挺立的，少如靈芝。勤奮攻讀，修養品性，含辛茹苦的人，像日蝕那樣少見；而閒適安樂、追名逐利的人，卻像秋荼那樣繁多，二者怎能同日而語呢？況且我又聽說：生下來就明白事理的是上等人，通過學習才明白事理的是次一等的人。人之所以要學習，是想增多知識，通達道理。如果說有天才存在的話，那就是出類拔萃的人，他們如做將領，便具備了與孫武、吳起相同的軍事謀略；若做執政者，他們先天就獲得了管仲、子產那樣的政治教養，雖然他們沒有讀過書，我也認為他們是有學問的人。現在你們沒有這天分，不去師法古人的作為，就像蒙着被子睡大覺，什麼也看不見了。」

人見鄰里親戚有佳快者[1]，使子弟慕而學之，不知使學古人，何其蔽也哉？世人但見跨馬被甲，長矟（shuò）彊弓[2]，便云我能為將；不知明乎天道，辨乎地利，比量逆順，鑒達興亡之妙也。但知承上接下，積財聚穀，便云我能為相；不知敬鬼事神，移風易俗，調節陰陽，薦舉賢聖之至也[3]。但知私財不入，公事夙辦，便云我能治民；不知誠己刑物[4]，執轡（pèi）如組[5]，反風滅火[6]，化鴟（chī）為鳳之術也[7]。但知抱令守律，早刑晚捨[8]，便云我能平獄；不知同轅觀罪[9]，分劍追財[10]，假言而奸露，不問而情得之察也。爰及農商工賈，廝役奴隸，釣魚屠肉，飯牛牧羊，皆有先達，可為師表，博學求之，無不利於事也。

註釋

1 佳快：優秀的意思。2 矟：即槊，古代的兵器。3 至：周密。4 刑物：給人做榜樣。5 轡：馬韁繩。組：用絲織成的寬帶子。執轡如組本指馬車駕得好，這裏喻指御民有方。6 反：通「返」，返回、回歸之意。《後漢書・儒林傳》載江陵令劉昆向火叩頭，多能降雨止風。7 鴟：即貓頭鷹，喻指邪惡之人。《後漢書・循吏傳》載蒲亭長仇覽感化陳元孝母之事，時人有化鴟為鳳之譽。8 早刑晚捨：用刑寧早，縱捨寧遲。9 同轅觀罪：將犯人繫在同一車轅，使其明白自己所犯的罪行。10 分劍追財：《風俗通》載沛郡富人臨死之際，將家財全部交給女兒，並給女兒一把劍，吩咐她等弟弟十五歲時，便要把劍還給弟弟。弟弟十五歲時，姐姐不肯還劍，於是姊弟打起官司來。太守何武將全部家財判給弟弟，並指那個父親是怕女兒害弟弟，於是等兒子十五歲時，讓他索回劍。劍的寓意就是決斷。

譯文

人們看見鄰居、親戚中有出人頭地的人物，便讓子弟仰慕及學習他們，卻不懂得讓子弟向古人學習，這是多麼無知啊。世人只知道騎駿馬，披鎧甲，手持長矛強弓，就說自己能當將軍，卻不知道將領要了解天時的陰晴寒暑，分辨地理的險易遠近，比較權衡戰爭中的逆境與順境，審察歷史上興盛衰亡的種種奧妙。世人只知道善於上下應酬，積財儲糧，就說自己能當宰相，卻不知道宰相要懂得敬重鬼神，移風易俗，調節自然變化，薦賢舉能等周密的工作。世人只知道不謀私財，公事及早辦理，就說自己能管理好百姓，卻不知道管理百姓要誠懇待人，為人楷模，御民有方，止風滅火，具備化惡為善的本領。世人只知道依照法令條律，判刑宜早，赦免宜遲，就說自己能秉公辦案，卻不知道有同轅觀罪、分劍追財、用假言誘使詐偽者暴露、無須反覆審問就使案情自明的種種洞察力。至於農夫、商賈、工匠、僮僕、奴隸、漁民、屠夫、餵牛的、放羊的人中，都有賢德的前輩，可以作為學習的榜樣，廣泛向這些人學習，對事業不無幫助。

夫所以讀書學問，本欲開心明目，利於行耳。未知養親者，欲其觀古人之先意承顏[1]，怡聲下氣，不憚劬（qú）勞[2]，以致甘腝（ér）[3]，惕然慚懼，起而行之也。未知事君者，欲其觀古人之守職無侵，見危授命，不忘誠諫，以利社稷，惻然自念，思欲效之也。素驕奢者，欲其觀古人之恭儉節用，卑以自牧，禮為教本，敬者身基，瞿然自失[4]，斂容抑志也；素鄙吝者，欲其觀古人之貴義輕財，少私寡慾，忌盈惡滿，賙（zhōu）窮卹匱[5]，赧然悔恥，積而能散也；素暴悍者，欲其觀古人之小心黜己，齒弊舌存，含垢藏疾，尊賢容眾，苶（nié）然沮喪[6]，若不勝衣也；素怯懦者，欲其觀古人之達生委命[7]，彊毅正直，立言必信，求福不回，勃然奮厲，不可恐懾也：歷茲以往，百行皆然。縱不能淳，去泰去甚[8]。學之所知，施無不達。世人讀書者，但能言之，不能行之，忠孝無聞，仁義不足；加以斷一條訟，不必得其理；宰千戶縣[9]，不必理其民；問其造屋，不必知楣橫而梲（zhuō）豎也[10]；問其為田，不必知稷早而黍遲也；吟嘯談謔，諷詠辭賦，事既優閒，材增迂誕，軍國經綸，略無施用，故為武人俗吏所共嗤（chī）詆[11]，良由是乎！

註釋

1 **先意承顏**：同先意承志，語出《禮記．祭義》：「君子之所為孝者：先意承志，諭父母於道。」指孝子重視父母之意而承順其志。2 **劬勞**：勞累。3 **腝**：肉爛熟。4 **瞿然**：驚愕的樣子。5 **賙**：賙濟，救濟。**恤**：體恤，同情。**匱**：缺乏。6 **茶然**：疲勞的樣子。7 **達生**：不受世務牽累。**委命**：聽任命運支配。8 **去泰去甚**：去其過甚。9 **千戶縣**：《漢書．百官公卿表上》：「縣令、長，皆秦官，掌治其縣。萬戶以上為令，秩千石至六百石。減萬戶為長，秩五百石至三百石。」此言千戶，指最小的縣。10 **楣**：房屋的橫樑。**棁**：樑上的短柱。11 **嗤詆**：譏笑嘲罵。

譯文

人讀書求學，本來是為了開發心智，增加認識，有利於行動。對那些不知道奉養父母的人，就要讓他看看古人如何體察父母的心意，按父母的願望行事；如何輕言細語、和顏悅色地與父母談話；如何不怕勞苦，為父母羅致香甜軟嫩的食品；從而使他們感到畏懼慚愧，起來實行孝親之道。對那些不知道侍奉國君的人，就要讓他們看看古人如何篤守職責而不侵凌犯上；如何在危急關頭，不惜犧牲性命；如何不忘忠心進諫，以利於國家；使他們痛心疾首地反省自己，進而想去效法古人。對那些驕橫奢侈的人，就要讓他們看看古人如何恭謹儉樸，節約費用；如何謙卑自守，以禮為教化的根本，以恭敬為立身的基礎；從而使他們震驚變色，自感若有所失，收斂傲慢的態度，抑制那驕奢的心思。對那些平時淺薄吝嗇的人，就要讓他們看看古人如何重義輕財，少私寡慾，忌諱過分地貪財；如何賙濟窮人，體恤貧民；使他們臉紅耳赤，懊悔羞恥，從而能積財又能散財。對那些平時暴虐兇悍的人，就要讓他們看看古人如何小心恭謹，約束自己，懂得齒亡舌存的道理；如何寬仁大度，尊重賢士，容納眾人；從而使他們垂頭喪氣，好像連衣服也穿不上一樣。對那些平時膽小懦弱的人，就要讓他們看看古人如何看透人生，聽天由命；如何剛強堅毅，正直不阿；如何信守諾言，祈求福運，而又不違祖道；從而使他們能奮發振作，無所畏懼。由此類推，各方面的品行都可採取以上方式來培養，即使不能使風氣淳正，也可去掉那些過分的不良行為。從學習中所獲取的知識，沒有哪裏不可運用。然而世上的讀書人，只知空談，不能實踐。他們忠孝談不上，仁義也欠缺；加上他們審斷一樁官司，不一定了解了其中道理；管理一個千戶小縣，不一定能管理好百姓；問他們怎樣造房子，他們不一定知道楣是橫放而梲是豎放的；問他們怎樣種田，不一定知道高粱下種的季節早，而黍子下種的季節晚；他們整天吟詠長嘯，談笑戲謔，寫詩作賦，悠閒自在，只增加一些迂闊荒誕的技能，對治軍治國則毫無辦法。因此他們被武官俗吏共同嗤笑嘲罵，確實是有原因的。

夫學者所以求益耳。見人讀數十卷書，便自高大，凌忽長者，輕慢同列；人疾之如仇敵，惡之如鴟梟（chī xiāo）[1]。如此以學自損，不如無學也。

註釋 1 鴟梟：貓頭鷹，古人視為惡鳥。

譯文 學習是為了求進步。我看見有些人讀了幾十卷書，就自高自大，冒犯長者，輕慢同輩。大家仇視他就像對待仇敵一樣，厭惡他就像對待鴟梟一樣。像這樣因學習反給自己招來損害的，還不如不學習。

古之學者為己，以補不足也；今之學者為人，但能說之也。古之學者為人，行道以利世也；今之學者為己，修身以求進也。夫學者猶種樹也，春玩其華，秋登其實；講論文章，春華也，修身利行[1]，秋實也。

註釋 1 修身利行：涵養德行，以利於事。

譯文 古人求學是為了充實自己，以彌補自身的不足；現在的人求學是為了向別人炫耀，只能誇誇其談。古人求學是為別人，即奉行大道而有利於世；現在的人求學是為自己，即修身養性以求仕進。求學就像種樹一樣，春天觀賞它的花朵，秋天摘取它的果實；至於講論文章，就好比觀賞春花；修身利行，就好比摘取秋果。

賞析與點評

隨着錢鍾書、季羡林等大師的隕落，文化界顯得花果凋零，國學旁落。媒體上充斥着各式的文化掮客，推銷着各類的文化便當。當然，這也反映了社會的需求，快速的生活節奏和鋪天蓋地的電子資訊，不斷擠壓都市人的空餘時間，大家都不願花精力埋頭經典，反而通俗的心靈雞湯，更能滋潤浮躁的心。

人生小幼，精神專利[1]，長成已後，思慮散逸，固須早教，勿失機也。吾七歲時，誦《靈光殿賦》，至於今日，十年一理，猶不遺忘；二十之外，所誦經書，一月廢置，便至荒蕪矣。然人有坎壈（lǎn）[2]，失於盛年，猶當晚學，不可自棄。孔子云：「五十以學《易》，可以無大過矣。」魏武、袁遺，老而彌篤，此皆少學而至老不倦也。曾子七十乃學[3]，名聞天下；荀卿五十，始來遊學，猶為碩

儒；公孫弘四十餘，方讀《春秋》，以此遂登丞相；朱雲亦四十，始學《易》、《論語》；皇甫謐二十，始受《孝經》、《論語》：皆終成大儒，此並早迷而晚寤也。世人婚冠未學，便稱遲暮，因循面牆[4]，亦為愚耳。幼而學者，如日出之光，老而學者，如秉燭夜行，猶賢乎瞑目而無見者也。

註釋

1 專利：專注集中。2 坎壈：困頓，不得志。3 七十：亦有書作「十七」。4 因循：守舊法而不知變更。此處指不願再重新學習。

譯文

人在幼小的時候，精神專注敏鋭；長大成人以後，思想容易分散。因此，對孩子需及早教育，不可錯失良機。我七歲的時候，背誦《靈光殿賦》，直到今天，隔十年溫習一次，仍然不會遺忘。二十歲以後，所背誦的經書，擱置一個月不溫習，便到了荒廢的地步。然而，人生如有挫折，年輕時失去了求學的機會，還應在晚年學習，不可自暴自棄。孔子說：「五十歲時學習《易經》，就可以沒有大的過錯了。」魏武帝和袁遺，年紀越老，學習興趣就越濃厚，這都是年輕時勤奮學習直到老年也不厭倦的例子。曾子七十歲時才開始學習，卻名聞天下。荀卿五十歲時才到齊國遊學，仍然成了大學者。公孫弘四十多歲才開始讀《春秋》，靠這些學問登上了相位。朱雲也是四十歲時才開始學習《易經》、《論語》的；皇甫謐在二十歲時才開始學習《孝經》、《論語》，他們最後都成了大學者。這些都是早年迷惑而晚年覺悟的例子。世人到成年還未開始學習，就說晚了，拖拖拉拉過日子，好像面對着牆壁，一無所見，也夠愚蠢了。從小就開始學習的人，就好像太陽初升時的光芒；到老來才開始學習的人，就好像手持蠟燭在夜間行走，但還是比那種閉着眼睛什麼也看不見的人好。

學之興廢，隨世輕重。漢時賢俊，皆以一經弘聖人之道，上明天時，下該人事[1]，用此致卿相者多矣。末俗已來不復爾，空守章句，但誦師言，施之世務，殆無一可。故士大夫子弟，皆以博涉為貴，不肯專儒。梁朝皇孫以下，總丱（guàn）之年[2]，必先入學，觀其志尚，出身已後，便從文史，略無卒業者。冠冕為此者[3]，則有何胤、劉瓛、明山賓、周捨、朱异、周弘正、賀琛、賀革、蕭子政、劉縚等，兼通文史，不徒講說也。洛陽亦聞崔浩、張偉、劉芳，鄴下又見邢子才：此四儒者，雖好經術，亦以才博擅名。如此諸賢，故為上品，以外率多田野閒人，音辭鄙陋，風操蚩拙[4]，相與專固，無所堪能，問一言輒酬數百，責其指歸[5]，或無要會。鄴下諺云：「博士買驢，書券三紙，未有驢字。」使汝以此為師，令人氣塞。孔子曰：「學也祿在其中矣。」今勤無益之事，恐非業也。夫聖人之書，所以設教，但明練經文，粗通註義，常使言行有得，亦足為人；何必「仲尼居」即須兩紙疏義，燕寢講堂[6]，亦復何在？以此得勝，寧有益乎？光陰可惜，譬諸逝水。當博覽機要，以濟功業；必能兼美，吾無間焉[7]。

註釋

1 該：備具，完備，古同「賅」，完備。2 總丱之年：指童年時代。丱，兒童束髮成兩角的樣子。3 冠冕：此處為仕宦的代稱。4 蚩：無知的樣子。5 指歸：意旨，意向。6 燕寢：閒居之處。7 無間：無話可說。

譯文

學習風氣的興盛或衰敗，是隨着社會對學習的輕視或重視而變化的。漢代的賢士俊才，都是靠精通一部經書來弘揚聖人之道，上能說明自然界的變化，下能洞悉人事，憑着這種特長而得到卿相職位的人有很多。漢末風氣改變以後，就不再是這樣了，讀書人都空守古書的章句之學，只知背誦老師的話，如果只靠這些東西來處理實際事務，大概不會有任何用處。因此士大夫的子弟都以廣泛涉獵為貴，不肯專攻儒學。梁朝從皇孫以下，在童年時就一定先讓他們入學讀書，觀察他們的志向愛好，步入仕途後，就參預文官的事務，大約沒有一個人把學業堅持到底。當官後還能堅持學業的，只有何胤、劉瓛、明山賓、周捨、朱异、周弘正、賀琛、賀革、蕭子政、劉縚等人，這些人兼通文學和史學，不只是口頭說說而已。我也聽說在洛陽城的崔浩、張偉、劉芳三人和鄴下的邢子才：這四位儒者，雖然都喜好經術，但也同樣以才識廣博而著名。以上諸位賢士，都是人才中的上品。他們之外，就大多是些村夫閒人，他們言語粗俗淺薄，風度笨拙愚昧，彼此之間固執己見，什麼事也幹不了。問他一句，他就會答出幾百句，若問他話中的主旨，卻沒有一點要領。鄴下有諺語說：「博士買驢，契約寫了三大張，還沒有寫出個『驢』字。」如果你們以這種人為老師，真令人氣死。孔子說：「學習吧，你的俸祿就在其中了。」現在人們忙於一些毫無益處的事情，恐怕不是正當的事業吧。聖人的書，是用來教育人的，只要熟讀經文，粗通註釋和含義，使之對自己的言行有幫助，也足以在世上為人了。何必對「仲尼居」三字用兩張紙去疏解呢？把「居」解作閒居之處或講習之所也好，現在又在何處呢？在這種問題上爭個輸贏，難道會有什麼好處嗎？光陰最可惜，就像流水般一去不復返。我們應當廣泛閱讀書中那些精要的學說，以求對自己的事業有所裨益。如果能把博覽與專精結合起來，我就再無什麼可議論了。

賞析與點評

時移世易，隨着社會結構性的調整，各個行業便需要不同的人才。除了醫生、律師等專業人士外，許多行業都需要通才，而不是「專才」。行業需要通才來整合知識，為本來程式化的行業帶來革命性、創造性的改變。當然，如能兼美博覽與專精，就更勝一籌。

俗間儒士，不涉群書，經緯之外[1]，義疏而已。吾初入鄴，與博陵崔文彥交遊，嘗說《王粲集》中難鄭玄《尚書》事。崔轉為諸儒道之，始將發口[2]，懸見排蹙[3]，云：「文集只有詩賦銘誄（lěi）[4]，豈當論經書事乎？且先儒之中，未聞有王粲也。」崔笑而退，竟不以粲集示之。魏收之在議曹，與諸博士議宗廟事，引據《漢書》，博士笑曰：「未聞《漢書》得證經術。」收便忿怒，都不復言，取《韋玄成傳》，擲之而起。博士一夜共披尋之，達明，乃來謝曰：「不謂玄成如此學也。」

註釋

1 經緯：經書和緯書。經書指儒家經典著作，緯書是漢代混和神學附會儒家經義的書。2發口：開口。3排蹙：排擠。引申為斥責。4賦：有韻之文。銘：稱述功美的有韻之文。誄：哀祭文，是敍述死者生前德行、功業的韻文。

譯文

世間的讀書人，不涉獵群書，只在經書和緯書之外，學學解釋這些經典的註疏而已。我初到鄴城時，與博陵的崔文彥交遊，曾談起《王粲集》中有責難鄭玄《尚書》的事，崔文彥轉而與幾位讀書人談起此事，剛一開口，就被他們無所依據地指責，他們說：「文集中只有詩、賦、銘、誄等，難道會有論及經書的事嗎？況且在先儒中，沒聽説有王粲這個人啊。」崔文彥笑了笑，便告退了，終於未把《王粲集》給他們看。魏收任議曹時，與博士們議及有關宗廟之事，引《漢書》作為根據，博士們嘲笑説：「我們沒有聽説過《漢書》可以驗證經學。」魏收很生氣，一句話也不再説，把《漢書》中的《韋玄成傳》扔給他們，就起身走了。博士們花了一個晚上的時間共同翻檢此書，尋找有關內容，天亮時，他們走來道歉說：「想不到韋玄成還有這等學問啊。」

夫老、莊之書，蓋全真養性，不肯以物累己也。故藏名柱史[1]，終蹈流沙；匿跡漆園，卒辭楚相，此任縱之徒耳。何晏、王弼[2]，祖述玄宗，遞相誇尚，景附草靡[3]，皆以農、黃之化[4]，在乎己身，周、孔之業，棄之度外。而平叔以黨曹爽見誅，觸死權之網也；輔嗣以多笑人被疾，陷好勝之阱也；山巨源以蓄積取譏[5]，背多藏厚亡之文也；夏侯玄以才望被戮，無支離擁腫之鑒也[6]；荀奉倩喪妻[7]，神傷而卒，非鼓缶（fǒu）之情也[8]；王夷甫悼子[9]，悲不自勝，異東門之達也[10]；嵇叔夜排俗取禍[11]，豈和光同塵之流也[12]；郭子玄以傾動專勢[13]，寧後身外己之風也；阮嗣宗沉酒荒迷[14]，乖畏途相誡之譬也；謝幼輿贓賄黜削[15]，違棄其餘魚之旨也[16]：彼諸人者，並其領袖，玄宗所歸。其餘桎梏塵滓之中，顛仆名利之下者，豈可備言乎！直取其清談雅論，剖玄析微，賓主往復，娛心悅耳，非濟世成俗之要也。洎於梁世，茲風復闡，《莊》、《老》、《周易》，總謂《三玄》。武皇、簡文，躬自講論。周弘正奉贊大猷（yóu）[17]，化行都邑，學徒千餘，實為盛美。元帝在江、荊間，復所愛習，召置學生，親為教授，廢寢忘食，以夜繼朝，至乃倦劇愁憤，輒以講自釋。吾時頗預末筵，親承音旨，性既頑魯，亦所不好云。

註釋

1 柱史：柱下史的省稱，為周秦時官名，相當於漢代以後的御史。2 何晏：字平叔，魏代名士。王弼：字輔嗣，魏代名士。3 草靡：贊同，臣服。4 農、黃：神農氏和黃帝。5 山巨源：山濤，字巨源，竹林七賢之一。6 支離：《莊子》書中的寓言人物，形體殘缺不全。7 **荀奉倩**：荀粲，字奉倩，魏名士。8 **缶**：瓦器。鼓缶之情是指莊子在喪妻後鼓盆而歌的通達態度。9 **王夷甫**：王衍，字夷甫，西晉名士。10 **東門**：即東門吳，戰國時期魏國人，為人達觀樂命，兒子死後還表現得很樂觀。後來成為達觀者的通稱。事見《戰國策．秦策》。11 **嵇叔夜**：嵇康，字叔夜，好老、莊之學，擅四言詩。與山濤、阮籍等人為友，世稱「竹林七賢」。

12 **和光同塵**：和、同，混和。和光，混和各種光彩；同塵，與塵俗相同。指不露鋒芒，與世無爭的處世態度。也比喻同流合污。語出《老子》：「和其光，同其塵。」

13 **郭子玄**：郭象，字子玄。14 **阮嗣宗**：阮籍，字嗣宗。15 **謝幼輿**：謝鯤，字幼輿。

16 **餘魚**：比喻多餘的東西。語出《淮南子．齊俗訓》：「惠子從車百乘，以過孟諸，莊子見之，棄其餘魚。」17 **大猷**：治國的大道。

譯文

老子、莊子的書，講的是如何保持本性、修養品性，不被外物拖累自己。因此老子甘任柱下史，埋名隱姓，最後隱遁於沙漠之中；莊子隱居漆園為小吏，最後拒絕擔任楚相，這兩人都是任性放縱之人。後來何晏、王弼宣講玄學的深奧意旨，人們一個接一個地誇誇其談，如影子依附形體、草木順風倒伏一樣，都以為奉行神農、黃帝的教化，就在於自己，而把周公、孔子的學業置諸度外。然而，何晏因為黨附曹爽而被殺，這是觸到了貪戀權勢的羅網上了；王弼因多次譏笑別人而招來怨恨，這是掉進了爭強好勝的陷阱裏了；山濤因為貪吝積斂而遭到議論，這是違背了聚斂越多喪失越大的古訓；夏侯玄因有才能聲望而遭到殺害，這是沒有借鑒支離疏以疾病保全生命的教訓；荀粲在喪妻之後，因太哀傷而致喪命，這就不具有莊子在喪妻之後敲缶而歌的超脫情懷；王衍因悼念兒子而悲不自勝，這就和東門吳面對喪子之痛所抱的達觀態度不同了；嵇康因排斥俗流而招致殺身之禍，這哪能算是「和其光，同其塵」的人呢？郭象傾慕權力，仗勢專權，他難道有甘於人後的風度嗎？阮籍縱酒迷亂，不合於險途應小心謹慎的古訓；謝鯤因貪污而丟官，這違背了不貪多餘財物的宗旨。以上這些人，都是玄學中人們心目中的領袖人物。其他像那些在塵世污穢中身套名韁利鎖，在名利場中摸爬滾打之輩，就更不用說了！這些人只不過是選取老莊書中的清談雅論，剖析玄妙細微之處，賓主在清談中互相問答，只求娛心悅耳，但這些並不是拯救社會、形成良好風氣的急要之事。到了梁朝，這種玄談的風氣又流行起來，《莊子》、《老子》、《周易》被總稱為「三玄」。武帝和簡文帝都親自講論。周弘正向君主講述以玄學治國的大道理，其風氣流行到大小城鎮，各地學徒達到一千多人，實在興盛極了。後來元帝在江陵、荊州的時候，也十分愛好並熟悉此道。他召來一些學生，親自為他們講授，廢寢忘食，夜以繼日，以至他在極度疲倦、憂愁煩悶的時候，也靠講授玄學來自我排解。我當時也在末位就座，親耳聆聽元帝的教誨，但我資質頑鈍愚魯，對玄學缺乏興趣。

賞析與點評

《老子》、《莊子》等雖然成書在二千多年前，但其中的一些思想卻十分符合現今的社會，故我們應領會其精神，再結合現實的情況實踐出來，而不是生搬硬套。

齊孝昭帝侍婁太后疾，容色憔悴，服膳減損。徐之才為灸兩穴，帝握拳代痛，爪入掌心，血流滿手。后既痊癒，帝尋疾崩，遺詔恨不見太后山陵之事[1]。其天性至孝如彼，不識忌諱如此，良由無學所為。若見古人之譏欲母早死而悲哭之，則不發此言也。孝為百行之首，猶須學以修飾之，況餘事乎！

註釋　1 山陵：帝王或皇后的墳墓。這裏指孝昭帝母親的喪事。

譯文　北齊的孝昭帝護理病中的婁太后，臉色憔悴，飯量減少。徐之才為太后針灸兩個穴位，孝昭帝握住自己的手，為母代痛，指甲嵌入掌心，以致血流滿手。太后的病痊癒之後，孝昭帝因積勞成疾，不久去世了，臨終留下遺詔說：他遺憾的是不能夠為婁太后操辦後事。他的天性如此孝順，卻又如此不知忌諱，這確實是由沒有學問造成的。他如果知道古人諷刺那些希望母親早死而痛哭的人，就不會在遺詔中說出那樣的話了。孝在各種善行中是首位的，還須要通過學習去培養完善，何況其他的事呢！

梁元帝嘗為吾說：「昔在會稽，年始十二，便已好學。時又患疥[1]，手不得拳，膝不得屈。閑齋張葛幃避蠅獨坐[2]，銀甌貯山陰甜酒，時復進之，以自寬痛。率意自讀史書，一日二十卷，既未師受，或不識一字，或不解一語，要自重之，不知厭倦。」帝子之尊，童稚之逸，尚能如此，況其庶士，冀以自達者哉？

註釋

1 疥：疥瘡，一種皮膚病。2 葛幃：用葛布製成的幃帳。

譯文

梁元帝曾經對我說：「我從前在會稽的時候，才十二歲，就已喜歡學習了。當時，我身患疥瘡，手不能握拳，膝不能彎曲。我在閑齋中掛上葛布幃帳，避開蒼蠅獨坐，銀盆內裝着山陰的甜酒，不時喝上幾口，以減輕自己的疼痛。我隨意讀一些史書，一天讀二十卷，沒有老師傳授，有時不認識某字，有時不理解某句，這就需要自己重複去讀，反覆理解，從不感到厭倦。」元帝以帝王之子的尊貴身份，在孩童閒適之時，尚且能夠如此用功學習，何況那些出身普通卻希望通過學習以求仕途顯達的人呢？

古人勤學，有握錐投斧[1]，照雪聚螢[2]，鋤則帶經[3]，牧則編簡[4]，亦為勤篤。梁世彭城劉綺，交州刺史勃之孫，早孤家貧，燈燭難辦，常買荻尺寸折之，然明夜讀。孝元初出會稽，精選寮寀（liáo cǎi）[5]，綺以才華，為國常侍兼記室[6]，殊蒙禮遇，終於金紫光祿。義陽朱詹，世居江陵，後出揚都，好學，家貧無資，累日不爨（cuàn）[7]，乃時吞紙以實腹。寒無氈被，抱犬而卧。犬亦飢虛，起行盜食，呼之不至，哀聲動鄰，猶不廢業，卒成學士，官至鎮南錄事參軍，為孝元所禮。此乃不可為之事，亦是勤學之一人。東莞臧逢世[8]，年二十餘，欲讀班固《漢書》，苦假借不久，乃就姊夫劉緩乞丐客刺書翰紙末[9]，手寫一本，軍府服其志尚，卒以《漢書》聞。

註釋

1 握錐：指戰國時蘇秦以錐刺股之事，比喻用功刻苦。事見《戰國策・秦策》。投斧：指文黨投斧求學之事。文黨和人一起到山中砍樹，和人說：「我想到遠方求學。現在我來試一下，我把斧子扔出去，一定會掛在高高的樹上。」文黨仰頭扔斧子，果然掛在樹上，於是他就到長安求學去。2 照雪：指晉人孫康映雪讀書的事。聚螢：指晉人車胤借螢火蟲之光讀書的事。他讀書十分用功，因為家裏窮常常買不起燈油，夏天的時候他就把捉來的螢火蟲裝在白絲袋子裏照明。事見《晉書・列傳第五十三》。3 鋤則帶經：漢倪寬在下田耕作時仍帶書學習。4 牧則編簡：漢路温舒在牧羊時編蒲草為書簡，抄寫閱讀。5 寮寀：官吏。6 記室：官名。東漢置，掌章表書記文檄。後世因之，或稱記室督、記室參軍等。7 爨：燒火做飯。8 東莞：今山東日照東莞鎮，南北朝叫東莞郡。9 客刺：名刺，名片。

譯文

古代勤奮好學的人，有用錐子刺大腿以防止打瞌睡的蘇秦；有投斧於高樹，下決心求學的文黨；有在夜間靠雪地反光勤讀的孫康；有收聚螢火蟲以照明的車胤；倪寬耕種時也不忘帶上經書；路温舒在放羊時編蒲草為簡，用來寫字。他們都能勤奮刻苦。梁代彭城的劉綺，是交州刺史劉勃的孫子，年少時父親便死了，家境貧寒，難以置辦燈燭，常買來荻草，按一定尺寸折斷，點燃照明夜讀。梁元帝任會稽太守時，精心選拔官吏，劉綺憑着自己的才華當上了太子府中的國常侍兼記室，很受尊重，最後官至金紫光祿大夫。義陽的朱詹，世世代代住在江陵，後來到了揚都，十分勤學，家貧無錢，竟連續幾天沒有生火煮飯，他經常吞食廢紙充飢。天冷時沒有被蓋，就抱着狗取暖睡覺。狗也十分飢餓，跑到外面去偷吃東西，朱詹呼喚狗也不見狗歸家，悲哀的呼聲驚動了鄰里。然而他仍不荒廢學業，終於成為學士，官至鎮南錄事參軍，為元帝所尊重。朱詹所做的，是一般人不能做到的。這也是一個勤學的典型。東莞人臧逢世，二十多歲時想讀班固的《漢書》，但苦於借來的書不能長久閱讀，就向姐夫劉緩要來名片、書札的邊幅紙頭，手抄一本。軍府中的人都佩服他的志氣，後來他終於因精通《漢書》而出了名。

齊有宦者內參田鵬鸞[1]，本蠻人也。年十四五，初為閽（hūn）寺[2]，便知好學，懷袖握書，曉夕諷誦。所居卑末，使彼苦辛，時伺閒隙，周章詢請。每至文林館[3]，氣喘汗流，問書之外，不暇他語。及睹古人節義之事，未嘗不感激沉吟久之。吾甚憐愛，倍加開獎。後被賞遇，賜名敬宣，位至侍中開府。後主之奔青州，遣其西出，參伺動靜，為周軍所獲。問齊主何在，紿（dài）云[4]：「已去，計當出境。」疑其不信，歐捶服之，每折一支[5]，辭色愈厲，竟斷四體而卒。蠻夷

童丱，猶能以學成忠，齊之將相，比敬宣之奴不若也。

註釋

1 內參：太監。2 閽寺：閽人、寺人，皆為宮門守門人。3 文林館：官署名，北齊置，召引文學士，謂之「侍詔文林館」。該館主掌著作及校理典籍，兼訓生徒。4 紿：哄騙，欺騙。5 支：同「肢」，肢體。

譯文

北齊有位太監叫田鵬鸞，本是少數民族。在十四五歲剛當上守門太監時，就十分好學，懷中袖中帶着書，早晚誦讀。他所處的地位十分低下，工作很辛苦，但他仍能經常利用空閒的時間，四處求教。他每次到文林館，氣喘汗流，除了詢問書中不懂的地方外，就顧不得講其他的話。每當他從書中看到古人講氣節、重義氣的事，就十分感慨，讚歎不已。我很喜歡他，對他倍加開導勉勵。後來他得到皇帝的賞識和知遇，賜名為敬宣，職位到了侍中開府。北齊後主逃奔青州的時候，派敬宣到西邊觀察北周軍隊的動靜，敬宣被北周軍隊所俘。北周軍問他北齊君主在何處，他騙北周軍隊說：「走了！估計已出境了。」周軍不信他的話，便毆打他，企圖使他屈服。他的四肢每被打斷一條，言辭神色就更加激烈，最終被打斷四肢而死。一位少數民族的少年，尚且能夠通過學習形成忠誠的節操，北齊的將相們，連敬宣這個奴僕都不如！

鄴平之後，見徙入關。思魯嘗謂吾曰：「朝無祿位，家無積財，當肆筋力，以申供養。每被課篤[1]，勤勞經史，未知為子，可得安乎？」吾命之曰：「子當以養為心，父當以學為教。使汝棄學徇財[2]，豐吾衣食，食之安得甘？衣之安得暖？若務先王之道，紹家世之業，藜羹縕（yùn）褐[3]，我自欲之。」

註釋

1 篤：查視，督促。篤，通「督」。2 徇：謀求。3 藜羹：用嫩藜煮成的羹飯，此指粗劣的食物。縕褐：泛指貧者所穿的粗陋衣服。

譯文

鄴城被北周軍隊平定之後，北齊君主被流放到關內。思魯曾對我說：「我們在朝廷中沒人當官，家裏也沒有積財，我應當盡力勞動，以盡供養之責。但我常常被您督促讀書，致力於經史，我不知道如何盡人子之道，這能安心學習嗎？」我教誨他說：「當兒子的應當把修養放在心上，當父親的應當以學業教育子女。如果讓你放棄學業去賺錢，使我豐衣足食，我吃東西怎麼會香甜？穿衣怎麼會感到溫暖呢？如果你致力於先王的儒家之道，繼承祖傳的事業，縱使喝野菜湯，穿麻布衣，我也心甘情願。」

《書》曰：「好問則裕。」《禮》云：「獨學而無友，則孤陋而寡聞。」蓋須切磋相起明也[1]。見有閉門讀書，師心自是[2]，稠人廣坐，謬誤差失者多矣。《穀梁傳》稱公子友與莒挐相搏，左右呼曰「孟勞」。孟勞者，魯之寶刀名，亦見《廣雅》。近在齊時，有姜仲岳謂：「孟勞者，公子左右，姓孟名勞，多力之人，為國所寶。」與吾苦諍（zhēng）[3]。時清河郡守邢峙，當世碩儒，助吾證之，赧然而伏。又《三輔決錄》云：「靈帝殿柱題曰：『堂堂乎張[4]，京兆田郎。』」蓋引《論語》，偶以四言，目京兆人田鳳也。有一才士，乃言：「時張京兆及田郎二人皆堂堂耳。」聞吾此說，初大驚駭，其後尋愧悔焉。江南有一權貴，讀誤本《蜀都賦》註，解「蹲鴟[5]，芋也」，乃為「羊」字；人饋羊肉，答書云：「損惠蹲鴟[6]。」舉朝驚駭，不解事義，久後尋跡，方知如此。元氏之世[7]，在洛京時，有一才學重臣，新得《史記音》，而頗紕繆（pī miù）[8]，誤反「顓頊」字[9]，頊當為許錄反，錯作許緣反，遂謂朝士言：「從來謬音『專旭』，當音『專翾』耳。」此人先有高名，翕然信行[10]；期年之後，更有碩儒，苦相究討，方知誤焉。《漢書．王莽贊》云：「紫色蛙聲，餘分閏位。」謂以偽亂真耳。昔吾嘗共人談書，言及王莽形狀，有一俊士，自許史學，名價甚高，乃云：「王莽非直鴟目虎吻，亦紫色蛙聲。」又《禮樂志》云：「給太官挏馬酒[11]。」李奇註：

「以馬乳為酒也，揰挏（chòng dòng）乃成[12]。」二字並從手。揰挏，此謂撞搗挺挏之，今為酪酒亦然。向學士又以為種桐時，太官釀馬酒乃熟。其孤陋遂至於此。太山羊肅，亦稱學問，讀潘岳賦：「周文弱枝之棗」，為杖策之杖；《世本》：「容成造歷。」以歷為碓磨之磨。

註釋

1 起：啟發，開導。2 師心自是：本指以己意為師，後指固執己見，自以為是。3 諍：爭辯。4 堂堂乎張：出自《論語．子張》，原文為：「曾子曰：『堂堂乎張也，難與並為仁矣。』」5 蹲鴟：大芋，形狀像蹲伏的鴟。6 損惠：謝人饋送禮物的敬辭。意謂對方降抑身份而加惠於己。7 元氏之世：指北魏。元氏為北魏皇帝之姓。8 紕繆：差錯，謬誤。9 反：反切，中國古代的標音方法。10 翕然：形容一致。11 挏：搖動撞擊。12 揰挏：上下撞擊。

譯文

《尚書》說：「喜歡提問，便知識充足。」《禮記》上說：「獨自學習而沒有與朋友討論，就會學識淺陋，見聞不廣。」學習必須共同切磋，互相啟發，這是很明白的。我看到那些閉門讀書，自以為是，在大庭廣眾之中口出謬誤的人有很多。《穀梁傳》敍述公子友與莒挐搏鬥，左右的人呼叫「孟勞」。孟勞是魯國寶刀的名稱，這個解釋也見於《廣雅》。我近來在齊國，有位叫姜仲岳的人說：「孟勞是公子友左右的人，姓孟，名勞，是位大力士，被魯國人所看重。』」他和我苦苦爭辯。當時清河郡守邢峙也在座，他是當今的大儒，幫助我證實了孟勞的真實涵義，姜仲岳才紅着臉認輸了。此外，《三輔決錄》說：「漢靈帝在宮殿柱子上題字：『堂堂乎張，京兆田郎。』」這是引用《論語》中的話，偶然以四言句式，來品評京兆人田鳳。有一位才士卻解釋成：「當時張京兆及田郎都相貌堂堂。」他聽了我的解釋，開始時感到非常驚駭，後來又感到慚愧懊悔。江南有一位權貴，讀誤本《蜀都賦》的註解「蹲鴟，芋也」時，把「芋」字錯作「羊」字。有人饋贈他羊肉，他回信說：「實在有損您的身份來惠賜蹲鴟。」滿朝官員都感到很驚訝，不了解他寫的是什麼意思，經過長時間查究事情的來龍去脈，才知道是這麼回事。北魏元氏時，在洛陽，有一位有才有學而位居要職的大臣，新得了一本《史記音》，當中有很多錯謬，如寫錯了「顓頊」一詞的反切，「頊」字應當為「許錄反」，卻錯注為「許緣反」。這位大臣就對朝中官員們說：「過去一直把顓頊讀成『專旭』，應該讀成『專翾』。」這位大臣以前名氣很大，故此大家一致贊同並採用他的讀法。一年以後，又有大學者苦苦地研究探討這個詞的發音，才知道那個大臣的錯誤。《漢書．王莽贊》說：「紫色蛙聲，餘分閏位。」是說王莽以假亂真。過去我曾經和別人一起談論書籍，談到王莽的模樣，有一位頗有才氣的人，自誇通曉史學，聲名很高，卻說：「王莽不但長着貓頭鷹一樣的眼睛，老虎一樣的嘴，而且擁有紫色的皮膚，青蛙的嗓音。」還有《禮樂志》上說：「給太官挏馬酒。」李奇的註解是：「用馬乳熬成酒，要經過撞擊、攪動才能做成。」「揰挏」二字的偏旁都從手。所謂揰挏，這裏是說把馬奶上下撞擊拌動，現在做酪酒也是用這種方法。剛才提到的那位學士又認為李奇註解的意思是說，等到種桐樹時，太官釀造的馬酒才熟。他的學識淺陋到了這個地步！泰山的羊肅，也稱得上有學問的人，他讀潘岳賦中「周文弱枝之棗」一句，把「枝」字讀作杖策的「杖」字；他讀《世本》中「容成造歷」一句，把「歷」字認作碓磨的「磨」字。

談說製文，援引古昔，必須眼學，勿信耳受。江南閭里間，士大夫或不學問，羞為鄙朴，道聽塗說，強事飾辭：呼徵質為周、鄭[1]，謂霍亂為博陸[2]，上荊州必稱陝西，下揚都言去海郡，言食則餬口，道錢則孔方[3]，問移則楚丘[4]，論婚則宴爾[5]，及王則無不仲宣[6]，語劉則無不公幹[7]。凡有一二百件，傳相祖述[8]，尋問莫知原由，施安時復失所[9]。莊生有乘時鵲起之說，故謝朓詩曰：「鵲起登吳臺。」吾有一親表，作《七夕》詩云：「今夜吳臺鵲，亦共往填河。」《羅浮山記》云：「望平地樹如薺。」故戴暠詩云：「長安樹如薺。」又鄴下有一人《詠樹》詩云：「遙望長安薺。」又嘗見謂矜誕為夸毗[10]，呼高年為富有春秋[11]，皆耳學之過也。

註釋

1 質：典當，抵押。《左傳・隱公三年》曾記載：「周、鄭交質。」故人們有此誤。2 博陸：漢代大臣霍光封博陸侯，人們於是把霍亂與博陸混為一談。3 孔方：錢的代稱。晉魯褒《錢神論》：「親愛如兄，字曰孔方。」4 楚丘：代替遷移。《左傳・閔公二年》：「僖之元年，齊桓公遷邢於夷儀，二年，封衛於楚丘，邢遷如歸，衛國忘亡。」5 宴爾：歡樂的樣子，代指新婚。《詩經・邶風・谷風》：「宴爾新昏，如兄如弟。」6 仲宣：王粲，字仲宣，東漢末年文學家，建安七子之一。7 公幹：劉楨，字公幹，東漢末年文學家，建安七子之一。8 祖述：效法遵循前人的行為或學說。9 失所：使用不當，用的不是地方。10 夸毗：阿諛卑屈地取媚於人。11 富有春秋：指年紀小。春秋，指年數。

譯文

談話寫文章，援引古代例證，必須親自去學書上的記載，而不要相信聽聞。江南鄉里，有些士大夫不做學問，又羞於被視為鄙陋粗俗，於是就道聽塗說，牽強附會，修飾言辭。比如，把「徵質」說成「周、鄭」，把霍亂叫做「博陸」，上荊州一定要說去陝西，下揚都就說去海郡，談起吃飯說是「餬口」，提到錢就稱為「孔方」，問起遷徙的地方就說是「楚丘」，談論婚姻就說「宴爾」，說起姓王的人無不代稱為「仲宣」，談起姓劉的人無不呼作「公幹」。這樣的例子有一二百個，士大夫在流傳中互相學習。如果向他們尋根問底，誰也不知道這些說法的緣由，他們使用時又往往用得不恰當。莊子有「乘時鵲起」的說法，所以謝朓的詩就說：「鵲起登吳臺。」我有一位表親，作《七夕》詩說：「今夜吳臺鵲，亦共往填河。」《羅浮山記》說：「望平地樹如薺。」故戴暠的詩就說：「長安樹如薺。」鄴下也有個人的《詠樹》詩說：「遙望長安薺。」我還曾經見過有人把「矜誕」解釋為「夸毗」。稱「高年」為「富有春秋」，這些都是「耳學」造成的錯誤。

夫文字者，墳籍根本[1]。世之學徒，多不曉字：讀《五經》者，是徐邈而非許慎[2]；習賦誦者，信褚詮而忽呂忱[3]；明《史記》者，專徐、鄒而廢篆籀（zhuàn zhòu）[4]；學《漢書》者，悦應、蘇而略《蒼》、《雅》[5]。不知書音是其枝葉，小學乃其宗系[6]。至見服虔、張揖音義則貴之[7]，得《通俗》、《廣雅》而不屑。

一手之中，向背如此，況異代各人乎？

註釋

1墳：大。亦指古代的經書典籍。如：「三墳五典」。2徐邈：晉東莞人，見聞廣博，著有《五經音訓》。許慎：東漢經學家、文字學家，對經籍素有研究，著有《說文解字》，對後世研究文字有重大影響。3褚詮：褚詮之，南朝人，於詩賦頗有名聲。呂忱：字伯雍，任城人。晉代學者，著有《字林》一書。4徐：徐廣，字野民，南朝宋中散大夫，著有《史記音義》。鄒：鄒誕生，南朝梁輕車錄事參軍，著有《史記音》。篆：指小篆。籀：指史籀大篆。篆籀，指篆書。5應：應劭，字仲瑗，東漢人，博覽多聞，著有《漢書集解音義》。蘇：蘇林，字孝友，東漢人，博涉多聞。《蒼》：《三蒼》，即字書《蒼頡篇》、揚雄《訓纂篇》及賈魴《滂喜篇》。《雅》：即《爾雅》，古代文字訓詁書籍。6小學：漢代為文字訓詁之學的專稱，隋唐以後是文字學、訓詁學、音韻學的總稱。7服虔：東漢經學家。張揖：三國時魏國人，著有訓詁書《廣雅》。

譯文

文字是書籍的根本。世上求學者大多不懂得學文字的重要：讀《五經》的人，都肯定徐邈而非議許慎；學習辭賦的人，信服褚詮而忽略呂忱；讀明了《史記》的人，都精通徐野民和鄒誕生的著作，而廢棄了對篆籀文的鑽研；學習《漢書》的人，喜歡應劭、蘇林的註釋，而忽略《三蒼》、《爾雅》。他們不明白語音只是文字的枝葉，而字義才是文字的根本。以至有人見了服虔、張揖對個別音義的解釋就十分重視，而得到他們所著的《通俗文》、《廣雅》時，卻不屑一顧。對同出一人之手的著作，居然這樣厚此薄彼，何況對不同時代不同人的著作呢？

夫學者貴能博聞也。郡國山川，官位姓族，衣服飲食，器皿制度，皆欲根尋，得其原本；至於文字，忽不經懷[1]，己身姓名，或多乖舛（chuǎn）[2]，縱得不誤，亦未知所由。近世有人為子制名：兄弟皆山傍立字，而有名峙者[3]；兄弟皆手傍立字，而有名機者；兄弟皆水傍立字，而有名凝者。名儒碩學，此例甚多。若有知吾鍾之不調[4]，一何可笑。

註釋

1 忽：輕視。經懷：留心。2 乖舛：違背，錯亂。3 峙：宋本作「峙」。4 鍾之不調：語出《淮南子．修務》。顏氏借用樂工聽不出鐘音不協調之典故，諷刺「名儒碩學」看不出命名不妥之處。

譯文

求學的人都以博聞為貴。他們對於郡國山川、官位姓族、衣服飲食、器皿制度，都要尋根究底，弄清它們的本源；對於文字，他們卻忽視而漫不經心，甚至連自己的姓名，也往往出現謬誤，即使不出錯誤，也不知道它的由來。近世有些人為孩子起名字，幾個兄弟的名字都用「山」作偏旁，當中就有取名為「峙」的；幾個兄弟的名字都用「手」作偏旁，當中就有取名為「機」的；幾個兄弟的名字都用「水」作偏旁，當中就有取名為「凝」的。在那些知名的大學者中，這類例子有很多。如果他們明白鐘音不協調這個典故，就會感到這是多麼可笑了。

吾嘗從齊主幸并州[1]，自井陘（xíng）關入上艾縣[2]，東數十里，有獵閭村。後百官受馬糧在晉陽東百餘里亢仇城側。並不識二所本是何地，博求古今，皆未能曉。及檢《字林》、《韻集》，乃知獵閭是舊䧱餘聚，亢仇舊是䅟䜌亭，悉屬上艾。時太原王劭欲撰鄉邑記注，因此二名聞之，大喜。

註釋　1 幸：特指皇帝到某處去。2 井陘關：即井陘口，要隘名。

譯文　我曾經跟從北齊的君主到并州去，從井陘關進入上艾縣，從那裏往東幾十里，有一個獵閭村。後來百官都在晉陽以東百餘里的亢仇城旁邊接受馬糧。大家都不知道上述兩處在歷史上本是什麼地方。我廣泛查閱古今書籍，都沒有弄明白。直到翻檢《字林》、《韻集》，才知道獵闆就是原來的鑞餘聚，亢仇原來叫䜆𠒎亭，都屬上艾縣。當時太原的王劭想撰寫鄉邑記注，我把這兩個舊地名說給他聽，他非常高興。

吾初讀《莊子》「螝（huǐ）二首」[1]，《韓非子》曰：「蟲有螝者，一身兩口，爭食相齕（hé）[2]，遂相殺也」，茫然不識此字何音，逢人輒問，了無解者。案：《爾雅》諸書，蠶蛹名螝，又非二首兩口貪害之物。後見《古今字詁》，此亦古之虺（huǐ）字[3]，積年凝滯，豁然霧解[4]。

註釋

1 螝：古同「虺」，蛇。2 齕：咬。3 虺：毒蛇。4 霧解：像霧一樣消散。

譯文

我開始讀《莊子》「螝二首」時，發現《韓非子》說：「有一種叫螝的蟲，一個身體兩張口，為了爭奪食物而互相撕咬，導致互相殘殺。」我茫茫然不知道這個「螝」字讀什麼音，碰到人就問，卻沒有一人答得上。經查考：《爾雅》等書說，蠶蛹名螝，但蠶蛹不是有兩個頭、兩張口、貪吃有害的動物。後來讀了《古今字詁》，才知道這是古代的「虺」字，我多年來積滯在胸中的疑難，一下子像大霧一樣散開了。

嘗遊趙州，見柏人城北有一小水，土人亦不知名。後讀城西門徐整碑云：「洦流東指。」眾皆不識。吾案《說文》，此字古魄字也，洦，淺水貌。此水漢來本無名矣，直以淺貌目之，或當即以洦為名乎？

譯文

我曾經遊宦趙州，看見柏人城北面有一條小河，當地人也不知道它的名字。後來我讀了城西門徐整寫的碑文，上面說：「洦流東指。」大家都不知道它的意思。我查閱了《說文》，這個「洦」字就是古「魄」字。洦，水淺的樣子。這條河自漢代以來就沒有名字，人們只把它當作一條淺河看待，或許就應當用這個「洦」字給它命名吧！

世中書翰，多稱勿勿，相承如此，不知所由，或有妄言此忽忽之殘缺耳。案：《說文》：「勿者，州里所建之旗也，象其柄及三斿（liú）之形[1]，所以趣民事[2]。故悤遽（cōng jù）者稱為勿勿[3]。」

註釋

1 斿：古代旌旗上的飄帶。《周禮．春官．巾車》：「建大常，十有二斿，以祀」。

2 趣：古同「促」，催促，督促。3 悤遽：匆促。

譯文

世上的書信，當中多有「匆匆」二字，歷來如此，互相傳寫，卻不知道它的來源，有人妄下斷言説這就是「忽忽」的缺筆省寫。按《說文》說：「勿，是鄉里所樹立的旗幟。這個字像旗杆和旗幟末端三條飄帶的形狀，是用來催促民事的。所以就把匆忙急迫稱為『勿勿』。」

吾在益州，與數人同坐，初晴日晃，見地上小光，問左右：「此是何物？」有一蜀豎就視[1]，答云：「是豆逼耳。」相顧愕然，不知所謂。命取將來，乃小豆也。窮訪蜀士，呼粒為逼，時莫之解。吾云：「《三蒼》、《說文》，此字白下為匕，皆訓粒，《通俗文》音方力反。」眾皆歡悟。

註釋

1 豎：家中未成年的僮僕。

譯文

我在益州的時候，與幾個人在一起閒坐，天剛放晴，陽光明晃晃的，我見地上有些小小的光點，就問左右的人：「這是什麼東西？」有一個蜀地的僮僕走近看了看，回答道：「是豆逼。」大家聽了驚訝地互相看着，不知道他說的是什麼。我叫他拿過來，原來是小豆。我曾經一一詢問過蜀地的人士，他們都把「粒」叫做

「逼」，當時沒有誰能解釋清楚。我說：「《三蒼》、《說文》中，這個字就是『白』下加『匕』，都解釋為『粒』，《通俗文》注作方力反。」大家高興地領悟了。

愍楚友婿竇如同從河州來[1]，得一青鳥，馴養愛玩，舉俗呼之為鶡。吾曰：「鶡出上黨，數曾見之，色並黃黑，無駁雜也。故陳思王《鶡賦》云：『揚玄黃之勁羽。』」試檢《說文》：「鳻雀似鶡而青，出羌中。」《韻集》音介。此疑頓釋。

註釋

1 友婿：即連襟，是同門女婿相互之間的稱呼。

譯文

愍楚的連襟竇如同從河州來，得到一隻青色的鳥，把牠馴養起來，喜愛地玩賞，所有的人都習慣地稱這隻鳥為「鶡」。我說：「鶡出產在上黨，我曾經多次見過，羽毛都是黃黑色的，沒有其他雜色。故此曹植的《鶡賦》說：『鶡揚起那黑黃色有力的翅膀。』」我嘗試翻檢《說文》，上面說：「鳻雀與鶡相似，但毛色是青色的，出產於羌中。」《韻集》的注音為「介」。這個疑問頓時就消除了。

梁世有蔡朗者諱純，既不涉學，遂呼蓴（chún）為露葵[1]。面牆之徒[2]，遞相倣效。承聖中，遣一士大夫聘齊，齊主客郎李恕問梁使曰[3]：「江南有露葵否？」答曰：「露葵是蓴，水鄉所出。卿今食者綠葵菜耳。」李亦學問，但不測彼之深淺，乍聞無以核（hé）究[4]。

註釋

1 蓴：蓴菜，浮在水面的水草，可供食用。露葵：「露葵」有兩種解釋。一是葵菜，《本草綱目．草之五．葵》：「古人采葵必待露解，故曰露葵。今人呼為滑菜，言其性也。」二是蓴菜，也就是蓴菜。王利器《集解》云：「古文苑載宋玉諷賦：『烹露葵之羹。』即指水產之蓴，則蔡朗所呼，不無所本。」2 面牆之徒：如面壁而立，一無所見。比喻蒙昧無知之人。3 主客郎：官名，主要負責對外接待。

4 核究：查驗，核實。

譯文

梁朝有位叫蔡朗的人忌諱「純」字，他沒有什麼學問，把「蓴」叫做「露葵」。那些不學無術之徒，也就一個跟着一個仿效。承聖年間，朝廷派一位士大夫出使北齊，北齊的主客郎李恕問這位梁朝的使者說：「江南有露葵嗎？」使者回答說：「露葵就是蓴菜，那是水泊中出產的，您今天吃的就是綠葵菜。」李恕也是有學問的人，但不了解對方學識的深淺，當下聽他的回答，也無法核實追究。

思魯等姨夫彭城劉靈，嘗與吾坐，諸子侍焉。吾問儒行、敏行曰：「凡字與諮議名同音者[1]，其數多少，能盡識乎？」答曰：「未之究也，請導示之。」吾曰：「凡如此例，不預研檢，忽見不識，誤以問人，反為無賴所欺，不容易也。」因為說之，得五十許字。諸劉歎曰：「不意乃爾[2]！」若遂不知，亦為異事。

註釋

1 諮議：劉靈的官號。2 不意乃爾：沒想到竟然如此！

譯文

思魯等人的姨夫彭城的劉靈，曾經與我同坐閒談，他的幾個孩子在旁邊陪伴着。我問儒行、敏行說：「凡與你們父親名字同音的字，它的數目有多少個，你們都認識嗎？」他們回答說：「沒有研究過這個問題，請您指導指示一下。」我說：「凡是像這一類的字，如果不預先研究翻檢，忽然發現自己不認識時，拿去問錯了人，反而會被無賴所欺騙，不能輕率啊。」於是我就給他們解說這個問題，共找到了五十多個字。劉靈的幾個孩子感歎道：「想不到有這樣多！」如果他們一直都不知道，那也確實是怪事。

校定書籍，亦何容易，自揚雄、劉向，方稱此職耳。觀天下書未遍，不得妄下雌黃[1]。或彼以為非，此以為是；或本同末異；或兩文皆欠，不可偏信一隅也。

註釋 1 雌黃：礦物，可製作成顏料。古人以黃紙寫字，有誤，則以雌黃塗之。

譯文 校勘核定書籍，又談何容易！只有揚雄、劉向才勝任這個工作。沒有看遍天下的書籍，就不能妄自改動書籍中的文字。有時那個版本認為不對的地方，這個版本卻認為是對的；有時主要內容是相同的，而枝節上有所不同；有時兩種版本都有欠缺，不能偏信一個方面。

賞析與點評

治學與治國類似，不能過於「清談雅論」，好高騖遠，而是要務實。香港曾提倡的「中藥港」、「數碼港」、「八萬五」等口號，只有願景，而無實景，就猶如此篇所言的空疏學風。這篇文章前半部分是作者的宏觀論點，論證了勤學之必要；而後半部分以其學問解決實際問題，既顯出對大局之掌握，又可見細節的夯實，歷史本如鏡，惟借鏡者少而已。

卷四

文章第九

本篇導讀——

本篇講述了各式文體的起源，並且評論了一些古代著名文人如屈原、宋玉等。顏之推認為，好的文章應以「理致為心腎，氣調為筋骨，事義為皮膚，華麗為冠冕」。他針對當時文人片面追求華麗辭藻的情況，指出應先注重文章體制大義，然後才兼顧辭藻的修飾。他十分欣賞沈約文章的「三易」，即易見事、易識字、易讀誦，反對穿鑿補綴。在為文和德行方面，他看重的是文人德行，並指出一些有乖常理的文人行為，以此告誡子孫要「深宜防慮，以保元吉」。

夫文章者，原出五經：詔命策檄（xí）[1]，生於《書》者也；序述論議[2]，生於《易》者也；歌詠賦頌[3]，生於《詩》者也；祭祀哀誄[4]，生於《禮》者也；書奏箴銘[5]，生於《春秋》者也。朝廷憲章，軍旅誓誥（gào）[6]，敷顯仁義，發明功德，牧民建國，施用多途。至於陶冶性靈，從容諷諫，入其滋味，亦樂事也。行有餘力，則可習之。然而自古文人，多陷輕薄：屈原露才揚己，顯暴君過；宋玉體貌容冶，見遇俳（pái）優[7]；東方曼倩，滑稽不雅；司馬長卿，竊貲無操；王褒過章《僮約》；揚雄德敗《美新》；李陵降辱夷虜；劉歆反覆莽世；傅毅黨附權門；班固盜竊父史；趙元叔抗竦（sǒng）過度[8]；馮敬通浮華擯（bìn）壓[9]；馬季長佞媚獲誚；蔡伯喈同惡受誅；吳質詆忤鄉里；曹植悖慢犯法；杜篤乞假無厭；路粹隘狹已甚；陳琳實號粗疏；繁欽性無檢格；劉楨屈強輸作；王粲率躁見嫌；孔融、禰衡，誕傲致殞；楊修、丁廙，扇動取斃；阮籍無禮敗俗；嵇康凌物凶終；傅玄忿鬥免官；孫楚矜誇凌上；陸機犯順履險；潘岳乾沒取危；顏延年負氣摧黜；謝靈運空疏亂紀；王元長兇賊自詒；謝玄暉侮慢見及。凡此諸人，皆其翹秀者，不能悉記，大較如此。至於帝王，亦或未免。自昔天子而有才華者，唯漢武、魏太祖、文帝、明帝、宋孝武帝，皆負世議，非懿（yì）德之君也[10]。自子游、子夏、荀況、孟軻、枚乘、賈誼、蘇武、張衡、左思之儔（chóu）[11]，有盛名而免過患者，時復聞之，但其損敗居多耳。每嘗思之，原其所積，文章之體，標舉興會，發引性靈，使人矜伐，故忽於持操，果於進取。今世文士，此患彌切，一事愜當，一句清巧，神厲九霄，志凌千載，自吟自賞，不覺更有傍人。加以砂礫所傷[12]，慘於矛戟，諷刺之禍，速乎風塵，深宜防慮，以保元吉[13]。

註釋

1 詔命策：古代由皇帝頒發的命令。檄：古代官府用以征伐或聲討的文書。2 序述：相當於記敍文。論議：相當於議論文。3 歌詠：詩歌。賦：古代一種辭藻華麗的文體，多用來寫景敍事，盛行於漢魏六朝。頌：古代用於讚頌的文體。4 祭：祭文。祀：古代祭祀的樂歌。哀誄：哀悼死者的文章。陸機《文賦》：「碑披文以相質，誄纏綿而淒愴。」5 箴：以規誡為主題的文體。銘：用於讚頌或警戒的文章。6 誥：用於告誡或勉勵的文體，後成為君王諭令臣下的專用文體。7 俳優：古代以歌舞作諧戲的藝人。8 抗竦：高傲，倨傲。9 擯壓：擯棄壓抑。10 懿德：美德。11 儔：同輩。12 砂礫：此處借喻為語言。13 元吉：大吉。

譯文

文章，來源於「五經」：詔、命、策、檄，產生於《尚書》；序、述、論、議，產生於《易》；歌、詠、賦、頌，產生於《詩經》；祭、祀、哀、誄，產生於《禮經》；書、奏、箴、銘，產生於《春秋》。朝廷中的典章法制，軍隊裏的誓詞誥文，彰顯仁義，頌揚功德，統治人民，建設國家，文章的用途多種多樣。至於以文章來陶冶性情，或婉言勸勉他人，或深入體會其中的趣味，也是一件樂事。行有餘力，可以學習這方面的東西。然而，自古以來的文人，大多陷於輕薄：屈原顯露才華宣揚自己，揭露國君的過失；宋玉相貌豔麗，被人當作俳優對待；東方朔言行滑稽，缺乏儒雅；司馬相如竊取卓王孫的錢財，不講節操；王褒在《僮約》中自我暴露過錯；揚雄在《劇秦美新》中歌頌王莽，損害自己的品德；李陵向外族匈奴投降而受辱；劉歆在王莽的新朝反覆無常；傅毅依附權貴；班固剽竊父親寫的史書；趙元叔過分倨傲；馮敬通秉性浮華遭壓抑；馬季長諂媚權貴遭譏諷；蔡伯喈與惡人同受懲罰；吳質横行鄉里；曹植傲慢犯法；杜篤向人索求，不知滿足；路粹心胸過分狹隘；陳琳確實粗枝大葉；繁欽不知檢點約束；劉楨性格倔強，被罰做苦工；王粲輕率急躁，遭人嫌棄；孔融、禰衡放誕倨傲，招致殺身之禍；楊修、丁廙搧動生事，自取滅亡；阮籍蔑視禮教，傷風敗俗；嵇康盛氣淩人，不得善終；傅玄負氣爭鬥，被免官職；孫楚恃才自負，冒犯上司；陸機違反正道，自走絕路；潘岳惟利是圖，遭到傷害；顏延年意氣用事，致遭廢黜；謝靈運空虛粗疏，擾亂朝紀；王元長兇惡殘忍，自取惡果；謝玄暉輕忽傲慢，遭到陷害。以上這些都是出類拔萃的文人，我不能全都記載下來，大致如此吧。至於帝王，有時也難以避免。過去有才華的天子，只有漢武帝、魏太祖、魏文帝、魏明帝、宋孝武帝等數人，但他們都遭到世人的議論，並不是具有美德的君主。至於子游、子夏、荀況、孟軻、枚乘、賈誼、蘇武、張衡、左思等人，有盛名而又能避免過患的，不時也可以聽到，但他們中遭到禍患的人還是佔多數。我常常思考這個問題，推究其中所蘊含的道理，文章的本質，是揭示興味、抒發感情的，因而容易使人恃才自誇，忽視節操，急於追逐名利。當代的文人，這個缺點更加嚴重，若是一個典故用得妥當，一句詩文寫得新奇，就神采飛揚，直到九霄，心高氣傲，雄視千載，獨自吟誦讚歎，不覺世上還有旁人。尤其是言辭所造成的傷害，比矛、戟等所帶來的傷害更大，諷刺別人而招禍，比風沙來得更快，你們應該特別防備，以保大福。

賞析與點評

作者認為屈原之死是因為他「露才揚己，顯暴君過」，由此說明中國文人自古恃才傲物。通過屈原、楊修等例子，我們可以知道，恃才可縱一時之意，卻容易為人生埋下悲劇的種子，故此才氣固然重要，可是太過驕矜的人，難養天年。

學問有利鈍，文章有巧拙。鈍學累功，不妨精熟；拙文研思，終歸蚩鄙。但成學士，自足為人。必乏天才，勿強操筆。吾見世人，至無才思，自謂清華，流佈醜拙，亦以眾矣，江南號為詅（líng）癡符[1]。近在并州，有一士族，好為可笑詩賦，誂撆（tiǎo piē）邢、魏諸公[2]，眾共嘲弄，虛相讚說，便擊牛釃（shī）酒[3]，招延聲譽。其妻，明鑒婦人也，泣而諫之。此人歎曰：「才華不為妻子所容，何況行路！」至死不覺。自見之謂明，此誠難也。

註釋

1 詅癡符：文章拙劣而好自誇的人。2 誂撆：戲言嘲弄。3 釃酒：濾酒，斟酒。

譯文

做學問有聰明與遲鈍的分別，寫文章有精巧與拙劣的分別。做學問遲鈍的人，只要不斷努力，就不會妨礙他達到精通熟練的境界；文章寫得拙劣的人，即使鑽研思考，終歸鄙陋。只要能成為有學之士，也足以在世上為人了。如果確實缺乏寫作天才，就不要勉強握筆作文。我看見世上某些人，極無才思，卻說自己的文章清新華美，讓醜陋拙劣的東西到處流傳，這種人也太多了，江南一帶的人稱他們為「詅癡符」。最近并州有一位士族，喜歡寫一些可笑的詩賦，嘲弄邢邵、魏收諸人，大家嘲弄這位士族，假意稱讚他，他就殺牛釃酒，宴請客人，以招延聲譽。他的妻子是一位明白事理的婦人，哭着勸阻他。他歎息說：「我的才華不被妻子所明白，何況陌生的路人呢！」他至死也沒有覺悟。自己能了解自己，才算得上聰明，做到這點，確實不容易啊。

學為文章，先謀親友，得其評裁，知可施行，然後出手；慎勿師心自任，取笑旁人也。自古執筆為文者，何可勝言。然至於宏麗精華，不過數十篇耳。但使不失體裁，辭意可觀，便稱才士；要須動俗蓋世，亦俟河之清乎！

譯文

學習寫文章，應該先向親友徵求意見，得到他們的批評意見，知道怎樣寫了，然後才下筆寫作。千萬不要固執己見，自以為是，以致被人恥笑。自古以來執筆寫文章的人，多得說不完，不過能達到宏偉精美的，不過幾十篇而已。只要文章不脫離它應有的結構規範，辭意可觀，就可稱為才士了。如果一定要使自己的文章驚動眾人，超越當世，只怕要等到黃河變清的時候了！

不屈二姓，夷、齊之節也；何事非君，伊、箕之義也。自春秋已來，家有奔亡，國有吞滅，君臣固無常分矣；然而君子之交絕無惡聲，一旦屈膝而事人，豈以存亡而改慮？陳孔璋居袁裁書[1]，則呼操為豺狼；在魏製檄，則目紹為蛇虺。在時君所命，不得自專，然亦文人之巨患也，當務從容消息之[2]。

註釋

1 陳孔璋：陳琳，字孔璋，先跟從袁紹，後降曹操。2 消息：斟酌。

譯文

不屈身於兩個王朝，是伯夷、叔齊的氣節；可以侍奉任何君主，是伊尹、箕子的道理。自春秋以來，士大夫家族奔竄流亡，邦國也時常被吞併滅亡，國君與臣子本來就沒有固定的名分。然而君子之間的交情，即使斷絕了也不會互相攻擊辱罵，一旦屈膝侍奉別人，怎能因對方的存亡而改變初衷呢？陳琳曾為袁紹撰文，稱曹操為豺狼；後來降曹後起草檄文時，則稱袁紹為毒蛇。因為這是受當時君主之命，自己不能作主，但這也是文人的大毛病，應該從容地斟酌一下。

或問揚雄曰：「吾子少而好賦？」雄曰：「然。童子雕蟲篆刻[1]，壯夫不為也。」余竊非之曰：虞舜歌《南風》之詩，周公作《鴟鴞》之詠，吉甫、史克

《雅》、《頌》之美者，未聞皆在幼年累德也。孔子曰：「不學詩，無以言。」「自衛返魯，樂正，雅、頌各得其所。」大明孝道，引《詩》證之。揚雄安敢忽之也？若論「詩人之賦麗以則，辭人之賦麗以淫」，但知變之而已，又未知雄自為壯夫何如也？著《劇秦美新》[2]，妄投於閣，周章怖懾[3]，不達天命，童子之為耳。桓譚以勝老子，葛洪以方仲尼，使人歎息。此人直以曉算術，解陰陽，故著《太玄經》，數子為所惑耳；其遺言餘行，孫卿、屈原之不及，安敢望大聖之清塵？且《太玄》今竟何用乎？不啻（chì）覆醬瓿（bù）而已[4]。

註釋

1 雕蟲：比喻微不足道的小技藝。2《劇秦美新》：揚雄所作歌頌王莽的文章。3 周章：倉皇驚懼。4 不啻：不過。瓿：小甕。

譯文

有人問揚雄說：「你年輕時喜歡作賦嗎？」揚雄說：「是的。不過作賦好比兒童學寫蟲書和刻符，成年人是不會做的。」我私下反駁他說：虞舜吟唱《南風》詩，周公寫《鴟鴞》詩，尹吉甫、史克寫了《雅》、《頌》中的一些美好篇章，沒聽說過他們在幼年時因寫作而損壞了品行。孔子說：「不學《詩》，就不善辭令。」又說：「我從衛國返回魯國後，訂正了《詩》的樂曲，使《雅》樂和《頌》樂都各得其所。」孔子為了弘揚孝道，就引用《詩經》中的詩句來佐證。揚雄怎麼敢忽視這些事實呢？如果說「詩人的賦華麗而規範，辭人的賦華麗而淫濫」這句話，只不過表明揚雄懂得辨別二者的區別而已，卻不知道他作為成年人怎樣去選擇？揚雄寫了《劇秦美新》，卻稀里糊塗地從天祿閣上往下跳，驚慌恐懼，不能通達天命，這才是孩童的行為啊。桓譚認為揚雄超過了老子，葛洪拿揚雄與孔子相提並論，這實在讓人歎息。揚雄只不過通曉算術，懂得陰陽學，所以寫了《太玄經》，那幾個人就被他迷惑了。他的言辭德行，連荀子、屈原都比不上，哪裏能與大聖人相提並論呢？況且，《太玄經》在今天究竟有什麼用處呢？不過用來蓋醬瓿罷了。

齊世有席毗者，清幹之士，官至行臺尚書，嗤鄙文學，嘲劉逖云：「君輩辭藻，譬若榮華，須臾之玩，非宏才也；豈比吾徒千丈松樹，常有風霜，不可凋悴矣！」劉應之曰：「既有寒木，又發春華，何如也？」席笑曰：「可哉！」

譯文

齊朝有位叫席毗的人，是位清明幹練的士人，官至行臺尚書。他譏笑和鄙視文學，嘲諷劉逖說：「你們的辭藻，好比開放的花朵一般，只供片刻觀賞，算不上棟樑之材，哪比得上我們這樣的千丈松樹，儘管常有風霜侵襲，也不會凋零憔悴！」

劉遜回答他說：「既是耐寒的樹木，又能綻放春花，怎麼樣呢？」席毗笑着說：「那當然可以了！」

凡為文章，猶人乘騏驥（qí jì）[1]，雖有逸氣，當以銜勒制之，勿使流亂軌躅（zhuó）[2]，放意填坑岸也。

註釋 1 騏驥：良馬，千里馬。2 軌躅：本指車轍，引申為法度規範。

譯文 寫文章好比騎着千里馬，即使馬匹駿逸奔放，也應當讓牠口銜鐵勒來控制牠，不要讓牠放任自流，亂了法度，縱意而行以致陷入溝坑中。

文章當以理致為心腎，氣調為筋骨，事義為皮膚，華麗為冠冕。今世相承，趨末棄本，率多浮豔。辭與理競，辭勝而理伏；事與才爭，事繁而才損。放逸者流宕（dàng）而忘歸[1]，穿鑿者補綴而不足。時俗如此，安能獨違？但務去泰去甚耳。必有盛才重譽，改革體裁者，實吾所希。

註釋　1流宕：流浪漂泊，謂詩文流暢恣肆。

譯文　文章應當以義理情致為心腎，以氣韻才調為筋骨，用典合宜為皮膚，華麗辭藻為冠帽。今人繼承前人，趨求末節，放棄根本，所寫文章大多浮淺華豔。文辭與義理相競，文辭強而義理弱；用事與才思相爭，用事繁雜而才華虧損。放縱者的文章流暢恣肆，忘卻了主旨；穿鑿拘泥的，雖補輯連綴，卻文采不足。時下習俗如此，怎能獨自避免呢？但求不要太過分罷了。如果有一位才華橫溢、聲名遠播的人來改革這種文章體制，那實在是我所盼望的。

古人之文，宏材逸氣，體度風格，去今實遠；但緝綴疏朴[1]，未為密緻耳。今世音律諧靡，章句偶對，諱避精詳，賢於往昔多矣。宜以古之製裁為本，今之辭調為末，並須兩存，不可偏棄也。

註釋　1緝綴：指文章的撰寫連綴。

譯文　古人的文章，氣勢宏大超群，其體勢和風格與今天的文章有很大差別。不過古人在遣詞造句方面比較粗疏質樸，不夠嚴密細緻。現在的文章，其音韻格律和諧華麗，篇章語句對偶工整，避諱精確詳盡，比過去優秀多了。應當以古人的體制剪裁為本，以今人的文辭音調為末，兩者並存，不可偏廢。

賞析與點評

顏之推認為「製裁」與「辭調」應兩者並存，不可偏廢。同樣，當今世界，事事要求一石二鳥，以體現其價值。比如，寫小說需要形式與內容並重；政治人才要執政能力與演講能力並重；選美要美貌與智慧並重；連洗髮水也要去屑與柔順並重。如文中所言「理致為心腎，氣調為筋骨，事義為皮膚，華麗為冠冕」，心腎即為事物核心，筋骨即是事物形式，冠冕就是事物外表，就像某品牌的智能電話，既要有顛覆行業用戶體驗的理念，又要有流暢新穎的設計，再有華麗獨特的外表。我們工作猶如寫文章，必須不斷增值，才能保值。

吾家世文章，甚為典正，不從流俗；梁孝元在蕃邸時，撰《西府新文》，訖無一篇見錄者，亦以不偶於世，無鄭、衛之音故也[1]。有詩賦銘誄書表啟疏二十卷，吾兄弟始在草土[2]，並未得編次，便遭火盪盡，竟不傳於世。銜酷茹恨[3]，徹

於心髓！操行見於《梁史・文士傳》及孝元《懷舊志》。

註釋　1鄭、衛之音：《論語・衛靈公》中指「鄭聲淫」，此處指浮豔的文風。2草土：居喪。古代居父母之喪者寢苫枕塊，故稱草土。3酷：慘痛，痛恨。

譯文　先父的文章十分典雅純正，不會跟從社會上流行的風氣。梁孝元帝為湘東王時，編撰《西府新文》，可是先父的文章竟沒有一篇被收錄，這也是因為他的文章不迎合世人的口味，沒有鄭、衛之音的緣故。他有詩、賦、銘、誄、書、表、啟、疏共二十卷，我們幾兄弟正在守喪，來不及編輯整理就遭遇火災，焚燒殆盡，最終文章未能流傳於世。我懷痛含恨，痛徹心肺骨髓啊！先父的節操品行，見於《梁史・文士傳》及孝元帝的《懷舊志》。

沈隱侯曰[1]：「文章當從三易：易見事，一也；易識字，二也；易讀誦，三也。」邢子才常曰：「沈侯文章，用事不使人覺，若胸臆（yì）語也[2]。」深以此服之。祖孝徵亦嘗謂吾曰：「沈詩云：『崖傾護石髓。』此豈似用事邪？」

註釋　1 沈隱侯：沈約，謚「隱」。2 胸臆：心，心懷。

譯文　沈約說：「文章應當遵從『三易』的原則：容易理解的典故，這是第一點；容易認識的文字，這是第二點；容易誦讀，這是第三點。」邢子才常說：「沈約的文章，用典讓人感覺不到，好像發自內心的話。」我因此深深佩服他。祖孝徵也曾經對我說：「沈約的詩說：『崖傾護石髓』，這難道像在用典嗎？」

邢子才、魏收俱有重名，時俗準的[1]，以為師匠。邢賞服沈約而輕任昉，魏愛慕任昉而毀沈約，每於談宴，辭色以之。鄴下紛紜，各有朋黨。祖孝徵嘗謂吾曰：「任、沈之是非，乃邢、魏之優劣也。」

註釋　1 準的：標準。

譯文　邢子才和魏收的名聲都很大，當時人們視他們為榜樣，奉他們為宗師。邢子才欣賞和佩服沈約而輕視任昉，魏收愛慕任昉而詆毀沈約，他們每次在宴會談論時，都爭辯得改變了臉色。鄴下的人對此看法不一，兩個人都各有擁護者。祖孝徵曾對我說：「任昉和沈約的是非，實際上就是邢子才和魏收的優劣。」

《吳均集》有《破鏡賦》。昔者，邑號朝歌，顏淵不舍[1]；里名勝母[2]，曾子斂襟：蓋忌夫惡名之傷實也。破鏡乃凶逆之獸[3]，事見《漢書》，為文幸避此名也。比世往往見有和人詩者，題云敬同，《孝經》云：「資於事父以事君而敬同。」不可輕言也。梁世費旭詩云：「不知是耶非。」殷澐詩云：「颻颺（yáo yáng）雲母舟[4]。」簡文曰：「旭既不識其父，澐又颻颺其母。」此雖悉古事，不可用也。世人或有文章引《詩》「伐鼓淵淵」者，《宋書》已有屢遊之誚；如此流比，幸須避之。北面事親，別舅摛（chī）《渭陽》之詠[5]；堂上養老，送兄賦桓山之悲[6]，皆大失也。舉此一隅，觸塗宜慎。

註釋

1 舍：停止，停留。孔子弟子顏淵曾與曾子、子路、宰予出遊，路過朝歌而不停留。2 勝母：古地名。孔子弟子曾子是一名孝子，他曾因避諱「勝母」而不肯踏入此地。3 破鏡：神話傳說中的惡獸名。《漢書．郊祀志上》：「古天子常以春解祠，祠皇帝用一梟、破鏡」。4 颻颺：飄揚。5 摛：傳佈，舒展。《渭陽》：秦康公送別舅舅晉文公至渭水，想起已死去的母親，於是寫作《渭陽》一詩。見《詩經．秦風．渭陽》。6 桓山之悲：《孔子家語》曾記顏回聽見某人的哭聲悲切，與桓山一隻母鳥送別成長後的孩子的哭聲相近，從而推斷那人經歷生離之痛。孔子於是打發人去問那人，發現那人家裏貧窮，無錢殮葬死去的父親，於是賣了兒子換錢。他因為要與兒子永久訣別，所以哭聲悲慟。因此後來以「桓山之鳥」或「桓山之悲」比喻父死且與親人離別。

譯文

《吳均集》中有《破鏡賦》。古時候有座城邑名「朝歌」，顏淵不在這裏停留；有個小村名叫「勝母」，曾子到此趕緊整飭衣襟，他們大概是擔心這些不好的名稱會損害事物的本質。破鏡是一種兇惡的野獸，牠的典故見於《漢書》，你們寫文章時宜避開這個名詞。近代常常看見有人和詩，題上「敬同」二字，《孝經》說：「資於事父以事君而敬同。」這兩個字是不能隨便說的。梁朝費昶的詩說：「不知是耶非。」殷澐的詩說：「飄颺雲母舟。」簡文帝譏諷他們說：「費昶既不認識他的父親，殷澐又讓他的母親四處飄盪。」這些雖然都是舊事，但都不可以隨便亂用。有人在文章中引用《詩經》「伐鼓淵淵」的詩句，《宋書》已譏諷他不懂反語。諸如此類的詩句，希望你們一定要避免使用。有人尚在侍奉母親，與舅舅離別時卻吟唱《渭陽》詩；有人父親尚在，送別兄長時卻引用「桓山之鳥」的典故，這些都是大大的失誤。列舉以上部分例子，你們寫文章時應觸類旁通，處處慎重。

江南文製，欲人彈射[1]，知有病累，隨即改之，陳王得之於丁廙也[2]。山東風俗，不通擊難。吾初入鄴，遂嘗以此忤人，至今為悔；汝曹必無輕議也。

註釋　1 彈射：用言語指責。這裏是指批評文章。2 陳王：陳思王曹植。

譯文　江南地區的人寫文章，要求別人指正，知道了毛病之所在，會立刻改正，曹植從丁廙那裏學到這種習慣。山東地區的風俗，不允許別人批評自己的文章。我剛到鄴城的時候，曾因此而得罪了一些人，至今後悔。你們一定不要輕率地議論別人的文章。

凡代人為文，皆作彼語，理宜然矣。至於哀傷凶禍之辭，不可輒代。蔡邕為胡金盈作《母靈表頌》曰：「悲母氏之不永，然委我而夙喪[1]。」又為胡顥作其父銘曰：「葬我考議郎君。」《袁三公頌》曰：「猗歟（yī yú）我祖[2]，出自有媯（guī）[3]。」王粲為潘文則《思親詩》云：「躬此勞悴，鞠予小人；庶我顯妣，克保遐年。」而並載乎邕、粲之集，此例甚眾。古人之所行，今世以為諱。陳思王《武帝誄》，遂深永蟄（zhé）之思[4]；潘岳《悼亡賦》，乃愴手澤之遺[5]。是

方父於蟲，匹婦於考也[6]。蔡邕《楊秉碑》云：「統大麓之重[7]。」潘尼《贈盧景宣》詩云：「九五思龍飛。」孫楚《王驃騎誄》云：「奄忽登遐[8]。」陸機《父誄》云：「億兆宅心[9]，敦敍百揆（kuí）[10]。」《姊誄》云：「俔（qiàn）天之和[11]。」今為此言，則朝廷之罪人也。王粲《贈楊德祖詩》云：「我君餞之，其樂泄（yì）泄[12]。」不可妄施人子，況儲君乎？

註釋

1 夙：早。2 猗歟：歎詞，表示讚美。3 有媯：姓氏。4 永蟄：長眠，指死亡。5 手澤：先輩的遺墨、遺物。6 考：父親，後指已死的父親。7 大麓：統領國家之事。8 奄忽：迅疾。登遐：對帝王死的諱稱。9 億兆：極言眾多。亦以指民眾。10 百揆：百官。11 俔：譬喻。《詩經．大雅．大明》：「大邦有子，俔天之妹。」12 泄泄：和樂，閒散自得的樣子。「泄泄」是鄭莊公和母親重歸於好時母親說過的話。

譯文

凡是為別人寫文章，都使用對方的語氣，道理上應該如此。至於涉及哀悼傷痛、死亡災禍一類的文章，不可隨便代筆。蔡邕替胡金盈寫的《母靈表頌》說：「悲痛母親壽不長久，為何丟棄我們早逝？」又替胡顥寫他父親的墓誌銘說：「埋葬先父議郎君。」還有《哀三公頌》說：「我的祖先，出自有媯這一姓氏。」王粲替潘文則寫的《思親詩》說：「您親自勞苦，撫育我輩兒女；希望我們的亡母，能保住靈魂，永獲安寧。」這些都刊載於蔡邕、王粲的文集中，例子很多。古人是這樣寫的，在今世的人看來就是犯諱了。曹植在《武帝誄》中用「永蟄」表示對父親的思念；潘岳在《悼亡賦》中用「手澤」抒發看見亡妻遺物而引起的傷感。這是把父親比作昆蟲，把妻子等同於亡父。蔡邕的《楊秉碑》說：「總管天下的重大事務。」潘尼的《贈盧景宣》詩說：「皇位正盼有飛龍出現。」孫楚的《王驃騎誄》說：「迅速登遐。」陸機的《父誄》說：「百姓歸心，百官和睦。」《姊誄》說：「她像天女一樣。」如果在今天，誰寫這些話就是朝廷的罪人了。王粲的《贈楊德祖詩》說：「我君設宴送別，其樂泄泄。」這種話是不可以胡亂用於一般人的孩子的，何況是太子呢？

輓歌辭者，或云古者《虞殯》之歌[1]，或云出自田横之客，皆為生者悼往告哀之意。陸平原多為死人自歎之言[2]，詩格既無此例，又乖製作本意。

註釋

1《虞殯》：古代輓歌之名。2 陸平原：陸機，曾為平原內史。

譯文

輓歌辭，有人說是古代的《虞殯》歌，有人說是出自田横的門客，都是活着的人用來追悼死者、表達哀思的。陸機寫的輓歌詩大多是死者自歎之辭，詩的體例中既沒有這種例子，又違背了作詩的本意。

凡詩人之作，刺箴美頌，各有源流，未嘗混雜，善惡同篇也。陸機為《齊謳篇》，前敍山川物產風教之盛，後章忽鄙山川之情，殊失厥體[1]。其為《吳趨行》，何不陳子光、夫差乎？《京洛行》，胡不述赧王、靈帝乎？

註釋

1 厥：其。

譯文

大凡詩人的作品，諷諭的、規諫的、讚美的、頌揚的，各有各的源流，不曾混雜，從來沒有使善和惡處在同一篇中。陸機作《齊謳篇》，前面部分敍述山川、物產、風俗、教化的興盛，後面部分卻突然抒發鄙薄山川的情感，大大背離了前面的風格。他的《吳趨行》，為什麼不陳述子光、夫差的事情呢？至於《京洛行》，為什麼不陳述周赧王和漢靈帝的事情呢？

自古宏才博學，用事誤者有矣；百家雜說，或有不同，書儻湮滅，後人不見，故未敢輕議之。今指知決紕繆者[1]，略舉一兩端以為誡。《詩》云：「有鷕（yǎo）雉鳴[2]。」又曰：「雉鳴求其牡。」《毛傳》亦曰：「鷕，雌雉聲。」又云：「雉之朝雊，尚求其雌。」鄭玄註《月令》亦云：「雊，雄雉鳴。」潘岳賦曰：「雉鷕鷕以朝雊。」是則混雜其雄雌矣。《詩》云：「孔懷兄弟。」孔，甚也；懷，思也，言甚可思也。陸機《與長沙顧母書》，述從祖弟士璜死，乃言：「痛心拔腦，有如孔懷。」心既痛矣，即為甚思，何故方言有如也？觀其此意，當謂親兄弟為孔懷。《詩》云：「父母孔邇（ěr）[3]。」而呼二親為孔邇，於義通乎？《異物志》云：「擁劍狀如蟹，但一螯偏大爾。」何遜詩云：「躍魚如擁劍。」是不分魚蟹也。《漢書》：「御史府中列柏樹，常有野鳥數千，棲宿其上，晨去暮來，號朝夕鳥。」而文士往往誤作烏鳶用之。《抱朴子》說項曼都詐稱得仙，自云：「仙人以流霞一杯與我飲之，輒不飢渴。」而簡文詩云：「霞流抱朴碗。」亦猶郭象以惠施之辨為莊周言也。《後漢書》：「囚司徒崔烈以鋃鐺鎖。」鋃鐺，大鎖也；世間多誤作金銀字。武烈太子亦是數千卷學士，嘗作詩云：「銀鎖三公腳，刀撞僕射頭。」為俗所誤。

註釋

1紕繆：疏忽，謬誤。2鷕：雌雉的叫聲。3邇：近。

譯文

自古以來，有宏才博學的人，錯用典故的大有人在。諸子百家的學說，內容各不相同，書籍已如湮滅，後人讀不到，所以不敢隨便談論它們。現在且指出肯定是錯謬的事例，略舉一兩件，讓你們引以為戒。《詩經》說：「野雞鳴叫。」又說：「野雞叫着找雄性。」《毛詩故訓傳》也說：「鷕，是雌雉的叫聲。」又說：「野雞早晨鳴叫，還在尋找雌性。」鄭玄註解《月令》也說：「雊，雄雉的鳴叫聲。」潘岳的賦卻說：「野雞鷕鷕地在早晨鳴叫。」這就混淆了雌雄的區別了。《詩經》說：「孔懷兄弟。」「孔」是很的意思；「懷」是思念的意思。「孔懷」即十分想念的意思。陸機《與長沙顧母書》，敘述從祖弟士璜之死，卻說：「痛心拔腦，好像孔懷一樣。」內心既然悲痛，就是十分思念，為什麼說「好像」呢？看他這句話的意思，應該是說親兄弟是「孔懷」。《詩經》說：「父母孔邇。」把父母親稱為「孔邇」，在意義上說得通嗎？《異物志》說：「擁劍的形狀像螃蟹，但有一隻螯偏大。」何遜的詩說：「魚跳躍得像擁劍。」這是沒有分辨魚和螃蟹的區別。《漢書》說：「御史府中栽種了許多柏樹，常常有幾千隻野鳥，棲宿在樹上，晨去暮來，被稱為『朝夕鳥』。」而文人們往往把牠們誤作「烏鳶」來使用。《抱朴子》說項曼都詐稱遇見了仙人，自言：「仙人拿一杯流霞給我喝，我從不飢渴。」而梁簡文帝的詩說：

「霞流是抱朴子的碗。」這就好像郭象把惠施的辯說當成莊周的話了。《後漢書》說：「用鋃鐺鎖把司徒崔烈囚禁起來。」鋃鐺，是大鐵鏈鎖，世上的人大多把「鋃」字誤寫成金銀的「銀」字。武烈太子也是飽讀數千卷書的學者，他曾經寫詩說：「用銀鎖鎖住三公的腳，用刀撞擊僕射的頭。」這是被世俗的寫法誤導了。

文章地理，必須愜當。梁簡文《雁門太守行》乃云：「鵝軍攻日逐[1]，燕騎蕩康居，大宛歸善馬，小月送降書。」蕭子暉《隴頭水》云：「天寒隴水急，散漫俱分瀉，北注徂黃龍，東流會白馬[2]。」此亦明珠之纇（lèi）[3]，美玉之瑕，宜慎之。

註釋

1 鵝：古代的陣名，亦作「鵝鸛」。日逐：與下文的「康居」、「大宛」、「小月」都在西域，簡文帝詩寫燕、宋之軍，與之不相涉。2「天寒」四句：隴在西北，黃龍在北，白馬在西南，不在同一流域。3 纇：缺點毛病。

譯文

文章中涉及地理的，必須恰當。梁簡文帝的《雁門太守行》竟說：「鵝軍攻擊日逐，燕騎掃蕩康居，大宛送來善馬，小月送來降書。」蕭子暉的《隴頭水》說：「天寒隴水湍急，都散漫地分瀉，北邊流注到黃龍，東邊與白馬渡相接。」這些都是明珠中的缺點，美玉中的瑕疵，應該慎重對待。

王籍《入若耶溪》詩云：「蟬噪林逾靜，鳥鳴山更幽。」江南以為文外斷絕，物無異議。簡文吟詠，不能忘之，孝元諷味，以為不可復得，至《懷舊志》載於《籍傳》。范陽盧詢祖，鄴下才俊，乃言：「此不成語，何事於能？」魏收亦然其論。《詩》云：「蕭蕭馬鳴，悠悠旆旌（pèi jīng）[1]。」《毛傳》曰：「言不諠譁也。」吾每歎此解有情致，籍詩生於此耳。

註釋

1 旆：古代旗幟的統稱。旌：用犛牛尾和彩色鳥羽做杆飾的旗。

譯文

王籍的《入若耶溪》詩說：「蟬的叫聲襯托得森林更加清靜，鳥的叫聲襯托得大山更加幽深。」江南文人認為這兩句詩已達到極致，沒有人有異議。梁簡文帝常常吟詠，不能忘記這兩句詩，梁孝元帝吟誦回味，也認為再無人能寫得出來，以至他在《懷舊志》中把這兩句詩記載於《籍傳》中。范陽人盧詢祖，是鄴下的俊才，卻說：「這兩句不算詩，怎麼說他有才能呢？」魏收也同意他的評論。《詩經》說：

「蕭蕭馬鳴，悠悠旆旌。」《毛詩故訓傳》說：「此詩意在安靜而不嘈雜。」我時常讚歎這個解釋有情致，王籍的詩句就是由此產生的。

蘭陵蕭慤，梁室上黄侯之子，工於篇什。嘗有《秋詩》云：「芙蓉露下落，楊柳月中疏。」時人未之賞也。吾愛其蕭散，宛然在目。潁川荀仲舉、琅琊諸葛漢，亦以為爾。而盧思道之徒，雅所不愜。

譯文

蘭陵人蕭慤，是梁朝上黃侯蕭曄的兒子，擅長作詩。他曾有《秋詩》寫道：「芙蓉露下落，楊柳月中疏。」當時沒有人欣賞這兩句詩。我卻愛它清雅閒散，其情其景宛然在人眼前。潁川人荀仲舉、琅琊人諸葛漢也這樣認為。盧思道一班人，則不太喜歡這兩句詩。

何遜詩實為清巧，多形似之言；揚都論者，恨其每病苦辛，饒貧寒氣，不及劉孝綽之雍容也。雖然，劉甚忌之，平生誦何詩，常云：「『蘧車響北闕[1]』，懥𦒢（huà）不道車[2]。」又撰《詩苑》，止取何兩篇，時人譏其不廣。劉孝綽當時既有重名，無所與讓；唯服謝朓，常以謝詩置几案間，動靜輒諷味。簡文愛陶淵明文，亦復如此。江南語曰：「梁有三何，子朗最多。」三何者，遜及思澄、子朗也。子朗信饒清巧。思澄遊廬山，每有佳篇，亦為冠絕。

註釋

1 蘧：指蘧伯玉，春秋末衞國士大夫。2 𦒢𦒢：乖戾。

譯文

何遜的詩確實清雅奇巧，較多生動形象的語句；揚都的評論者批評他太多深思苦吟，意境太過蕭索清寒，比不上劉孝綽的温文爾雅。雖然這樣，劉孝綽還很嫉妒他，平時讀何遜的詩，常常說：「『蘧伯玉的車聲響徹北闕』，這是一種乖離情理、沒有禮節的車子。」他又撰寫《詩苑》，其中只選取何遜的兩首詩，當時人們都譏笑他取材不廣。劉孝綽既有大名聲，又不謙讓，他只佩服謝朓，常常把謝朓的詩放在几案上，起居作息總會誦讀玩味一番。梁簡文帝愛陶淵明的文章，也是這樣。江南人說：「梁朝有三個姓何的人，子朗的詩最多。」三個姓何的人，指何遜和何思澄、何子朗。子朗的詩確實清雅奇巧，何思澄遊廬山時，常有佳作問世，也是冠絕群倫的。

名實第十

本篇導讀——

「名」與「實」是魏晉南北朝文士喜歡談論的話題。在本篇中，顏之推就專門討論「名」與「實」的關係，不過他沒有像時人般擺弄哲學概念，而是從現實的角度出發，強調為人處事要言行一致，表裏如一。他諷刺了那些「不修身而求令名於世」的人，說他們就好像「貌甚惡而責妍影於鏡」，指出好的名聲是靠自己「德藝周厚」、「修身慎行」而取得的；那些利用卑俗手段的人，在機緣巧合下，雖能得到一些虛名，但終會露出馬腳，最後為人所笑。在文章末，他還指出人皆有慕名向善之心，執政者倘能以聖人的言行聲名為號召，就能勉勵眾人一心向善，進而樹立良好的社會風氣。

名之與實，猶形之與影也。德藝周厚[1]，則名必善焉；容色姝麗，則影必美焉。今不修身而求令名於世者，猶貌甚惡而責妍影於鏡也。上士忘名，中士立名，下士竊名。忘名者，體道合德，享鬼神之福祐，非所以求名也；立名者，修身慎行，懼榮觀之不顯[2]，非所以讓名也；竊名者，厚貌深奸，干浮華之虛構，非所以得名也。

註釋

1 德藝：德行才藝。周厚：豐厚。2 榮觀：即榮名、榮譽。

譯文

名與實的關係，好像形體與影子的關係。德才深厚的人，他的名聲必然是好的；容貌秀麗的人，他的影子一定是美麗的。現在有些人不注重修身養性，卻企求在世上有好名聲，這好比相貌醜陋，卻要求有漂亮的形象於鏡中出現一樣。上德之人忘記名聲，中德之人努力樹立名聲，下德之人竊取名聲。忘掉名聲的人，體悟到事物的道理，言行符合道德規範，因而會受到鬼神的賜福和保祐，他們的言行不是去求取名聲；樹立名聲的人，修養品德，謹言慎行，擔心不能顯揚個人的榮譽，他們對名聲是不會謙讓的；竊取名聲的人，貌似忠厚，卻心藏奸詐，追求浮華的虛名，他們是不會得到真正的好名聲的。

人足所履，不過數寸，然而咫尺之途，必顛蹶於崖岸[1]，拱把之梁[2]，每沉溺於川谷者，何哉？為其旁無餘地故也。君子之立己，抑亦如之。至誠之言，人未能信，至潔之行，物或致疑，皆由言行聲名，無餘地也。吾每為人所毀，常以此自責。若能開方軌之路[3]，廣造舟之航[4]，則仲由之言信[5]，重於登壇之盟[6]，趙熹之降城[7]，賢於折衝之將矣。

註釋

1 顛蹶：倒仆，跌落，指行走不平穩貌。2 拱把之梁：即獨木橋。拱把，兩隻手合圍或一手握滿。梁，橋。3 方軌：兩車並行。4 造舟：連船為橋，即浮橋。5 仲由：即子路，孔子弟子，以信守承諾著稱。6 登壇：升登壇場。古時候帝王即位、祭祀、會盟、拜將，多設壇場，舉行隆重儀式。7 趙熹：東漢人，以信義著稱，其事蹟記載於《後漢書》。更始年間，趙熹曾勸降舞陰城。

譯文

人們的腳能踩到的範圍，不過是幾寸的土地，然而在一尺寬的路上行走，一定會從山崖上摔下來；在寬度如兩手合圍大小的獨木橋上走過，往往會淹沒於河中。為什麼呢？因為人的腳旁沒有餘地。君子要立身處世，也是這個道理。最誠實的話，別人不會相信；最高潔的行為，往往招來別人的懷疑，這都是因為這類言論、行動的名聲太好，未留有餘地。我每當被別人詆毀時，常常以此責備自己。

如果你行事為人能像走在開闊平坦的大道、加寬的浮橋上般留有餘地，就能像子路那樣說話真實可信，勝過諸侯登壇結盟的誓約，也像趙熹那樣能招降對方盤踞的城池，勝過卻敵善戰的將軍。

賞析與點評

顏之推認為不少君子在社會上身敗名裂，是因為沒有為自己留下餘地。世人都喜歡名大於實，好讓自己獲得名聲帶來的更大享受，他們認為實大於名的人是傻瓜，殊不知名大於實是難以長久的，終有一天他們會「功績損敗」。

吾見世人，清名登而金貝入[1]，信譽顯而然諾虧，不知後之矛戟，毀前之干櫓也[2]。虙子賤云[3]：「誠於此者形於彼。」人之虛實真偽在乎心，無不見乎跡，但察之未熟耳。一為察之所鑒，巧偽不如拙誠，承之以羞大矣。伯石讓卿[4]，王莽辭政，當於爾時，自以巧密；後人書之，留傳萬代，可為骨寒毛豎也。近有大貴，以孝著聲，前後居喪，哀毀踰制[5]，亦足以高於人矣。而嘗於苫（shān）塊之中[6]，以巴豆塗臉[7]，遂使成瘡，表哭泣之過。左右僮豎，不能掩之，益使外人謂其居處飲食，皆為不信。以一偽喪百誠者，乃貪名不已故也。

註釋

1 金貝：金錢，貨幣。2 干：抵禦刀劍之類的小盾牌。櫓：抵禦矛戟的大盾牌。3 虙子賤：孔子的弟子。4 伯石：春秋時的鄭國大夫，曾三讓卿之位，但並非出自真心。5 哀毀：哀痛使身體容貌都受到損害。6 苫：草墊。塊：土塊。苫塊代指居喪。古人居喪，會於先人墓邊搭廬而住，以苫為席，以土塊為枕。7 巴豆：巴地的一種豆形植物，有毒。

譯文

我看見世上有些人，樹立了清白的名聲之後，就斂聚錢財，信譽傳揚出去以後，就不信守諾言，這些人不知道他們後來的行為，把前面建立的名聲全毀掉了。虙子賤說：「在這方面堅守誠信，便為那方面樹立了榜樣。」人們的虛實真偽發自內心，沒有不在形跡中顯露出來的，只是別人觀察得不仔細罷了。一旦被人看出真相，巧偽的人就不如拙誠的人，他所受到的羞辱也就更大了。伯石辭讓卿位，王莽辭謝政權，在那個時候，他們自以為做得巧妙周密。後人把真相記載下來，留傳萬代，使人們讀後毛骨悚然，不寒而慄。最近有位大貴人，以孝義著稱，前後幾次守喪，其悲傷的行為都超過了禮制的要求，也足以說明他超越常人了。然而他曾在服喪的時候，用巴豆塗在臉上，使臉上長出了瘡疤，以佯作他哭泣得非常厲害。他身邊的僮僕，卻沒能遮掩這一作假的事實，這就更加使外人認為他在居處飲食方面所表露的行為，都是不可相信的。因為一次虛偽而毀掉了百次誠實，這是不知滿足地貪求名聲所導致的。

有一士族，讀書不過二三百卷，天才鈍拙，而家世殷厚，雅自矜持，多以酒犢珍玩[1]，交諸名士，甘其餌者，遞共吹噓。朝廷以為文華，亦嘗出境聘。東萊王韓晉明篤好文學，疑彼製作，多非機杼（zhù）[2]，遂設宴言，面相討試。竟日歡諧，辭人滿席，屬音賦韻，命筆為詩，彼造次即成，了非向韻。眾客各自沉吟，遂無覺者。韓退歎曰：「果如所量！」韓又嘗問曰：「玉珽（tǐng）杼上終葵首[3]，當作何形？」乃答云：「珽頭曲圜[4]，勢如葵葉耳。」韓既有學，忍笑為吾說之。

註釋

1 酒犢：酒和牛。此處指吃喝。2 機杼：原指織布機，這裏比喻為詩文創作中的構思和佈局的精巧。3 玉珽：玉笏，古代朝臣上朝時所執的手版。4 曲圜：彎而圓。「圜」同「圓」。

譯文

有一位出身士族的子弟，讀的書不超過兩三百卷，天性遲鈍笨拙，但家裏非常富足，自詡甚高，常常拿出酒肉珍寶來結交名士，那些甘心受他利誘的人，紛紛為他吹噓。朝廷以為他有才華，曾經聘他出來做官。東萊王韓晉明非常愛好文學，懷疑那士族子弟的詩文作品大多不是出自他自己的創作構思，於是擺設宴席，約他談論，擬當面試試他。歡宴當日，滿座詞人騷客，他們按聲韻提筆賦詩，這位士族子弟也提筆賦詩，快要寫好了，但其詩卻全然不似向來神韻。賓客們都在沉吟低唱，沒有人發覺他的詩作有問題。韓晉明退席感歎地說：「果然像我料想的一樣！」韓晉明又問他說：「玉珽杼上終葵首，應該是什麼形狀？」他回答說：「珽頭彎而圓，大概像葵葉吧。」韓晉明頗有學問，忍着笑跟我說這件事。

治點子弟文章[1]，以為聲價，大弊事也。一則不可常繼，終露其情；二則學者有憑，益不精勵。

註釋

1 治點：潤飾修改文章。

譯文

幫助子弟修改和潤飾文章，以此抬高他們的身價，這是一大壞事。一是不可能永遠替他們這樣做，因為最終都會露出馬腳；二是初學者有了依靠，更加不會努力奮發了。

鄴下有一少年，出為襄國令，頗自勉篤。公事經懷，每加撫恤[1]，以求聲譽。凡遣兵役，握手送離，或齎（jī）梨棗餅餌[2]，人人贈別，云：「上命相煩，情所不忍；道路飢渴，以此見思。」民庶稱之，不容於口。及遷為泗州別駕[3]，此費日廣，不可常周，一有偽情，觸塗難繼，功績遂損敗矣。

註釋

1 恤：體恤。2 齎：送東西給別人。3 別駕：官名，州刺史的佐吏，也稱別駕從事史。因隨刺史出行時另乘車，故稱別駕。

譯文

鄴下有一位年輕人，出任襄國縣縣令，相當勤勉踏實，辦公事盡心盡意，對下屬體恤，希望以此博取好名聲。每當派遣男丁服兵役時，他都親自握手送別，有時還送他們梨子、棗子、糕餅等食物，還給他們臨別贈言：「上級的命令，有勞各位，我內心實在不忍。你們路上飢渴，憑此薄禮可以看到我的思念之情。」百姓很稱頌他，讚不絕口。後來他升任泗州別駕，這類費用一天比一天多，無法面面俱到，時間一長，勢必矯情虛飾，難以為繼，原有的名聲也因此而受損。

或問曰：「夫神滅形消，遺聲餘價，亦猶蟬殼蛇皮，獸迒（háng）鳥跡耳[1]，何預於死者，而聖人以為名教乎？」對曰：「勸也，勸其立名，則獲其實。且勸一伯夷[2]，而千萬人立清風矣；勸一季札[3]，而千萬人立仁風矣；勸一柳下惠[4]，而千萬人立貞風矣；勸一史魚[5]，而千萬人立直風矣。故聖人欲其魚鱗鳳翼，雜沓參差，不絕於世，豈不弘哉？四海悠悠，皆慕名者，蓋因其情而致其善耳。抑又論之，祖考之嘉名美譽，亦子孫之冕服牆宇也[6]，自古及今，獲其庇蔭者亦眾矣。夫修善立名者，亦猶築室樹果，生則獲其利，死則遺其澤。世之汲汲者，不達此意，若其與魂爽俱昇，松柏偕茂者，惑矣哉！」

註釋

1 迒：鳥獸經過的痕跡。2 伯夷：商周之際賢人，曾讓君位，恥食周粟，餓死於首陽山。3 季札：春秋時吳國公子，以仁義著稱。4 柳下惠：春秋時魯國人，以講究禮節著稱。5 史魚：春秋時衛國大夫，以正直著稱。6 冕服牆宇：衣帽房屋，代指上輩留下的遺產，引申為庇蔭。

譯文

有人問道：「人的靈魂湮滅，身體消失，留下的名聲就像蟬蛻下的殼，蛇脫掉的皮，鳥獸留下的足跡，這與死者有何相干，聖人何以還要以此作為教化的內容呢？」回答說：「那是為了勸勉大家，勸勉大家樹立好的名聲，並做到名副其實。況且勸勉人們向伯夷學習，就會在成千上萬的人中形成清白的風氣；勸勉人們向柳下惠學習，就會在成千上萬的人中形成仁愛的風氣；勸勉人們向季札學習，就會在成千上萬的人中形成忠貞的風氣；勸勉人們向史魚學習，就會在成千上萬的人中形成正直的風氣。因此聖人希望世人無論天賦如何都要追隨伯夷、史魚等人，並世世代代延續下去，這意義不是很大嗎？四海之內，百姓眾庶都愛慕名聲，應該根據他們的這種情感，引導他們走向善道。或許還可以這樣說，祖先們的美好聲譽，就好像是子孫們的禮服和房屋，從古到今得到它的庇蔭的人也是很多的。廣修善事，樹立名聲，好像建築房屋和栽種果樹，活着時能得到它的好處，死後也可把恩澤遺及後人。世上急於追逐名利的人，不明白這個道理，他們希望自己的名聲能與魂魄一起昇華，像松柏一樣長青不衰，這就令人疑惑了！」

賞析與點評

許由說：「名者，實之賓也」。這就是說，名不過是實的影子，是次要的角色。不過從政治方面來看，未必如此。香港行政長官選舉之後，還要獲得中央的確認，以示正名，簡單來說，就是獲得治理的合法性。正如孔子所說：「名不正，則言不順；言不順，則事不成」。

涉務第十一

本篇導讀——

涉務，即專心致力於世務。南朝後期，門閥制度在南方已日趨沒落。士族子弟不學無術，不事生產，對社會一無所知。故此作者在這篇講述涉務，指出「士君子之處世，貴能有益於物」，批評了那些整日高談闊論，「不知幾月當下，幾月當收」的士族子弟，告誡自己的子孫要接近實際，成為一個於國於民有用的人。作者又認為不論哪一種事物，只要能做到精通的地步，就能有益於國家，有益於自身。

士君子之處世，貴能有益於物耳，不徒高談虛論，左琴右書，以費人君祿位也。國之用材，大較不過六事：一則朝廷之臣，取其鑒達治體[1]，經綸博雅；二則文史之臣，取其著述憲章，不忘前古；三則軍旅之臣，取其斷決有謀，強幹習事；四則藩屏之臣，取其明練風俗，清白愛民；五則使命之臣，取其識變從宜，不辱君命；六則興造之臣，取其程功節費[2]，開略有術，此則皆勤學守行者所能辨也。人性有長短，豈責具美於六塗哉？但當皆曉指趣，能守一職，便無愧耳。

註釋

1 治體：指國家的體制、法度。2 程功：衡量功績，計算完成工作量。

譯文

君子生活在世上，貴在能對社會有益，不能光是高談空論，彈琴寫字，耗費君主給予的俸祿官爵。國家使用人材，大體上不外乎六件事：第一種是在朝廷處理政務之臣，需要他們通曉政治方略，滿腹經綸，博學文雅；第二種是掌管文史之臣，需要他們撰寫典章制度，使今人不忘前代的經驗教訓；第三種是統領軍隊之臣，需要他們指揮果斷有謀略，堅強幹練，熟悉戰陣；第四種是駐守邊疆之臣，需要他們通曉民情風俗，清正廉潔，愛護百姓；第五種是出使外邦之臣，需要他們洞察時勢，應變恰當，不辜負國君交付的使命；第六種是負責興造之臣，需要他們考核工程，節約費用，有創辦工程的辦法。這些都是勤於學習、堅守操行的人所能分辨的。人的資質各有高低，怎能要求一個人把以上六事都辦得完美呢？只要對這些都通曉大意，做好其中一項職務，也就問心無愧了。

吾見世中文學之士，品藻古今[1]，若指諸掌，及有試用，多無所堪。居承平之世，不知有喪亂之禍；處廟堂之下，不知有戰陳之急；保俸祿之資，不知有耕稼之苦；肆吏民之上，不知有勞役之勤，故難可以應世經務也。晉朝南渡[2]，優借士族；故江南冠帶[3]，有才幹者，擢為令僕已下尚書郎中書舍人已上，典掌機要。其餘文義之士，多迂誕浮華，不涉世務；纖微過失，又惜行捶楚，所以處於清高，蓋護其短也。至於臺閣令史，主書監帥，諸王籤省，並曉習吏用，濟辦時須，縱有小人之態，皆可鞭杖肅督，故多見委使，蓋用其長也。人每不自量，舉世怨梁武帝父子愛小人而疏士大夫，此亦眼不能見其睫耳。

註釋

1 品藻：評議鑒定等級。2 晉朝南渡：指建武元年（公元三一七年）西晉滅亡，司馬睿南渡並在建康建立東晉一事。3 冠帶：士族、縉紳的代稱，以其戴冠束帶故稱。

譯文

我看世上那些文學之士，品評古今，如同指點掌中物一般明白，等到任用他們時，卻大都不能勝任。他們生活在社會安定的時代，不知道有喪國亂民的災禍；他們在朝中為官，不知道戰事的激烈急迫；他們有穩定的俸祿收入，不知道耕種的辛苦；他們肆意橫行於吏民之上，不知道勞役的艱辛，所以難以靠他們去應付世變，處理公務。晉朝廷南渡後，朝廷優待士族，因此江南的士人，凡有才幹的，都獲提拔為尚書令、尚書僕射以下，尚書郎、中書舍人以上的官職，掌管機要大事。其他只懂得談文弄墨的書生，大都迂闊荒誕，華而不實，不接觸社會實際事務；當他們有小小過失，又憐惜他們受到杖責，因此只能安排他們在名高職輕的職位上，以掩蓋他們的缺點。至於尚書省的令史、主書、監帥，諸王身邊的典籤、省事等，都熟悉官府事務，能成功辦理一時的重要政務，他們縱有小人的行為，但仍可施行鞭打杖責的懲罰，嚴加督促，因此他們多獲委以重任，這運用了他們的長處。人往往沒有自知之明，大家都埋怨梁武帝父子親近小人而疏遠士大夫，這就像眼睛看不見自己的睫毛一樣。

梁世士大夫，皆尚褒衣博帶，大冠高履，出則車輿，入則扶侍，郊郭之內，無乘馬者。周弘正為宣城王所愛，給一果下馬[1]，常服御之，舉朝以為放達。至乃尚書郎乘馬，則糾劾之。及侯景之亂[2]，膚脆骨柔，不堪行步，體羸（léi）氣弱[3]，不耐寒暑，坐死倉猝者，往往而然。建康令王復性既儒雅，未嘗乘騎，見馬嘶（sī）噴陸梁[4]，莫不震懾，乃謂人曰：「正是虎，何故名為馬乎？」其風俗至此。

註釋

1 果下馬：古時名馬，身高三尺，騎之可從果樹下過，故名。2 侯景之亂：梁武帝太清二年（公元五四八年）八月，侯景勾結京城守將皇姪臨賀王蕭正德，舉兵謀反的事件。侯景原為東魏大將，於梁武帝太清元年（五四七年）率部隊投降南梁，駐守壽陽。反叛中侯景攻陷南梁都城建康，縱兵搶掠，危害江南。侯景得勢後，先立蕭正德為帝，再殺蕭正德立武帝太子蕭綱為帝，又廢蕭綱立武帝曾孫蕭棟。天正元年（五五一年），侯景稱帝，國號漢。次年梁將陳霸先、王僧辯攻下建康。侯景乘船出逃，被部下殺死。見《梁書・卷五六・侯景傳》。3 羸：瘦弱。

4 嘶噴：馬嘶鳴。陸梁：跳躍。

譯文

梁朝的士大夫，都愛穿寬袍闊腰帶、大帽厚底鞋，他們出門要乘坐車輿，進門靠僮僕服侍，無論他們到城內或郊外，都不騎馬。周弘正很受宣城王的寵愛，宣城王送他一匹果下馬，他時常騎着外出，滿朝官員都認為他放達不羈。如果尚書郎騎馬出入，是會被糾察彈劾的。侯景之亂時，士大夫肌膚細嫩，體格柔弱，不堪步行的奔波，加上身體羸弱，氣血不足，受不了嚴寒酷暑，在倉猝變亂中死去的，往往是這些人。建康令王復，性格温文儒雅，從未騎過馬，一看到馬嘶叫跳躍，就嚇得魂飛魄散，便對別人說：「這正是老虎！為什麼把牠叫做馬呢？」當時的風氣竟柔弱到了這種地步。

古人欲知稼穡之艱難，斯蓋貴穀務本之道也。夫食為民天，民非食不生矣，三日不粒，父子不能相存。耕種之，茠鉏（hāo chú）之[1]，刈穫之，載積之，打拂之，簸（bǒ）揚之[2]，凡幾涉手，而入倉廩（lǐn）[3]，安可輕農事而貴末業哉？江南朝士，因晉中興，南渡江，卒為羈旅，至今八九世，未有力田，悉資俸祿而食耳。假令有者，皆信僮僕為之，未嘗目觀起一墢（fá）土[4]，耘一株苗；不知幾月當下，幾月當收，安識世間餘務乎？故治官則不了，營家則不辦，皆優閒之過也。

註釋

1 茠：古同「薅」，除田草。鉏：農具名，即鋤。2 簸揚：把穀物拋起，以風分隔抖落當中的穀殼、灰塵等。3 倉廩：盛糧食的倉庫。4 一墢土：一犁土。墢，耕地翻起的土塊。

譯文

古人親自耕種是為了體驗務農的艱辛，這是使人珍惜糧食、重視農業勞動的方法。吃飯是民生的首要大事，百姓沒有糧食就不能生存，三天不吃飯，父子都不能互相照顧救助。耕種、除草、收割、運載、脫粒、揚穀，共要經過幾重工序，糧食才能入庫，怎麼可以輕農業而重商業呢？江南的士大夫，隨着晉朝中興，從北方南渡長江，最後寄居江南，到現在已有八九代了，但他們卻從未下田耕作過，完全依賴朝廷的俸祿生活。即使家裏有田地，也全靠僮僕耕種，從未親眼看過人翻起的泥土，從未種過一株苗；更不知道哪月下種，哪月收割，哪裏懂得世間的其他事務呢？因此他們當官不曉得如何做，治家不懂得如何經營，這都是養尊處優的弊病。

賞析與點評

子曰：「飽食終日，無所用心，難矣哉！」南朝這些士大夫工作時漫不經心，何以能保住飯碗？只因他們出身貴族，擁有特權。可是偏偏就是這種特權害了他們。這些紈絝子弟平時只會塗脂抹粉，手無縛雞之力，一旦身處亂世，只能坐以待斃。真正的在上位者，應能致力實務，反饋社會的給予，又忠君報國，把時代賦予的重任扛在自己的肩上。

卷五

省事第十二

本篇導讀——

省事，通俗而言，就是「多一事不如少一事」。換句話說，做什麼事情，都要把握好分寸，做好分內的事，不可逾矩。在本篇中，顏之推介紹了他這套處事哲學，並對先秦及秦漢時期流行的上書陳事之風加以斥責，他認為上書之人大都空疏淺薄，他們這樣做不僅於事無補，反而破壞風氣。接着，顏之推從人生經驗的角度，告誡自己的後輩做事要專心一致，與其樣樣精通，不如專精一門；對於祿位，不可刻意追逐，應聽從命運的安排；對自己不熟悉的人和事，不可妄加評議；要以道自守，不追求虛名。

銘金人云[1]：「無多言，多言多敗；無多事，多事多患[2]。」至哉斯戒也！能走者奪其翼，善飛者減其指，有角者無上齒，豐後者無前足，蓋天道不使物有兼焉也。古人云：「多為少善，不如執一；鼫（shí）鼠五能[3]，不成技術。」近世有兩人，朗悟士也[4]，性多營綜[5]，略無成名，經不足以待問，史不足以討論，文章無可傳於集錄，書跡未堪以留愛玩，卜筮射六得三[6]，醫藥治十差（chài）五[7]，音樂在數十人下，弓矢在千百人中，天文、畫繪、棋博，鮮卑語、胡書，煎胡桃油，煉錫為銀，如此之類，略得梗概，皆不通熟。惜乎，以彼神明，若省其異端[8]，當精妙也。

註釋

1 銘：刻在器物上記敍生平、事業或警戒自己的文字。2「無多言」四句：告誡人們不要多說話，言多失多；不要多事，多事便會多禍患。事見劉向《說苑．敬慎篇》：「孔子之周，觀於太廟，右陛之前，有金人焉，三緘其口，而銘其背曰：『古之慎言人也，戒之哉！戒之哉！無多言，多言多敗；無多事，多事多患。』」3 鼫鼠：鼠名，也叫石鼠、土鼠。《爾雅．釋獸》郭註：「鼫鼠，形大如鼠，頭似兔，尾有毛，青黃色，好在田中食粟豆。」五能：指鼫鼠有五種技能。《說文．鼠部》：「鼫：五技鼠也。能飛，不能過屋；能緣，不能窮木；能游，不能渡谷；能穴，不能掩身；能走，不能先人。」4朗悟：天資聰敏。5營綜：經營綜理。6卜筮：古人預測吉凶，以龜甲為占稱卜，用蓍草稱筮，合稱卜筮。射：猜度。7差：病癒。8異端：古代儒家稱持不同見解的學派為異端，後泛指不合正統者為異端。《論語．為政》：「攻乎異端，斯害也已。」

譯文

周朝太廟裏的銅人背上刻着：「別多話，言多多失；別多事，事多多禍。」這一訓誡多麼重要啊！能跑的，不長翅膀；會飛的，沒有前爪；有角的，沒有上齒；後腿發達的，前足退化。這大概是大自然不想讓動物兼備各種長處。古人說：「做得多而做好的少，不如專心做好一件事；鼯鼠有五種技能，卻沒有一種成了技術。」近世有兩個人，都是聰明穎悟的士人，興趣廣泛，涉獵頗廣，卻沒有一樣成名，因為他們的經學知識經不起盤問，史學知識不足以與人討論，文章沒有被收錄於集子中以留傳下去，書法手跡不值得留以觀賞，卜筮六次只有三次準確，治病開藥十次只有五次治好病人，音樂造詣在幾十人之下，射箭技能在千百人裏只算中等，至於在天文、繪畫、棋藝、鮮卑語、胡人文字、煎胡桃油、煉錫成銀之類的事情上，只了解些大概情況，並不精通。可惜啊，憑他們的聰明，如果捨棄其他的愛好，肯定能使自己的專業達至精妙。

賞析與點評

通識，在部分人眼中，就是通通都識，這樣或許只能培養出「樣樣了解，樣樣稀鬆」的庸才。通識的目的是讓人學習不同範疇的科目，不過在學習時應留意科目之間的相關性。比如說，修讀中文的人同時學習歷史、哲學、藝術等相關科目，科目之間便會互相激盪，使人在本業中更上一層樓。

上書陳事，起自戰國，逮（dài）於兩漢[1]，風流彌廣。原其體度：攻人主之長短，諫諍之徒也[2]；訐（jié）群臣之得失[3]，訟訴之類也；陳國家之利害，對策之伍也；帶私情之與奪，游說之儔也[4]。總此四塗[5]，賈（gǔ）誠以求位[6]，鬻（yù）言以干祿[7]。或無絲毫之益，而有不省之困，幸而感悟人主，為時所納，初獲不貲（zī）之賞[8]，終陷不測之誅，則嚴助、朱買臣、吾丘壽王、主父偃之類甚眾[9]。良史所書，蓋取其狂狷一介[10]，論政得失耳，非士君子守法度者所為也。今世所睹，懷瑾瑜而握蘭桂者，悉恥為之。守門詣闕，獻書言計，率多空薄，高自矜夸，無經略之大體，咸秕糠（bǐ kāng）之微事[11]，十條之中，一不足採，縱合時務，已漏先覺，非謂不知，但患知而不行耳。或被發奸私，面相酬證，事途迴穴，翻懼愆（qiān）尤[12]；人主外護聲教，脫加含養，此乃僥倖之徒，不足與比肩也。

註釋

1 逮：及，至。2 諫諍：直言規勸，止人之失。劉向《說苑．臣術》：「有能盡言於君，用則留之，不用則去之，謂之諫；用則可生，不用則死，謂之諍。」3 訐：揭發、攻擊。4 儔：同類。5 塗：同「途」，道路。這裏指途徑。6 賈誠：出賣衷心。賈誠即賈忠，避隋文帝父楊忠諱而改。7 鬻言：出賣言論。8 不貲：不可計量。9 嚴助、朱買臣、吾丘壽王、主父偃：四人同為漢武帝時人，曾顯貴一時，後皆死於非命。10 狂狷：激進與拘謹保守，因為二者皆偏於一面，後泛指偏激。狷，潔身自好。《論語．子路》：「子曰：『不得中行而與之，必也狂狷乎！狂者進取，狷者有所不為也。』」11 秕糠：秕子和米糠。比喻煩瑣或無價值的事物。12 愆尤：過失，罪行。

譯文

給人主上書陳述意見這種事，起源於戰國時期，到了兩漢，這種風氣更廣泛流行。推究它的體制：指責人主長短的，是諫諍一類；批評群臣得失的，是好訟一類；陳說國家利害的，是對策一類；帶着個人感情進行褒貶，是游說一類。總括這四類人的做法，都是販賣他們的忠心來換取官位，出售他們的言論來謀求利祿。他們的意見有的無絲毫益處，反而會因君主不理解而招致困厄，假如僥倖感悟了人主，被及時採納，他們起初也能獲得不可估量的獎賞，但最終還是會招來不可預測的殺身之禍，就好像嚴助、朱買臣、吾丘壽王、主父偃等人，這類人有很多。優秀史官所書的，是取其狂狷耿介，敢於評論時政得失罷了，但這不是謹守法度的君子所為。現在我們所見到的，懷才抱德的人，都恥於這樣做。那些守候公門，出赴朝廷，給皇帝獻書言計的人，大都空疏淺薄，自傲自誇，毫無治理國家的方略，都談些沒有意義的瑣事。十項建議中，沒有一項值得採納，即使偶有切合時務的意見，也是人主早已意識到的，不是人們不知道，只是擔心知而不行。有些獻書言計者被揭發包藏私心，假如當面追查考問，他們因事情變化無常，反會畏懼自己的錯失；即使人主為了對外維護朝廷的聲譽和教化，或許對他們加以包涵，但他們是些僥倖之徒，不值得與之為伍。

諫諍之徒，以正人君之失爾，必在得言之地，當盡匡贊之規[1]，不容苟免偷安，垂頭塞耳；至於就養有方[2]，思不出位，干非其任，斯則罪人。故《表記》云[3]：「事君，遠而諫，則諂也；近而不諫，則尸利也[4]。」《論語》曰：「未信而諫，人以為謗（bàng）己也[5]。」

註釋

1 匡贊：匡正輔佐。《南齊書・王晏傳》：「隆昌以來，運集艱難，匡贊之功，頗有心力。」2 就養：侍奉、奉養。3《表記》：《禮記》篇名。4 尸利：是指身居官位接受俸祿而無所作為。5 謗：誹謗、毀謗。文中所引出自《論語・子張》：「子夏曰：『君子信而後勞其民，未信，則以為厲己也；信而後諫，未信，則以為謗己也。』」

譯文

諫諍者的責任是糾正人君的失誤，這就必須在應當説話的地方，盡到匡正輔助人君的責任，決不可苟且偷安、裝聾作啞。至於侍奉人主，要萬事適當，不要超越職權，如果干涉職責以外的事，就會成為朝廷的罪人。因此《禮記・表記》説：「事奉人君，如與君主關係疏遠，卻去勸諫，有諂媚之嫌；如關係親近，而不勸諫，就是白食俸祿。」《論語・子張》説：「沒有得到對方信任而勸諫，對方就會認為你在譏謗他。」

君子當守道崇德，蓄價待時[1]，爵祿不登，信由天命。須求趨競，不顧羞慚，比較材能，斟量功伐[2]，厲色揚聲，東怨西怒；或有劫持宰相瑕疵，而獲酬謝，或有諠聒（guō）時人視聽[3]，求見發遣；以此得官，謂為才力，何異盜食致飽，竊衣取溫哉！世見躁競得官者，便謂「弗索何獲」；不知時運之來，不求亦至也。見靜退未遇者，便謂「弗為胡成」；不知風雲不與，徒求無益也。凡不求而自得，求而不得者，焉可勝算乎！

註釋

1 蓄價：蓄養名譽身價。2 功伐：功勞，功勳。3 諠聒：喧囂刺耳。

譯文

君子應當堅守正道，提高自身道德修養，蓄養身價名望，等待合適的機會，就算不能得到高官厚祿，那也是上天的安排。要是主動奔走索求，不顧羞恥，和別人比較才能，評論功績，面帶怒容高聲呼喊，整天怨這怪那，或者以宰相的短處相要脅，以獲得酬謝；或者在世人面前譁眾取寵擾亂視聽，以求早日獲派遣官職，通過這些手段得到官職，並以為是自己有能力，這跟偷吃東西使自己飽足，偷衣服來使自己溫暖有什麼區別呢？世上的人看到那些到處奔走求謁而得到官職的人，便說「不主動索取，哪裏會有收穫？」他們不知道一個人的時運臨到時，不去尋求也能得到。看到那些恬淡謙退而沒有得到重用的人，他們便說：「不去爭取怎麼會有所成呢？」他們不知道時勢不允許，苦苦追求也是沒用的。凡是不索求而獲得的人，索求而不獲的人，多得數也數不清。

齊之季世[1]，多以財貨託附外家，諠動女謁（yè）[2]。拜守宰者，印組光華[3]，車騎輝赫，榮兼九族，取貴一時。而為執政所患，隨而伺察，既以利得，必以利殆，微染風塵，便乖肅正；坑阱（jǐng）殊深[4]，瘡痏（wěi）未復[5]，縱得免死，莫不破家，然後噬（shì）臍[6]，亦復何及。吾自南及北，未嘗一言與時人論身分也，不能通達，亦無尤焉。

註釋

1 季世：末世。《論衡・解除》：「周之季世，信鬼脩祀，以求福助。愚主心惑，不顧自行，功猶不立，治猶不定。」2 諠：同「喧」，喧鬧。女謁：通過宮中嬖寵的女子干求請託，後泛指通過有權勢的婦女干求請託。3 印組：印信和繫印信的絲帶。古人在印信上繫有絲帶，佩戴在身。4 坑阱：用以捕獸或擒敵的陷阱。常比喻害人的圈套。5 瘡痏：瘡瘍，傷痕。6 噬臍：用嘴咬自己的肚臍，夠不着，比喻後悔莫及。語出《左傳・莊公六年》：「若不早圖，後君噬臍。其及圖之乎？」

譯文

杜預註云：「若齧腹臍，喻不可及也。」

北齊王朝末年，很多人用財物賄賂依附外戚權貴，他們通過宮中的寵姬來為自己干求請託。一旦被授為地方長官，則身上官印綬帶光華閃耀，車馬光鮮顯赫，榮耀兼及九族，榮華富貴一時而得。而遭到執政者所厭惡後，隨之而來的是偵視監察。既是通過錢財取得的好處，也必定會因為錢財而招致危亡，稍微沾染世間庸俗之事，便違背了為官應有的正道。這樣的陷阱太深，受的創傷難於恢復，即使免於一死，家族也難免破敗，這時後悔又有什麼用呢？我從南方到北方，未曾跟別人說起過一句論及身份資歷的話，雖不能亨通顯達，卻也沒有怨言。

王子晉云[1]：「佐饔（yōng）得嘗[2]，佐鬥得傷。」此言為善則預，為惡則去，不欲黨人非義之事也。凡損於物，皆無與焉。然而窮鳥入懷，仁人所憫；況死士歸我，當棄之乎？伍員之託漁舟[3]，季布之入廣柳[4]，孔融之藏張儉[5]，孫嵩之匿趙岐[6]，前代之所貴，而吾之所行也，以此得罪，甘心瞑目。至如郭解之代人報仇[7]，灌夫之橫怒求地[8]，游俠之徒，非君子之所為也。如有逆亂之行，得罪於君親者，又不足恤焉。親友之迫危難也，家財己力，當無所吝；若橫生圖計，無理請謁，非吾教也。墨翟之徒[9]，世謂熱腹，楊朱之侶[10]，世謂冷腸；腸不可冷，腹不可熱，當以仁義為節文爾。

註釋

1 王子晉：周靈王之太子，傳說他死後成仙。2 佐饔：協助製作菜餚。《國語・周語下》：「佐饔者嘗焉，佐鬥者傷焉。」3 伍員：即伍子胥，春秋時期楚國人，其父兄都被楚平王殺害，他逃至吳國，後領兵打敗楚國。傳說他在出逃時曾經得到一個漁人的幫助。事見《史記・伍子胥列傳》。4 季布：楚人，項羽的將領，曾經多次圍困劉邦。廣柳：古代運送棺柩的大車。劉邦滅項羽之後曾以千金重賞求捕季布，季布為逃避劉邦，隱姓埋名，賣為魯朱家為奴，藏身於廣柳車之中。事見《史記・季布欒布列傳》。5 孔融：東漢末期魯人，字文舉，建安七子之一，後為曹操所殺。張儉：字符節，山陽高平人。他曾投奔孔融的哥哥孔褒，當時孔褒不在家，孔融便自作主張收留了他。事見《後漢書・鄭孔荀列傳》。6 噬臍：用嘴咬自己的肚臍，夠不著，比喻後悔莫及。語出《左傳・莊公六年》：「若不早圖，後君噬臍。其及圖之乎？」杜預注云：「若齧腹臍，喻不可及也。」7 郭解：字翁伯，漢代遊俠，以替人報仇來結交朋友，事見《史記・游俠列傳》。8 灌夫：西漢人，字仲孺。為人剛正不阿，後被田蚡以不敬罪彈劾族誅。事見《史記・魏其武安侯列傳》。9 墨翟：春秋、戰國時期的思想家，墨家學派的創始人，主張「兼愛、非攻、尚同」。10 楊朱：戰國時期魏國人，字子居，又稱楊子、陽子或陽生。年代晚於墨翟，早於孟子，他的學說重在愛己，不以物累，不拔一毛以利天下，與墨子的「兼愛」思想相對。

譯文

王子晉說：「幫人做飯可以嚐佳餚，幫人打架會受到傷害。」這話是說別人做好事要參與，別人做壞事要避開，不要和人結夥做不義之事。凡是損害別人利益的事都不參與。然而當無處可去的小鳥飛到自己的懷裏時，仁慈的人都會憐憫牠，更何況是敢死的勇士前來投靠我，我怎能捨棄他呢？伍子胥託身漁舟，季布被人藏在廣柳車中，孔融收留張儉，孫嵩隱藏趙岐，這些都是前人崇尚的行為，也是我所奉行的，即使因此而獲罪，也心甘情願死而瞑目。至於像郭解那樣因小利而替別人報仇，灌夫為人怒責田蚡索求田地，這類遊俠之事，非君子所為。若是因為謀逆叛亂的行為，受君主和長輩的怪罪與責罰，這就不值得同情了。親友處在窘迫危難的時候，應當毫不吝嗇自己的財產和能力；要是有人圖謀不軌，提出一些無理的請求，那沒有教你們憐憫這種人。墨家學派的人，世人認為他們心腸太熱；楊朱學派的人，世人認為他們心腸冷漠。心腸不可過冷，也不可過熱，應當以禮制和道義來節制。

前在修文令曹，有山東學士與關中太史競曆[1]，凡十餘人，紛紜累歲，內史牒付議官平之[2]。吾執論曰：「大抵諸儒所爭，四分并減分兩家爾。曆象之要[3]，可以晷（guǐ）景測之[4]；今驗其分至薄蝕，則四分疏而減分密。疏者則稱政令有寬猛，運行致盈縮，非算之失也；密者則云日月有遲速，以術求之，預知其度，無災祥也。用疏則藏奸而不信，用密則任數而違經。且議官所知，不能精於訟者，以淺裁深，安有肯服？既非格令所司[5]，幸勿當也。」舉曹貴賤，咸以為然。有一禮官，恥為此讓，苦欲留連，強加考核[6]。機杼既薄，無以測量，還復採訪訟人，窺望長短，朝夕聚議，寒暑煩勞，背春涉冬，竟無予奪，怨誚滋生，赧然而退[7]，終為內史所迫：此好名之辱也。

註釋

1 競曆：爭論曆法。2 牒：通常由官方頒發證明某事的文件。3 曆象：推算觀測天體的運行。4 晷景：晷表之投影，日影。景，同「影」。5 格令：法令。6 核：檢驗、查核。7 赧然：慚愧臉紅貌。

譯文

從前我在修文令官署的時候，有些山東學士與關中太史爭論曆法的問題，總共有十幾個人，紛紛擾擾地爭執了好幾年，內史發文牒請議官評定此事。我提出說：「大體上儒生們所爭論的，可分為四分曆和減分曆兩家。曆算天象的要點，可通過日晷儀的投影來測定。現在以此來檢驗兩種曆法中有關春分、秋分、夏至、冬至以及日蝕、月蝕的情況，可發現四分法疏略，而減分法周密。支持疏略者聲稱政治法令也有嚴有鬆，日月的運行也相應會有不足或超前，並非曆法計算的誤差；支持細密者則說日月運行有快有慢，用正確的方法來計算，可預先知道它們運行的情況，沒有什麼災禍和吉祥之說。使用疏略的四分曆，可能隱藏偽詐而失卻真實；使用細密的減分曆，可能順應了天象而違背了經義。而且議官所了解的，不可能比爭論雙方更精深，用淺薄的知識去裁判高深的學問，怎能讓人信服呢？這件事既然不屬法律法令的範圍，希望不要去裁斷誰是誰非。」整個官署的人無論地位高低，都認為我的看法是正確的。有一位禮官卻認為這樣做是一種恥辱，苦苦地纏繞於這個問題上，勉強地對這兩種曆法進行考核。他對這方面的知識本已很少，又無法實地測算，回過頭來，仍去採訪爭執雙方，想藉此判斷二者的優劣。他們早晚聚在一起議論，由寒到暑，勞頓煩苦，然而從春到冬，終不能作出判斷，以致惹來抱怨譏嘲之聲，他只得抱愧退場，最後還被內史斥責：這是追求虛名惹來的恥辱。

賞析與點評

作者認為凡事不應過於強求，而應該「守道崇德，蓄價待時」。這不是叫人不要努力，而是要在機會來臨之前，不斷充實自己，不要在時機尚未成熟時就「躁競得官」，要等待「風雲」扶搖而上。作者反對浮躁和貪多務得，又認為做事水到便會渠成。

止足第十三

本篇導讀——

止足，意思就是凡事知止知足，不能貪得無厭。本篇指出不論是做官還是積財都要有限度，不能放縱自己的慾望，否則，各種麻煩和禍患就會來臨。因此，顏之推告誡其子孫，做官只能做到中品，「前望五十人，後顧五十人」，這樣才保險；至於物質生活，家裏的僕人不可超過二十個，良田只需十頃。顯然，作者這種「謙虛沖損，可以免害」的想法，與當時的混亂時世有密切關係。

《禮》云：「欲不可縱，志不可滿。」宇宙可臻（zhēn）其極[1]，情性不知其窮，唯在少欲知足，為立涯限爾。先祖靖侯戒子姪曰：「汝家書生門戶，世無富貴；自今仕宦不可過二千石（dàn）[2]，婚姻勿貪勢家。」吾終身服膺（yīng）[3]，

以為名言也。

註釋　1臻：達到。2二千石：根據漢朝官制，郡守俸祿為二千石，即每月俸祿為一百二十斛。世人因此稱郡守為「二千石」。3服膺：銘記在心，衷心信奉。

譯文　《禮記》說：「慾望不可放縱，意志不可自滿。」宇宙還可以到達邊緣，人的本性卻沒有盡頭，只有寡慾知足，為自己立個限度。先祖靖侯告誡子姪們說：「你們的家是書香門第，世世代代沒有出現過大富大貴之人；從現在起，你們做官不可擔任超過二千石的官職；婚姻大事上不可高攀有權有勢的人家。」我終生銘記這些話，並把它當作至理名言。

天地鬼神之道，皆惡滿盈。謙虛沖損，可以免害。人生衣趣以覆寒露[1]，食趣以塞飢乏耳。形骸之內[2]，尚不得奢靡，己身之外，而欲窮驕泰邪[3]？周穆王、秦始皇、漢武帝，富有四海，貴為天子，不知紀極，猶自敗累，況士庶乎？常以為二十口家，奴婢盛多，不可出二十人，良田十頃，堂室才蔽風雨，車馬僅代杖策，蓄財數萬，以擬吉凶急速，不啻此者[4]，以義散之；不至此者，勿非道求之。

註釋

1 趣：通「取」，僅僅。2 形骸：人的軀體。3 驕泰：驕恣放縱。4 不啻：不僅，何止。

譯文

天地鬼神都憎惡滿盈。謙虛淡泊，可以避免災害。人生在世，穿衣無非是為了禦寒，飲食也只為了充飢。在自身身體方面，尚且不得奢侈浪費，自身以外的事情，還要窮奢極欲嗎？周穆王、秦始皇、漢武帝，都富有四海，並且貴為天子，但他們不知道滿足，招致敗損，何況士人和百姓呢？我常常認為，二十口人的家庭，奴婢最多不可超過二十人，良田只需十頃，房屋只求能遮蔽風雨，車馬只求可以代替扶杖步行，積蓄幾萬錢財，只用作預備婚喪急用，積蓄多過這個數量，就該仗義散財；達不到這個數量，不要用不正當的手段來追求。

仕宦稱泰[1]，不過處在中品，前望五十人，後顧五十人，足以免恥辱，無傾危也。高此者，便當罷謝，偃仰私庭[2]。吾近為黃門郎，已可收退；當時羈旅，懼罹謗讟（dú）[3]，思為此計，僅未暇爾。自喪亂已來，見因託風雲，徼倖富貴[4]，旦執機權，夜填坑谷，朔歡卓、鄭[5]，晦泣顏、原者[6]，非十人五人也。慎之哉！慎之哉！

註釋

1泰：通達。2偃仰：安居，遊樂。3罹：被，遭受。謗讟：怨恨毀謗。4徼倖：非分企求，希望得到意外的成功。5卓、鄭：卓氏與程鄭，皆是《史記・貨殖列傳》中所記載的大商人，富比王侯。6顏：顏回。原：原思。都是孔子的弟子。

譯文

做官要做得平安，是處在中品的官位，前面有五十人，後面有五十人，這既足以避免恥辱，又沒有傾覆的風險。高過這個官位，便應當辭謝，安居家中。我近來擔任黃門侍郎，已經可以告退了，當時因客居異鄉，怕貿然請辭會遭到誹謗，雖有這個想法，卻找不到適當的機會。自從發生喪亂以來，我看見那些乘時而起、僥倖富貴的人，早上還在執掌大權，晚上就屍填坑谷，月初還在高興自己與卓氏、程鄭一樣富有，月底就悲泣自己像顏回、原思一樣貧窮，這樣的人，不止十個五個啊！要謹慎，千萬要謹慎啊！

賞析與點評

「中庸之道」、「適可而止」等昔日的處世標準，在現今世界似乎已成為落後者、逃避者的代名詞。在這個城市狩獵場裏，只有叢林動物所崇拜的慾望，才是世界前進之源。人的慾望永無止境，慾壑難填，而世界的資源卻是有限的，如何公正地分配稀少的資源，是整個世界面臨的難題。如果盲目地追求滿足慾望，後果可能如莊子所言：「以有涯隨無涯，殆已」。

誡兵第十四

本篇導讀——

本篇主要論述作者對習武帶兵的態度，作者先從顏氏的祖先講起，列舉本族之中因從武而得禍的例子。他認為士大夫應以儒雅之業為重，不該參預軍事，更不能因讀了幾部兵書，稍通一點謀略，便以武力自詡，心懷不軌，擁兵作亂。作者告誡子孫應該世習儒雅，恪守士大夫之風以保存門戶。

顏氏之先，本乎鄒、魯，或分入齊，世以儒雅為業，遍在書記[1]。仲尼門徒，升堂者七十有二，顏氏居八人焉。秦、漢、魏、晉，下逮齊、梁，未有用兵以取達者。春秋世，顏高、顏鳴、顏息、顏羽之徒，皆一鬥夫耳。齊有顏涿聚[2]，趙有顏冣（zuì）[3]，漢末有顏良[4]，宋有顏延之[5]，並處將軍之任，竟以顛覆。漢郎顏駟[6]，自稱好武，更無事跡。顏忠以黨楚王受誅[7]，顏俊以據武威見殺[8]，得姓已來，無清操者，唯此二人，皆罹禍敗。頃世亂離，衣冠之士，雖無身手，或聚徒眾，違棄素業，徼倖戰功。吾既羸薄[9]，仰惟前代，故寘（zhì）心於此[10]，子孫誌之。孔子力翹門關[11]，不以力聞，此聖證也。吾見今世士大夫，才有氣幹，便倚賴之，不能被甲執兵，以衞社稷；但微行險服[12]，逞弄拳腕，大則陷危亡，小則貽恥辱，遂無免者。

註釋

1 書記：指文學、書籍、文章等。2 顏涿聚：即顏庚。3 顏冣：事見《史記．趙世家》：「（幽繆王遷）七年，秦人攻趙，趙大將李牧，將軍司馬尚將，擊之。李牧誅，司馬尚免，趙怱及齊將顏冣代之。趙怱軍破，顏冣亡去。」4 顏良：袁紹屬下將領，後被關羽所殺。事見《三國志》。5 顏延之：字延年，南朝宋人。官至金紫光祿大夫，文章冠絕當時。事見《宋書．顏延之傳》。這裏說顏延之以將兵顛覆，與史實不符，當作「顏延」。顏延為東晉末年王恭的將領，為劉牢之所殺。「宋有」應作「晉有」。6 顏駟：漢代人，於漢文帝時為郎，歷文帝、景帝、武帝三世，不獲任用，老於郎署。事見《漢武故事》。7 顏忠：漢代人，曾參與楚王英的謀反，事發，被誅。事見《後漢書・光武十王列傳》。8 顏俊：三國時人。《三國志・魏書・張既傳》：「是時，武威顏俊、張掖和鸞、酒泉黃華、西平麴演等並舉郡反，自號將軍，更相攻擊。俊遣使送母及子詣太祖為質，求助。太祖問既，既曰：『俊等外假國威，內生傲悖，計定勢足，後即反耳。今方事定蜀，且宜兩存而鬥之，猶卞莊子之刺虎，坐收其斃也。』太祖曰：『善。』歲餘，鸞遂殺俊，武威王祕又殺鸞。」9 羸薄：瘦弱。10 寘：同「置」，安置。11 翹：舉起。門關：門閂。12 微行：指隱匿身份，易服出行。險服：不合禮制的服飾，奇異的服裝。

譯文

顏氏的祖先，源於鄒國、魯國一帶，有的分別遷至齊國，世世代代從事儒雅的事業，這全都記載於書籍中。孔子的門生，學問精深的有七十二人，顏氏家族佔了八人。從秦、漢、魏、晉，往下數到齊、梁，顏氏家族中沒有靠用兵而顯達的。春秋時期，顏高、顏鳴、顏息、顏羽等人，都是一些武夫鬥士。齊國有顏涿聚，趙國有顏冣，漢朝末年有顏良，東晉末年有顏延，擔任將軍之位，但最終因此而敗亡。漢朝的郎官顏駟，自稱喜愛武術，卻沒有事蹟流傳。顏忠因黨附楚王而被誅，顏俊因割據武威而被殺，自有顏姓以來，沒有高尚節操的，只有這兩個人，他們都招致了災禍敗亡。近世遭逢戰亂，士大夫們雖然沒有武藝，但有的也聚集徒眾，放棄歷來的儒學，希望僥倖求取戰功。我因為身體瘦弱，又想起前人的教訓，因此都把心神放在讀書上，子子孫孫都應記住這點。孔子的力氣可舉起城門的門閂，但他不以武力聞名，這是從聖人那裏得來的例證。我看見當今的士大夫，只不過有點氣力才幹，就以此自恃，他們又不能披鎧甲執兵器，保家衛國；只知穿上奇裝異服，行跡詭祕，逞弄拳術，這樣做重則使自己陷於危險，輕則為自己帶來恥辱，最後沒有一個能倖免的。

國之興亡，兵之勝敗，博學所至，幸討論之。入帷幄之中，參廟堂之上，不能為主盡規以謀社稷，君子所恥也。然而每見文士，頗讀兵書，微有經略，若居承平之世，睥睨（pì nì）宮閫（kǔn）[1]，幸災樂禍，首為逆亂，詿（guà）誤善良[2]；如在兵革之時，構扇反覆[3]，縱橫說誘，不識存亡，強相扶戴：此皆陷身滅族之本也。誡之哉！誡之哉！

註釋

1 睥睨：斜視。這裏可解作窺視、偵伺。閫：門檻，借指軍事或政務。《顏氏家訓集解》：「抱經堂校定本『閫』作『闑』，宋本及各本俱作『閫』，今據改。」2 詿誤：貽誤，連累。3 構扇：挑撥煽動。

譯文

國家的興亡，軍隊的勝敗這類問題，如自己具有廣博的知識，是可以討論的。在軍中運籌帷幄，在朝廷參與國政，如果不能為君主盡規劃之責，以謀求國家利益，則君子引以為恥。但是，我常見一些文士，只是粗略讀過幾本兵書，稍微懂點謀略。如果處在太平之世，他們便窺伺宮廷動靜，幸災樂禍，帶頭叛亂，連累善良的人；如果處在戰爭時期，他們便反覆挑撥煽動，到處游說引誘，不了解存亡的大勢所趨，竭力互相扶持擁戴：這些都是招致殺身滅族的禍根。警惕啊！警惕啊！

習五兵[1]，便乘騎，正可稱武夫爾。今世士大夫，但不讀書，即稱武夫兒，乃飯囊酒甕也。

註釋

1 五兵：五種兵器。所指不一，後泛指各種兵器。

譯文

熟悉使用五種兵器，擅長騎馬，方可稱作武夫。現世的士大夫，只要不讀書，就自稱為武夫，其實只是一些酒囊飯袋罷了。

賞析與點評

顏之推「一生而三化」，三為亡國之人，其悲慘遭遇多是由武將動亂所致。所謂「俠以武犯禁」，他特別討厭那些賣弄拳勇，連累善良人的人。顏之推所處的年代，時人頗有「萬般皆下品，惟有讀書高」的觀念，觀其歷史原因，不難理解。後來這種風氣越加濃厚，唐朝文人尚佩刀劍，李白詩曰：「十步殺一人，千里不留行」；到了宋朝，文武分殊，文官地位高，武官地位低，一旦遇到強大外族，朝廷就毫無抵抗能力。孔子之「六藝」尚有射御之術，到了後世分工過細，專注科舉，不利於治國抗敵等事。至於近年香港及內地提出「通識」、「博雅教育」等，打破學科限制，發展多元化，實有其必要性。

養生第十五

本篇導讀——

經過寇謙之、陸修靜、陶弘景等人的改造，在南北朝時期，道教逐漸趨向成熟；道教追求長生不老，得道成仙的思想亦越來越流行。對於這些情況，作者是有保留的，他列舉了一些因服藥養生而被藥物所害的例子，指出真正的養生必須注意避禍，要將保養身體和修身立世結合起來。文中通過敍述嵇康因傲物而受刑，石崇因貪溺而得禍的例子，來說明如不能全身避禍，再精於養生之術也是無用的。作者雖重視生命，但又認為一個人遇到大是大非的事情時，就不能太愛惜自己的生命。這種「生不可不惜，不可苟惜」的生命態度在今天看來仍然可取。

神仙之事，未可全誣[1]；但性命在天，或難鍾值[2]。人生居世，觸途牽縶（zhí）[3]：幼少之日，既有供養之勤；成立之年，便增妻孥（nú）之累[4]。衣食資須，公私驅役；而望遁跡山林，超然塵滓，千萬不遇一爾。加以金玉之費，爐器所須，益非貧士所辦。學如牛毛，成如麟角。華山之下，白骨如莽，何有可遂之理？考之內教，縱使得仙，終當有死，不能出世。不願汝曹專精於此。若其愛養神明，調護氣息，慎節起卧，均適寒暄，禁忌食飲，將餌藥物[5]，遂其所稟[6]，不為夭折者，吾無間然。諸藥餌法，不廢世務也。庾肩吾常服槐實[7]，年七十餘，目看細字，鬚髮猶黑。鄴中朝士，有單服杏仁、枸杞、黃精、朮（zhú）、車前得益者甚多[8]，不能一一說爾。吾嘗患齒，搖動欲落，飲食熱冷，皆苦疼痛。見《抱朴子》牢齒之法，早朝叩齒三百下為良；行之數日，即便平愈，今恆持之。此輩小術，無損於事，亦可修也。凡欲餌藥，陶隱居《太清方》中總錄甚備[9]，但須精審，不可輕脫。近有王愛州在鄴學服松脂[10]，不得節度，腸塞而死，為藥所誤者甚多。

註釋

1 誣：虛假，虛妄。2 鍾值：遭逢，遇上。3 牽縶：牽絆。4 孥：子女。5 餌：服用，吃。6 稟：領受，承受。漢．孔安國．傳：「稟，受也。」7 庾肩吾：南朝梁人，字子慎，庾信的父親。工詩賦、書法，有《書品》傳世。槐實：槐樹的果實，可入中藥。8 朮：草名。多年生草本植物，有白朮、蒼朮等數種，根莖可入藥。9 陶隱居：指陶弘景。10 松脂：由松樹樹幹分泌的樹脂，呈黏液或塊狀固體，相傳久服能輕身延年。

譯文

神仙之事，不可認為全是假的；只是人的性命長短取決於天，很難碰到這樣的機會。人生在世，到處都有牽絆：少年之時，已有供養父母的辛勞；成年以後，便增加了妻子兒女的拖累。還有穿衣吃飯的費用，公事私事的役使。如果希望隱身山林，超脫塵世，千萬人中也遇不到一個。加上煉丹費用高昂，又要設置丹爐、鼎器，更不是貧苦人能負擔的。學道求仙的人多如牛毛，而真正成功的卻少如麟角。華山之下，求仙未成者的白骨多得像草芥，哪有順心如願的情況呢？查考佛教典籍的記載，即使能夠成仙，最終還會死亡，不能超脫塵世。我不願你們把精力放在這事上。如果你們愛惜保養精神，只要調理護衞氣息，起居有規律，穿衣冷暖適當，注意飲食禁忌，服用養生藥物，便能達到應盡之年，不至夭折，那我也就沒什麼好批評的了。掌握各種藥物的服用方法，不要因此荒廢世間的事務。庾肩吾經常服食槐實，七十多歲還能看清細字，頭髮鬍鬚還是烏黑的。鄴中的朝臣們，有人只服食杏仁、枸杞、黃精、朮、車前等，獲益良多，我不在此一一細說。我曾經患了牙病，牙齒搖動欲落，飲食過冷過熱都相當疼痛。後來我讀了《抱朴子》記載的固齒法，早上叩齒三百下為最好；我試行了幾天就好了，現在我仍堅持這樣做。這類治病的小方子，對我們的事業沒有損害，也可以學習。大凡要服藥，陶弘景的《太清方》記錄得很詳備，只是必須仔細了解，不可輕率。最近有一位叫王愛州的人，在鄴下效法人家服食松脂，因為不能節制，腸道梗塞而死，這種被藥物貽誤的例子有很多。

賞析與點評

老子說：「人法地，地法天，天法道，道法自然。」中國人講究師法自然，和自然和平相處，作者也認為人如能「愛養神明，調護氣息」，起居有規律，根據天氣冷暖穿着適當的衣服，注意飲食禁忌，達到應盡之年應該不難。養生要順從春生、夏長、秋收、冬藏的自然規律，這就是人法自然的道理。與自然相適應、相和諧，則身體自然健康，否則就會百病纏身。

夫養生者先須慮禍，全身保性，有此生然後養之，勿徒養其無生也。單豹養於內而喪外，張毅養於外而喪內[1]，前賢所戒也。嵇康著《養生》之論，而以傲物受刑；石崇冀服餌之徵[2]，而以貪溺取禍[3]，往世之所迷也。

註釋

1「單豹」兩句：引用了《莊子》裏記載的單豹和張毅的事蹟。單豹注重養生，卻被餓虎所殺；張毅善於避禍，卻患熱病而死。作者以此說明內外均需保養。見《莊子．達生》：「魯有單豹者，巖居而水飲，不與民共利，行年七十，而猶有嬰兒之色。不幸遇餓虎，餓虎殺而食之。有張毅者，高門懸簿，無不走也，行年四十，而有內熱之病以死。豹養其內而虎食其外，毅養其外而病攻其內：此二子者，皆不鞭其後者也。」2 石崇：西晉人，以富奢著稱，為孫秀所殺。3 貪溺：貪於財貨，溺於美色。

譯文

養生的人，首先必須考慮可能發生的災禍，保全身心性命。有了生命，然後才可能保養它，不能夠徒然保養不存在的生命。單豹善於保養身心，卻因外界因素而喪生；張毅善於驅凶避禍，卻因體內有病而早死。這些都是前賢引以為戒的。嵇康著有《養生論》，卻因為人倨傲而受到刑罰；石崇希望服用藥物來延年益壽，卻因貪得無厭而招致殺身之禍。這些都是因為前人不明白養生與全身的道理。

夫生不可不惜，不可苟惜[1]。涉險畏之途，干禍難之事，貪慾以傷生，讒慝（tè）而致死[2]，此君子之所惜哉；行誠孝而見賊，履仁義而得罪，喪身以全家，泯軀而濟國[3]，君子不咎也。自亂離已來，吾見名臣賢士，臨難求生，終為不救，徒取窘辱，令人憤懣。侯景之亂，王公將相，多被戮辱，妃主姬妾，略無全者。唯吳郡太守張嵊[4]，建義不捷，為賊所害，辭色不撓；及鄱陽王世子謝夫人，登屋詬怒，見射而斃。夫人，謝遵女也。何賢智操行若此之難？婢妾引決若此之易？悲夫！

註釋

1 苟惜：以不正當手段愛惜。2 慝：災害，禍患，壞人。3 泯軀：捐軀。濟國：利國，對國家作出有益的貢獻。4 張嵊：南朝梁人，字四山。曾領兵討伐侯景，兵敗被殺。事見《梁書·張嵊傳》。

譯文

生命不能不愛惜，但也不可苟且偷生。涉足險要的路途，做一些招災惹難的事情，追求慾望的滿足而傷及生命，為奸作惡而致死，對於這些事情，君子都會珍惜生命的。盡忠盡孝而被殺害，行仁行義而獲罪咎，捨身以保全家庭，捐軀以救護國家，君子對這些是不會怪罪的。自從戰亂頻生以來，我看見一些名臣賢士，面臨危難，苟且求生，最後也救不了自己，白白自取羞辱，實在令人氣憤。侯景叛亂時，王公將相，大多被殺，妃嬪、公主、姬妾，也少有保全的。只有吳郡太守張嵊，組織義軍反抗，雖未取勝，被叛軍所殺，但言辭神色沒有折服的表現。還有鄱陽王世子蕭嗣的夫人謝氏，她曾登上屋頂，怒罵叛賊，被箭射死。這位夫人是謝遵的女兒。為什麼賢能智慧的王公將相堅守操行這麼困難，而婢女妻妾捨身就義反而如此容易呢？真是可悲啊！

歸心第十六

本篇導讀——

佛教自漢代傳入中國後，至南北朝，已有四五百年時間。在這段時間，佛教已滲入中國文化內，並改變了中國文化的結構；此外，士大夫對佛教的接受和傳播起了至關重要的作用。本篇名為歸心，是歸心於佛虔誠信佛之意。作者在本篇敍述了自己對佛教的虔誠信仰，他認為佛教不僅博大精深，且其中的道理與儒學多有相契之處，兩者可調適融合。他又針對時人對佛教的詰難，從五個方面展開論述，維護佛教思想，並告誡子孫要堅持持戒修行，不可虛度生命。不過，在今天來說，文中一些看法多少有點牽強，特別是論證因果報應思想的例子頗為荒唐，我們閱讀本篇時要多加留意。

三世之事[1]，信而有徵，家世歸心[2]，勿輕慢也。其間妙旨，具諸經論，不復於此，少能讚述；但懼汝曹猶未牢固，略重勸誘爾。

註釋　1 三世：佛家以過去、現在、未來為三世。2 歸心：心悅誠服地歸附。

譯文　佛家所說的過去、現在、未來三世的事情，確實是可信且有證據的，我家世代心歸佛門，不可輕視怠慢。佛教中的精妙主旨，全都載於佛教典籍中，我不在此重複讚頌轉述。不過我擔心你們的信念還不夠堅牢，故再次略作勸勉和誘導。

賞析與點評

世界上的宗教，只要不是異端邪教，無論其宗旨如何，都有一個共通點：引路光明，導人向善。這種閃亮正氣的宗教本質，使人在遇到不可抗力時，能獲得正能量，並且激發起內在的潛能。顏之推一生命途多舛，崇信佛教讓他有了精神的寄託和依賴。由此可見，宗教給予人的虔誠與念力，是黑暗裏的光。

原夫四塵五蔭[1]，剖析形有；六舟三駕[2]，運載群生：萬行歸空，千門入善，辯才智惠，豈徒「七經」、百氏之博哉[3]？明非堯、舜、周、孔所及也。內外兩教，本為一體，漸積為異，深淺不同。內典初門[4]，設五種禁；外典仁義禮智信[5]，皆與之符。仁者，不殺之禁也；義者，不盜之禁也；禮者，不邪之禁也；智者，不酒之禁也；信者，不妄之禁也。至如畋狩軍旅，燕享刑罰，因民之性，不可卒除，就為之節，使不淫濫爾。歸周、孔而背釋宗，何其迷也！

註釋

1 四塵：佛教用語，是色、香、味、觸的總稱。五蔭：即五蘊。蘊，積集之意。佛教用語，指色、受、想、行、識五者假合而成的身心。佛陀為了消除我們對「我」的執着，所以用五蘊來分析身、心的構成和活動。一、色蘊。狹義來說單指由四大元素所成的眼、耳、鼻、舌、身五根，即我們的肉體；廣義則包括五根及所對的色、聲、香、味、觸五境，即泛指一切物質現象。二、受蘊。指受外界影響而產生心理上的苦、樂、捨三種感受。三、想蘊。指取相作用。即六根對六境時所反映的各種相貌；亦包括從記憶中所喚起的各種相貌。四、行蘊。狹義來說，是指推動身、語、意三業的意志作用，它是心理活動的原動力；廣義則包括一切精神現象。五、識蘊。即精神的主體，有了別、認知的作用。可依它的功用分為眼、耳、鼻、舌、身、意六識。2 六舟：即六度，佛教用語，又譯為「六到彼岸」。「度」是梵文 pāramitā（波羅密多）的意譯。六度指使人由生死之此岸度到涅槃（寂滅）之彼岸的六種法門：佈施、持戒、忍辱、精進、靜慮（禪定）、智慧（般若）。三駕：佛教以羊車喻聲聞乘，鹿車喻緣覺乘，牛車喻菩薩乘，稱三駕。3 七經：漢以來歷代王朝所推崇的七部儒家經典。東漢《一字石經》作：《易》、《詩》、《書》、《儀禮》、《春秋》、《公羊》、《論語》。4 內典：佛教徒稱佛經為內典。5 外典：佛教徒稱佛教以外的書籍為外典。

譯文

推究佛教的「四塵」和「五蔭」，就可以剖析世間的事物；藉助佛教的「六舟」、「三駕」的方法修行，就可以普度眾生：佛教有萬種方法讓人歸入空門，又有千種法門導引人至善良境界，佛教經論中的辯才和智慧，豈只是儒家七經和諸子百家所具有的廣博學問？顯然不是堯、舜、周公、孔子及得上的。佛教和儒教本來同為一體，只是悟道過程和方式有所不同，境界的深淺也有些差異。內教經典的初級階段，設有五種禁戒；外教經典中說的仁、義、禮、智、信，都與五禁相符。仁，是不殺生的禁戒；義，是不盜竊的禁戒；禮，是不做奸邪之事的禁戒；智，是不酗酒的禁戒；信，是不妄言的禁戒。至於狩獵、征戰、飲宴、刑罰等等，應順應人民的本性，不可猝然廢除，只要對它們節制，不至於過分。如果只知道尊周公、孔子，而違背佛教宗旨，是何等迷惑糊塗啊！

俗之謗者，大抵有五：其一，以世界外事及神化無方為迂誕也[1]。其二，以吉凶禍福或未報應為欺誑（kuáng）也[2]。其三，以僧尼行業多不精純為奸慝也[3]。其四，以糜費金寶減耗課役為損國也。其五，以縱有因緣如報善惡，安能辛苦今日之甲，利益後世之乙乎？為異人也。今並釋之於下云。

註釋

1 迂誕：迂闊荒誕，不合事理。2 誑：欺騙、瞞哄。3 奸慝：奸佞邪惡。

譯文

世俗對佛教的誹謗，大體上有五種：第一，是認為佛教講述的現實世界以外的事和神靈的變化無常是迂闊荒誕的；第二，是認為人世間的吉凶禍福沒有得到相應的報應，因而覺得佛教欺詐矇騙人；第三，是認為和尚尼姑中有很多不清白的人，並指寺廟是藏污納垢之地；第四，是認為寺廟虛耗財務，不交稅，不服役，有損國家利益；第五，是認為既然說有因緣、有善惡報應，怎麼會使今天的甲勞苦，而使後世的乙獲利呢？因為甲和乙是兩個不同的人。現在，我對這些誹謗一併解釋如下。

釋一曰：夫遙大之物，寧可度量？今人所知，莫若天地。天為積氣，地為積塊，日為陽精，月為陰精，星為萬物之精，儒家所安也。星有墜落，乃為石矣；精若是石，不得有光，性又質重，何所繫屬？一星之徑[1]，大者百里，一宿首尾[2]，相去數萬；百里之物，數萬相連，闊狹從斜，常不盈縮。又星與日月，形色同爾，但以大小為其等差；然而日月又當石也？石既牢密，烏兔焉容[3]？石在氣中，豈能獨運？日月星辰，若皆是氣，氣體輕浮，當與天合，往來環轉，不得錯違，其間遲疾，理宜一等；何故日月五星二十八宿，各有度數[4]，移動不均？寧當氣墜，忽變為石？地既滓濁，法應沉厚，鑿土得泉，乃浮水上；積水之下，復有何物？江河百谷，從何處生？東流到海，何為不溢？歸塘尾閭（lǘ）[5]，渫（xiè）何所到[6]？沃焦之石，何氣所然？潮汐去還，誰所節度？天漢懸指[7]，那不散落？水性就下，何故上騰？天地初開，便有星宿；九州未劃，列國未分，翦疆區野[8]，若為躔（chán）次[9]？封建已來[10]，誰所制割？國有增減，星無進退，災祥禍福，就中不差；乾象之大，列星之夥，何為分野，止繫中國？昴為旄頭[11]，匈奴之次；西胡、東越，彫題、交阯[12]，獨棄之乎？以此而求，迄無了者，豈得以人事尋常，抑必宇宙外也？

註釋

1 **徑**：直徑。2 **宿**：星宿，中國古代指某些星的集合體。3 **烏兔**：神話謂日中有烏，月中有兔，故以「烏兔」指日月。4 **度數**：以度為單位計量而得的數目。5 **歸塘**：也稱「歸墟」，傳說為海中無底之谷，是眾水匯聚之處。《列子．湯問》：「渤海之東，不知幾億萬里，有大壑焉，實惟無底之谷，其下無底，名曰歸墟。」**尾閭**：古代傳說中海水所泄之處。《莊子．秋水》：「天下之水，莫大於海，萬川歸之，不知何時止而不盈；尾閭泄之，不知何時已而不虛。」6 **渫**：泄漏。7 **天漢**：天河。**懸指**：指定向懸掛。8 **翦疆**：劃分疆界。9 **躔次**：日月星辰在運行軌道上的位次。10 **封建**：封邦建國。古代帝王把爵位、土地分賜親戚或功臣，使之在各區建立邦國，相傳黃帝為封建之始。11 **昴**：二十八星宿之一。《史記．天官書》：「昴曰髦頭，胡星也」。12 **西胡**：古代葱嶺內外的西域的泛稱。匈奴居中，稱胡或北胡；烏桓、鮮卑在匈奴東，稱東胡；西域各族在匈奴西，稱西胡。**東越**：古代越人的一支，相傳是越王勾踐的後裔。**彫題**：指古代南方雕額紋身之部族。**交阯**：又稱交趾，原為古地區名，泛指五嶺以南。漢武帝時為所置十三刺史部之一，轄境相當於今廣東、廣西大部和越南的北部、中部。東漢末改名為交州。

譯文

對於第一種指責的解釋：那些遙遠巨大的物體，怎麼能夠測量呢？今人所知道的最大的物體，莫過於天地。天是雲氣積聚而成的，地是土石堆積而成的，太陽是陽剛之氣的精華，月亮是陰柔之氣的精華，星辰是宇宙萬物的精華，這是儒家的說法。星星有時墜落下來，到了地上就成為石頭；這萬物的精華如果是石頭，就不會有光芒，其特質沉重，是如何懸掛在天空呢？一顆星星的直徑，大的有一百里，一個星宿的首尾，相距數萬里；直徑長百里的物體，連成數萬里，它們相距寬窄縱橫，都有一定的常態，沒有盈縮變化。再者，星辰與日月的形狀、色澤是相同的，只是大小有別。既然是這樣，太陽和月亮也是石頭嗎？石頭很堅固，太陽裏的烏、月亮裏的白兔如何能容身其中呢？石頭在空氣中怎麼能自行運轉呢？太陽、月亮、星星如果都是氣體，而氣體是輕浮的東西，它們就該與天空合為一體，來回運轉，不能錯位，其速度的快慢，按理應該一樣，為什麼太陽、月亮、五大星辰、二十八星宿的運行，各有一定的位置，運行速度不均呢？為什麼作為氣體的星星，墜落地上忽然變成了石頭呢？大地既然是細微實體所聚集而成，按理說應當沉重厚實，可是深挖土地能夠挖到泉水，這說明地是浮在水上的；那麼聚集的流水下面又是什麼呢？長江黃河以及眾多的河流從哪裏流出？江河水都向東流入大海，海水為什麼不會溢出來？傳說中水都匯集到「歸塘」和「尾閭」，那麼其中的水又流向何處呢？如果說海水都被沃焦山的石頭燒乾了，那麼又是什麼氣體使石頭燃燒的呢？海水的潮汐漲落，又是誰在控制？銀河懸掛在空中，為什麼不會散落下來？水的特性是從高處往低處流，又是什麼原因使它升到天上？天地剛剛開闢的時候，就有了星宿；當時還沒有劃分九州和分封列國，這些星宿劃斷疆界，區別地域，又是誰為它們在運行軌道上安排位次呢？自從封邦建國以來，又是誰在主宰這些事呢？諸侯國有增有減，而星辰的位置卻沒有移動，其對應的吉凶禍福都照樣發生，並無偏差；天象這樣大，星辰如此多，為什麼星宿劃分的州郡疆野只限於中原地區呢？被稱為旄頭的昴星是對應匈奴的，西胡、東越、彫題、交阯這些地區就被棄置不管了麼？這樣的問題，要是探求起來永無盡頭，又怎能以人間事物的尋常道理去衡量宇宙之外的事呢？

凡人之信，唯耳與目；耳目之外，咸致疑焉。儒家說天，自有數義：或渾或蓋[1]，乍宣乍安[2]。斗極所周[3]，管維所屬[4]，若所親見，不容不同；若所測量，寧足依據？何故信凡人之臆說[5]，迷大聖之妙旨，而欲必無恆沙世界、微塵數劫也[6]？而鄒衍亦有九州之談[7]。山中人不信有魚大如木，海上人不信有木大如魚；漢武不信弦膠[8]，魏文不信火布[9]；胡人見錦，不信有蟲食樹吐絲所成；昔在江南，不信有千人氈帳，及來河北，不信有二萬斛船：皆實驗也。

註釋

1渾：渾天說，天體學說之一。認為天地的形狀渾圓，天包着地。蓋：蓋天說，天體學說之一。認為天像一個斗笠，地像覆蓋着的盤子，天在上，地在下。2宣：宣夜說，天體學說之一。主張天空沒有一定的形狀，也不是由物質造成的，天空高遠無邊際，日月星辰都靠氣來懸浮在空中。安：安天論，是在宣夜說之上的發展，認為天空是有極限的，天體都在極限之下運動。有關天地結構的討論在南北朝時代相當活躍。漢代之前基本上有三家，就是蓋天說、渾天說和宣夜說。南北朝時期又提出三種看法：「昕天論」、「穹天論」和「安天論」。3斗極：北斗星與北極星。4管維：亦作「筦維」，斗樞，古人指天宇所據以運轉的樞紐。5臆說：只憑個人想像的說法。6恆沙：即「恆河沙數」，佛教語，形容數量多得無法計算。7鄒衍：戰國時期齊國人，曾著書討論「九州」之事。事見《史記·孟子荀卿列傳》。8弦膠：即續弦膠。古代傳說西海之中有鳳麟洲，仙家以鳳喙及麟角合煎作膠，名之續弦膠，又名集弦膠、連金泥。此膠能續弓弩已斷之弦，連刀劍斷折之金，更以膠連續之處，使力士掣之，他處乃斷，黏合之處，終無所損。見漢·東方朔《海內十洲記》、晉·張華《博物志》卷二。9火布：指火浣布，即石棉布。

譯文

一般人所相信的，都是自己親耳所聽親眼所見之事，凡是耳聞目睹之外的事都會加以懷疑。儒家對天的認識，有好幾種學說：有渾天說，有蓋天說，有宣夜說，有安天論。此外，還認為北斗星和北極星的運行，是依靠斗樞為轉軸。若是親眼所見，就不會有不同的看法；若是猜測揣量，又怎麼能夠說是可靠呢？為什麼相信普通人的主觀猜測，而懷疑佛祖的精妙教義呢？為何認為沒有像恆河沙子那樣多的世界，不相信微小的塵埃也曾經歷過多次劫難呢？況且，鄒衍也曾提出過中國之外還有九州的說法。生活在山裏的人不相信有樹那樣大的魚，生活在海邊的人不相信有魚那樣大的樹；漢武帝不相信世界上有續弦膠，魏文帝不相信有火浣布；胡人看見錦緞，不相信那是用吃樹葉的蟲子所吐的絲所織而成。過去我在江南的時候，不相信有可以容納上千人的氈帳；後來到了黃河以北的地區之後，又發現這裏的人不相信有可容納兩萬斛的大船。這些都是實際的經驗。

世有祝師及諸幻術[1]，猶能履火蹈刃，種瓜移井，倏（shū）忽之間[2]，十變五化。人力所為，尚能如此；何況神通感應，不可思量，千里寶幢（chuáng）[3]，百由旬座[4]，化成淨土，踊出妙塔乎？

註釋 1 祝師：能祝物的巫師。2 倏忽：忽然，很快地。3 寶幢：即經幢，刻有佛號或經咒的石柱。4 由旬：古印度計程單位。一由旬的長度，中國古有八十里、六十里、四十里等諸說。

譯文 世上有巫師及懂各種幻術的人，他們能踏在火上，在刀刃上行走，撒下種子後立即結果，隨意移動水井，在轉瞬之間，產生出種種變化。人力的所作所為尚且如此，何況佛祖的神通感應之力，更不可思量，祂能夠變出高達千里的寶幢，大至千里的蓮花寶座，在莊嚴潔淨的極樂淨土，使地上湧出座座寶塔！

釋二曰：夫信謗之徵，有如影響；耳聞目見，其事已多，或乃精誠不深，業緣未感[1]，時儻差闌[2]，終當獲報耳。善惡之行，禍福所歸。九流百氏，皆同此論，豈獨釋典為虛妄乎？項橐（tuó）、顏回之短折[3]，伯夷、原憲之凍餒[4]，盜跖（zhí）、莊蹻之福壽[5]，齊景、桓魋（tuí）之富強[6]，若引之先業，冀以後生，更為通耳。如以行善而偶鍾禍報，為惡而儻值福徵，便生怨尤，即為欺詭；則亦堯、舜之云虛，周、孔之不實也，又欲安所依信而立身乎？

註釋

1 業緣：佛教語。謂苦樂皆為業力而起，故稱為「業緣」。2 差闌：略遲，較晚。3 項橐：古代的神童。《戰國策・秦策五》：「甘羅曰：『夫項橐生七歲而為孔子師，今臣生十二歲於茲矣！君其試臣，奚以遽言叱也？』」顏回：孔子的學生，早亡。短折：夭折，早死。4 伯夷：商末周初人，因不肯食周粟而退隱山林，最終餓死。原憲：孔子弟子，一生安貧樂道。凍餒：飢寒交迫。5 盜跖：相傳黃帝時有一大盜名為「跖」，於是化名為「盜跖」，春秋時期柳下惠的弟弟為天下大盜，所以世人稱他為「盜跖」。《莊子・盜跖篇》載：「從卒九千人，橫行天下，侵暴諸侯」。6 齊景：齊景公，《史記・齊太公世家》記載他「好治官室，聚狗馬，奢侈，厚賦重刑」。《論語・季氏》：「死之日，民無德而稱焉。」桓魋：春秋時期宋司馬向魋，因是宋桓公後代，故稱「桓魋」，他對孔子很不友好。事見《史記・孔子世家》。

譯文

對於第二種指責的解釋：誹謗佛教因果報應之說的那些證據，就好像影子跟隨形體、回聲伴着聲音一樣。耳聞目睹的事情，已經很多，這或許是因為不夠誠心，業緣還未產生感應，使報應發生誤差，沒及時到來，但最終還是有報應的。一個人的善行或惡行，最終會為他招來禍或福。九流百家各個學派，都認同這種論點，為什麼惟獨認為佛經是虛妄的呢？項橐、顏回短命而死，伯夷、原憲受凍挨餓而死，盜跖、莊蹻幸福長壽，齊景公、桓魋富足強大，如果說是他們前生積下的善「業」或惡「業」，報應在後輩子孫身上，這就全說得通了。如果因某人行善卻偶遭禍患，某人行惡卻意外得福，然後產生怨尤，並認為佛教的因果報應說是一種欺詐矇騙，這就好比指責堯、舜的事蹟都是假的，周公、孔子也不可信。如果是這樣的話，那以後又憑什麼信念去立身呢？

賞析與點評

顏之推認為「善惡之行，禍福所歸。九流百氏，皆同此論」；同樣，西方的康德認為若我們不相信善，那麼我們在這個世界上所做的一切努力都不知有何意義了。本節的重點在於如果我們不相信宇宙有一個最後的裁判者，我們生存的意義和一切的努力便如同虛妄。故此，無論是否擁有宗教信仰，在任何一個時空下，導人向善的思想作為立身處事的信念，都可成為人類存在的原因，以及正常社會的基石。

釋三曰：開闢已來，不善人多而善人少，何由悉責其精潔乎[1]？見有名僧高行，棄而不說；若睹凡僧流俗，便生非毀。且學者之不勤，豈教者之為過？俗

僧之學經律，何異士人之學《詩》、《禮》？以《詩》、《禮》之教，格朝廷之人，略無全行者；以經律之禁，格出家之輩，而獨責無犯哉？且闕行之臣[2]，猶求祿位；毀禁之侶，何慚供養乎？其於戒行，自當有犯。一披法服，已墮僧數，歲中所計，齋講誦持[3]，比諸白衣[4]，猶不啻山海也。

註釋

1 精潔：精粹純潔。2 闕行：道德修養上有過錯。3 齋講：宣講佛法之集會。誦持：誦唸經文並持守之。4 白衣：指俗家人。佛教徒因為身穿緇衣，所以稱俗家為「白衣」。《維摩詰所說經．卷上》：「雖為白衣，奉持沙門」。

譯文

對於第三種指責的解釋：自從開天闢地以來，壞人多而好人少，怎麼可以要求每一個僧尼都是清白的好人呢？看見名僧高尚的德行，都放在一旁不說；只要看到了凡庸僧人傷風敗俗，就指責非議謗毀。況且，受教的人不勤勉，難道是教育者的過錯？凡庸僧尼學習佛經，與士人學習《詩經》、《禮記》有什麼分別？用《詩經》、《禮記》中所要求的標準去衡量朝廷大官，大概沒有幾個是符合標準的。用佛經的戒律衡量出家人，怎麼惟獨要求他們不可違犯戒律呢？品德很差的官員，還能獲取高官厚祿；犯戒的僧尼，坐享供養又有什麼慚愧呢？對於戒律規範，人們難免會違犯。出家人一旦披上法衣，就算加入了僧侶的行業，一年到頭所做的事情就是吃齋唸佛，誦經修行，與世俗之人相比，其德行修養高低深淺的差距不止於高山與深海。

賞析與點評

「以《詩》、《禮》之教，格朝廷之人，略無全行者」，作者認為，既然我們不能要求所有官員品行端正，那麼，我們也不能要求所有僧侶不違犯戒律。這樣的辯解並不成立。首先，政治不能和宗教類比，人們明顯對宗教有較高的標準和要求；其二，僧侶有沒有違犯戒律是實然，而他們應不應該違犯則是應然，身為僧侶，必定是不該違犯戒律的。如按照作者這種想法，人們只會降低對宗教的絕對標準，僧侶也會降低對自我的標準，這樣便可能導致江河日下，形成道德品行的滑坡。

釋四曰：內教多途，出家自是其一法耳。若能誠孝在心，仁惠為本，須達、流水[1]，不必剃落鬚髮；豈令罄井田而起塔廟，窮編戶以為僧尼也？皆由為政不能節之，遂使非法之寺，妨民稼穡，無業之僧，空國賦算，非大覺之本旨也。抑又論之：求道者，身計也；惜費者，國謀也。身計國謀，不可兩遂。誠臣徇主而棄親，孝子安家而忘國，各有行也。儒有不屈王侯高尚其事，隱有讓王辭相避世山林；安可計其賦役，以為罪人？若能偕化黔（qián）首[2]，悉入道場[3]，如妙樂之世，穰佉（ráng qū）之國[4]，則有自然稻米，無盡寶藏，安求田蠶之利乎？

註釋

1 須達：又稱「須達多」，梵語 sudatta 的音譯，意譯「善與」、「善給」、「善授」等。古印度拘薩羅國舍衛城的富商，波斯匿王的大臣，釋迦的有力施主之一，號稱「給孤獨長者」。後皈依佛陀，與祇陀太子共同施佛法精舍，稱「祇樹給孤獨園」。流水：即流水長者。2 黔首：古代稱平民、老百姓。3 道場：宣揚佛法、修煉道行的場所。4 穰佉：梵語，印度古代神話中的國王名，即轉輪王。也有寫作「儴佉」、「蠰佉」。

譯文

對於第四種指責的解釋：佛教修行的途徑很多，出家只是其中一種。如果心中有忠孝之念，能以仁愛施惠為立身之本，就像須達和流水兩位長者那樣，就不必剃掉鬚髮出家為僧。哪裏用得着把所有的田地都用來建造佛塔，讓所有的百姓都做僧尼呢？都是由於執政者不能合理地節制佛事，才出現大量不守法紀的寺廟，妨礙百姓的農事生產，沒有生計來源的僧尼空享國家的賦稅，這並非佛教的原意。

或者也可以這樣說：信佛求道是為個人打算；節省費用是為國家謀劃。為自身打算和為國家謀劃，二者不能兩全。這就像是忠臣獻身君主而不能奉養雙親，孝子安定家庭而忽略了為國家盡義務，各有不同的行為準則。儒家當中有不肯屈身侍奉王侯，以高尚標準行事的人；隱士當中有辭讓王爵相位而遁隱山林的人，怎能計算他們的賦稅徭役，並認定他們是逃避徭役的罪人呢？如果能夠感化全部百姓，使他們信奉佛教，皈依空門，去往極樂之地、禳佉之國，那就會有自然生長的稻米，無盡的寶藏，哪裏還要追求種田養蠶的利益呢？

釋五曰：形體雖死，精神猶存。人生在世，望於後身似不相屬；及其歿後，則與前身似猶老少朝夕耳。世有魂神，示現夢想，或降童妾，或感妻孥，求索飲食，徵須福祐，亦為不少矣。今人貧賤疾苦，莫不怨尤前世不修功業；以此而論，安可不為之作地乎？夫有子孫，自是天地間一蒼生耳，何預身事？而乃愛護，遺其基址[1]，況於己之神爽[2]，頓欲棄之哉？凡夫蒙蔽，不見未來，故言彼生與今非一體耳；若有天眼，鑒其念念隨滅，生生不斷，豈可不怖畏邪？又君子處世，貴能克己復禮[3]，濟時益物。治家者欲一家之慶，治國者欲一國之良，僕妾臣民，與身竟何親也，而為勤苦修德乎？亦是堯、舜、周、孔虛失愉樂耳。一人修道，濟度幾許蒼生？免脫幾身罪累？幸熟思之！汝曹若觀俗計，樹立門戶，不棄妻子，未能出家；但當兼修戒行，留心誦讀，以為來世津梁[4]。人生難得，無虛過也。

註釋

1 基址：建築物的地基、基礎。比喻事業的根基、根本。2 神爽：指神魂、心神。3 克己復禮：約束自我，使言行合乎先王之禮。語出《論語．顏淵》。4 津梁：橋樑。

譯文

對第五種指責的解釋：人的形體雖然死去，但精神依然存在。人活在這個世界上，遙想自己的後身，似乎是毫不相干的事；等到死後，才發現後身與前身之間的關係，就像老人與小孩、早晨與晚上的關係般。世上有些死者的靈魂，會在活人的夢中出現，有的託夢給僕僮小妾，有的託夢給妻子兒女，向他們索求飲食，乞求福祐，這種事也是不少的。現在的人因為生活貧賤痛苦，沒有不怨恨前世沒有修好功德。從這一點來說，生前怎能不為來世的靈魂開闢一片安樂之地呢？至於人有子孫，也只不過是天地間一個普通人而已，跟我自身有什麼相干？可是人們尚且對子孫盡心愛護，將家業留給他們，更何況對於自己的靈魂，怎能捨棄不顧呢？凡夫俗子愚昧無知，無法預見來世，於是就説來生和今生不是一體的。若是擁有能洞察天機的慧眼，看到心念隨生隨滅，生生死死輪迴不斷，難道不會感到畏懼害怕嗎？再説君子活在這個世界上，最重要的是要約束自我，使自己的言行合乎禮制，能夠濟世救人，有益社會。齊家者希望家庭幸福美滿，治理者希望國家興旺富強。其實僕人、婢妾、臣子、百姓和自身又有什麼相干，要為他們辛苦操勞？這也是堯、舜、周公、孔子之道，為了別人的幸福而犧牲自己的歡樂罷了。一個人修身求道，能夠超度多少世人？使多少人免脱罪惡負累呢？希望你們好好思考這個問題！你們要是關心世俗生計，安家立業，不捨棄妻子兒女，便不能出家修道，但要兼顧修行持戒，留心誦讀佛經，以此作為超度來世的橋樑。人生在世很難再得，不要虛度。

儒家君子，尚離庖廚[1]，見其生不忍其死，聞其聲不食其肉。高柴、折像[2]，未知內教，皆能不殺，此乃仁者自然用心。含生之徒[3]，莫不愛命；去殺之事，必勉行之。好殺之人，臨死報驗，子孫殃禍，其數甚多，不能悉錄耳，且示數條於末。

註釋　1庖廚：廚房。2高柴：春秋時人，孔子弟子。折像：字伯式，東漢人。事見《後漢書・方術列傳》。3含生：一切有生命者，多指人類。

譯文　儒家的君子，尚且遠離廚房，因為他們見到禽獸活着的樣子，不忍見到牠們死亡；聽到禽獸鳴叫的聲音，不忍吃牠們的肉。高柴和折像，不懂得佛教教義，尚能不殺生，這是仁慈的人用心的自然表現。有生命的東西，沒有不愛惜生命的。不殺生這件事，你們必須勉力去做。好殺的人，臨死時會有報應，並且禍及子孫。這樣的事例有很多，我不能全部記錄下來，姑且在本篇之末寫下幾項給你們看。

梁世有人，常以雞卵白和沐，云使髮光，每沐輒二三十枚。臨死，髮中但聞啾啾數千雞雛聲。

譯文　梁朝有個人，常常用雞蛋白來洗頭髮，說這樣可以使頭髮變得光澤亮麗，每洗一次頭髮都要用二三十個雞蛋。他臨死時，聽到頭髮中傳出有幾千隻小雞啾啾的叫聲。

江陵劉氏，以賣鱔羹為業。後生一兒頭是鱔，自頸以下，方為人耳。

譯文　江陵有個姓劉的人，以售賣鱔魚羹為生。後來生了個小孩，頭是鱔魚頭，在頸部以下的部分才是人形。

王克為永嘉郡守，有人餉羊[1]，集賓欲宴。而羊繩解，來投一客，先跪兩拜，便入衣中。此客竟不言之，固無救請。須臾，宰羊為羹，先行至客。一臠入口[2]，便下皮內，周行遍體[3]，痛楚號叫；方復說之。遂作羊鳴而死。

註釋　1 餉：贈送。2 臠：切成小塊的肉。3 周行：循環運行。

譯文　王克擔任永嘉太守的時候，有人贈送他一頭羊，他邀請賓客準備宴席。解開羊繩時，羊突然來到一客人身邊，先跪下拜了兩拜，接着鑽進了客人的衣服。這位客人竟然不作聲，並不為羊向主人求情。不久，羊被殺了煮成肉湯，先送到這位客人面前。他剛夾一小塊入口，便覺那肉竄入皮肉，在全身遊走，他痛苦得又喊又叫。此時他才說起之前那隻羊向他求救的事，最後他發出羊一般的叫聲，就死了。

梁孝元在江州時，有人為望蔡縣令，經劉敬躬亂[1]，縣廨（xiè）被焚[2]，寄寺而住。民將牛酒作禮，縣令以牛繫剎柱[3]，屏除形像，鋪設牀坐，於堂上接賓。未殺之頃，牛解，徑來至階而拜，縣令大笑，命左右宰之。飲噉醉飽[4]，便卧簷下。稍醒而覺體癢，爬搔隱疹[5]，因爾成癩[6]，十許年死。

註釋

1 劉敬躬亂：指梁武帝大同八年，安城郡望族劉敬躬造反之事。2 廨：官署，舊時官吏辦公處所的通稱。3 剎柱：佛教語，指寺前的幡竿。4 噉：又作「啖」，食，吃。5 隱疹：皮膚上起的小疙瘩。6 癩：惡瘡，頑癬，麻風。

譯文

梁元帝在江州的時候，有人擔任望蔡縣令，因剛經歷劉敬躬的叛亂，縣府的房屋被燒，他寄住在寺廟裏。百姓帶着牛和酒作為禮物送給他，他把牛繫在剎柱上，搬走佛的塑像，他還鋪設座位，於佛堂上接待來賓。在快要宰殺牛隻時，牛掙脱了繩子，直接來到階前下拜，這位縣令見了大笑，叫手下把牛殺了。他吃飽了牛肉，喝醉了酒，便睡在屋簷下。稍後醒來，覺得身體發癢，他抓搔後身體就出現小疙瘩，因此得了惡瘡，十多年後就死了。

楊思達為西陽郡守，值侯景亂，時復旱儉，飢民盜田中麥。思達遣一部曲守視，所得盜者，輒截手腕，凡戮十餘人。部曲後生一男，自然無手。

譯文

楊思達擔任西陽太守時，正值侯景作亂，加上當時又因旱災歉收，飢民偷走官田中的麥子。楊思達派遣一位部下去看守，看守凡抓到偷麥子的人，就斬斷他們的手腕，一共砍了十多個人。這位部下後來生了一個男孩，天生就沒有手腕。

齊有一奉朝請[1]，家甚豪侈，非手殺牛，噉之不美。年三十許，病篤，大見牛來，舉體如被刀刺，叫呼而終。

註釋

1 奉朝請：官名，古代諸侯春季朝見天子叫朝，秋季朝見為請。因此稱定期參加朝會的官員為奉朝請。漢代退職大臣、將軍和皇室、外戚多以奉朝請名義參加朝會。晉代以奉車、駙馬、騎三都尉為奉朝請，南北朝設以安置閒散官員，隋初罷之，另設朝請大夫、朝請郎，為文散官。

譯文

齊朝有一位奉朝請，家中非常富足奢華，如果不是自己親手宰殺的牛，吃起來總覺得味道不美。他三十多歲時，病得很重，看見有一頭牛向自己走來，全身好像被刀割一樣，大聲呼叫而死。

江陵高偉，隨吾入齊，凡數年，向幽州淀中捕魚。後病，每見群魚齧之而死。

譯文

江陵人高偉，跟隨我一起來到齊朝，前後好幾年，一直在幽州的湖泊捕魚。他後來生病，常常看見一大群魚來咬他，最後因此而死了。

世有癡人，不識仁義，不知富貴並由天命。為子娶婦，恨其生資不足[1]，倚作舅姑之尊，蛇虺其性，毒口加誣，不識忌諱，罵辱婦之父母，卻成教婦不孝己身，不顧他恨。但憐己之子女，不愛己之兒婦。如此之人，陰紀其過[2]，鬼奪其算[3]。慎不可與為鄰，何況交結乎？避之哉！

註釋 1生資：指嫁妝。2陰：冥冥之中，借指鬼神。3算：壽命。《三國志・吳書十八・趙達傳》：「吾算訖盡某年月日，其終矣。」

譯文 世上有一種無知的人，不懂得仁義，不知道富與貴都是由天命所定。替兒子娶媳婦，埋怨媳婦的嫁妝太少，於是恃着公公婆婆的尊長身份，懷着毒蛇般的心腸，對兒媳惡毒辱罵，甚至不顧忌諱，謾罵媳婦的父母，這實際上是促成兒媳不孝敬自己，也不顧忌她心裏的怨恨。他們只知道疼愛自己的兒女，卻不懂得愛護自己的兒媳。這樣的人，陰司會記錄他的罪過，鬼神會減掉他的壽命。你們千萬不可與這種人為鄰居，更不能與之結為朋友。還是避開他們吧！

賞析與點評

無論是儒家的「恥感文化」，還是佛教的「因果報應」說，兩者均導人向善，前者以世俗的看法「維繫」人類的道德，後者以宗教輪迴警惕人心。故此，中國在過去二千五百年中，其道德系統都能有效運轉。後來，五四時「打倒孔家店」及文革「破四舊」等口號卻連根拔起了人們形而上的信仰，再加上對世俗絕對的敬畏，造成中國當代社會的道德危機。

卷六

書證第十七

本篇導讀——

范文瀾稱顏之推為：「當時南北兩朝最通博最有思想的學者，經歷南北兩朝，深知南北政治、俗尚的弊病，洞悉南學北學的短長。」本篇主要記錄了作者對經、史典籍所作的考證，共有四十七條。有學者認為這一篇多為考證之學，應另為一書。在這篇文章，顏之推既整理自己的讀書心得，同時又通過列舉例子來告誡子孫要博覽群書，不可妄發議論，以免因謬誤而被人取笑。顏之推認為文字是典籍的根本，因此他重視《說文解字》，以及解釋字義和說明引註，並常常以此為本。然而，他並不拘泥於此，他認為文字尤其是字體，是隨時代而變化的，倘若所有字都必須依從小篆，便會顯得太過固執，不過他又認為隨意增減筆畫的「鄙俗」也是不可取的。他提出用字可一分為二，即在著書作文時須參考《說文解字》；而寫作一般應用文章時，則使用流行字詞，這是非常開明的想法。

《詩》云：「參差荇（xìng）菜[1]。」《爾雅》云：「荇，接余也。」字或為「莕」。先儒解釋皆云：「水草，圓葉細莖，隨水淺深。今是水悉有之，黃花似蓴（chún）[2]，江南俗亦呼為『豬蓴』，或呼為『荇菜』。」劉芳具有註釋[3]。而河北俗人多不識之，博士皆以參差者是莧菜[4]，呼「人莧」為「人荇」，亦可笑之甚。

註釋

1 參差：長短不齊的樣子。荇菜：多年生草本植物，葉呈對生圓形，嫩時可食，亦可入藥，睡蓮科，初夏開黃色小花。此句出自《詩經．周南．關雎》：「參差荇菜，左右流之。」2 蓴：蓴菜，多年生水草，浮於水面，葉子橢圓形，可食。3 劉芳：字伯文，北魏彭城人，擅長禮儀制度、音韻訓詁，曾撰《毛詩箋音義證》十卷。事見《魏書．列傳第四十三》。顏之推在〈勉學第八〉稱其「以才博擅名」。具：寫，撰寫。4 莧菜：一年生草本植物。葉對生，卵形或菱形，有綠紫兩色。花黃綠色。種子極小，黑色而有光澤，嫩苗可作蔬菜，葉和莖常作蔬菜食用。

譯文

《詩經》上說：「參差荇菜。」《爾雅》解釋說：「荇，就是接余。」這個字又寫成「莕」。以前的學者皆解釋說：「荇是水草，葉圓莖細，隨着水的流動而深淺浮沉。現在凡是有水的地方都有這種植物。它開黃色的花，就好像蓴菜一樣，江南民間稱它為『豬蓴』，也稱它為『荇菜』。」劉芳曾有註釋。黃河以北的人多不認識這種植物，博學之士都以為這種長短不齊的荇菜就是莧菜，把「人莧」稱為「人荇」，十分可笑。

《詩》云：「誰謂荼（tú）苦[1]？」《爾雅》、《毛詩傳》並以荼，苦菜也。又《禮》云：「苦菜秀[2]。」案：《易統通卦驗玄圖》曰[3]：「苦菜生於寒秋，更冬歷春，得夏乃成。」今中原苦菜則如此也。一名游冬，葉似苦苣而細，摘斷有白汁，花黃似菊。江南別有苦菜，葉似酸漿，其花或紫或白，子大如珠，熟時或赤或黑，此菜可以釋勞。案：郭璞註《爾雅》[4]，此乃「蘵」（zhī）[5]，黃蒢（chú）也[6]。今河北謂之「龍葵」[7]。梁世講《禮》者，以此當苦菜；既無宿根[8]，至春方生耳，亦大誤也。又高誘註《呂氏春秋》曰[9]：「榮而不實曰英[10]。」苦菜當言英，益知非龍葵也。

註釋

1 荼：苦菜。文中所引詩句見《詩經・邶風・谷風》：「誰謂荼苦，其甘如薺」。

2 苦菜秀：出自《禮記・月令》：「螻蟈鳴，蚯蠙出，王瓜生，苦菜秀」。秀，植物開花。3《易統通卦驗玄圖》：《隋書．經籍志》載有《易統通卦驗玄圖》一卷，不題撰人。當即此書。4郭璞：字景純，晉代河東聞喜人，好經術，工詞賦，精通陰陽曆算，曾為王敦的記室參軍，後因勸阻王敦起兵而被殺。5蘵：草名，即龍葵。古人誤之為苦蘵。6黃蒢：草名，葉子似酸漿葉，花小而白，中心黃。7龍葵：一年生草本植物，葉互生，卵形或橢圓形。夏秋間開白花，結漿果，圓球形，熟時紫黑色。有小毒。全草可供藥用，有清熱解毒，除濕止癢，消腫生肌的功效。8宿根：某些二年生或多年生草本植物的根，這些植物的莖葉枯萎後可以繼續生存，次年春天重新發芽，所以叫做宿根。9高誘：漢末涿郡人，曾為《呂氏春秋》作註。10英：植物開花而不結果實。

譯文

《詩經》裏說：「誰謂荼苦？」《爾雅》和《毛詩傳》都認為荼就是苦菜。另外，《禮記》也說：「（農曆四月）苦菜開花。」據考證：《易統通卦驗玄圖》說：「苦菜生於深秋時節，經過冬春兩季，到夏天才成熟。」現在中原地區的苦菜就是這樣的。它也叫「游冬」，葉子像苦苣，但是比苦苣細，掐斷後有白汁，花是黃色的，像菊花。江南地區另外有一種苦菜，葉子好像酸漿葉一樣，菜花有紫色有白色的，菜籽如珠子一般大，成熟的時候或紅或黑，服食這種菜可以消除疲勞。據考證：郭璞在註《爾雅》時說，這是「蘵」，就是黃蒢。現在黃河以北地區的人稱之為「龍葵」。梁朝講述《禮記》的人把它當作中原的苦菜，可是這種植物沒有經冬留存的宿根，又是在春天才發芽，把它認作苦菜是個大錯誤。另外，高誘註的《呂氏春秋》裏說：「開花而不結果，叫英。」苦菜應當被稱為「英」，由此更可知道它不是龍葵。

《詩》云：「有杕（dì）之杜[1]。」江南本並「木」傍施「大」[2]，《傳》曰：「杕，獨貌也。」徐仙民音徒計反[3]。《說文》曰：「杕，樹貌也。」在「木」部。《韻集》音「次第」之「第」[4]，而河北本皆為「夷狄」之「狄」，讀亦如字[5]，此大誤也。

註釋

1 杕：（樹木）獨立特出。杜：即杜梨，也叫棠梨，一種野生梨。本句出自《詩經．唐風．杕杜》：「有杕之杜，其葉湑湑。」2 本：書的版本。3 徐仙民：即晉代人徐邈，他曾撰《毛詩音》二卷。事見《晉書．列傳第六十一》。4《韻集》：《隋書．經籍志》載有《韻集》六卷，晉安復令呂靜撰。5 如字：一字有兩個或兩個以上讀音，依本音讀叫「如字」。

譯文

《詩經》裏說：「有杕之杜。」江南地區的抄本中的「杕」字都是「木」字旁加「大」字，《毛詩傳》裏說：「杕，孤獨挺立的樣子。」徐仙民給它注音為徒計反。《說文解字》說：「杕，是樹的樣子。」收在「木」部。《韻集》中把它讀作「次第」的「第」，而黃河以北地區的抄本都寫作「夷狄」的「狄」，讀音也如「狄」字的本音，這是大錯誤。

《詩》云：「駉駉牡馬[1]。」江南書皆作「牝（pìn）牡」之「牡」[2]，河北本悉為「放牧」之「牧」。鄴下博士見難云：「《駉頌》既美僖公牧於坰（jiōng）野之事[3]，何限騲騭（cǎo zhì）乎[4]？」余答曰：「案：《毛傳》云：『駉駉，良馬腹幹肥張也[5]。』其下又云：『諸侯六閑四種[6]：有良馬，戎馬，田馬，駑馬。』若作放牧之意，通於牝牡，則不容限在良馬獨得『駉駉』之稱。良馬，天子以駕玉輅（lù）[7]，諸侯以充朝（cháo）聘郊祀[8]，必無騲也。《周禮．圉人職》：『良馬，匹一人[9]。駑馬，麗一人[10]。』圉人所養，亦非騲也；頌人舉其強駿者言之，於義為得也。《易》曰：『良馬逐逐[11]。』《左傳》云：『以其良馬二。』亦精駿之稱，非通語也。今以《詩傳》良馬，通於牧騲，恐失毛生之意[12]，

且不見劉芳《義證》乎？」

註釋

1 駉駉：馬肥壯貌，亦指肥壯之馬。牡馬：公馬。2 牝牡：鳥獸的雌性和雄性。3 僖公：指魯僖公。坰：遠郊，野外。4 騲：母馬。騭：公馬。5 幹：人和動物軀體的主幹。肥張：肥壯的樣子。6 六閑：周朝諸侯有六閑。閑，馬廄。《周禮·夏官·校人》：「天子十有二閑，馬六種；邦國六閑，馬四種；家四閑，馬二種。」7 玉輅：古代帝王所乘之車，以玉為飾。8 朝聘：古代諸侯親自或派使臣按期朝見天子。《禮記·王制》：「諸侯之於天子也，比年一小聘，三年一大聘，五年一朝。」郊祀：古代於郊外祭祀天地，南郊祭天，北郊祭地。郊指大祀，祀為群祀。9 匹一人：意思是每匹良馬由一個人來飼養。10 麗：偶，成對。麗一人，此處指兩匹駑馬由一個人飼養。11 逐逐：極速狂奔的樣子。12 毛生：指毛萇。《詩經》是毛萇所傳，所以又被稱為毛詩。

譯文

《詩經》裏說：「駉駉牡馬。」江南地區的書上都寫作「牝牡」的「牡」，而黃河以北地區的版本都寫成「放牧」的「牧」。鄴下的學者對此進行詰難說：「《駉頌》這首詩既然是讚美僖公野外放牧的事，為什麼要限定是公馬還是母馬呢？」我回答說：「根據考證，《毛詩傳》裏說：『駉駉，是說良馬軀幹肥壯。』下面又說『周代諸侯有六個馬廄，四種馬：包括良馬、戰馬、打獵騎的馬、劣馬。』要是解釋為放牧的意思，那就是通指公馬和母馬了，而不能限定只有良馬才能得到『駉駉』的美名。良馬，天子用牠來駕車，諸侯用牠來朝見天子、在郊外祭祀天地，牠肯定不會是母馬。《周禮・圉人職》裏說：『良馬，每匹由一個人來飼養；駑馬，每兩匹由一個人來飼養。』圉人所養的馬，也不會是母馬。頌詩的作者列舉強駿的馬來讚美，在意義上是恰當的。《易》中說：『良馬狂奔。』《左傳》中說：『（趙旃）用他的兩匹良馬。』也是說馬強壯駿美，並不是提到所有馬都通用的說法。現在認為《毛詩傳》裏的『良馬』通指母馬和公馬，恐怕是違背了作者毛公的本意，況且，難道沒讀過劉芳的《毛詩箋音義證》嗎？」

《月令》云[1]：「荔挺出。」鄭玄註云[2]：「荔挺，馬薤（xiè）也[3]。」《說文》云：「荔，似蒲而小，根可為刷。」《廣雅》云[4]：「馬薤，荔也。」《通俗文》亦云馬藺（lìn）[5]。《易統通卦驗玄圖》云：「荔挺不出，則國多火災。」蔡邕《月令章句》云：「荔似挺。」高誘註《呂氏春秋》云：「荔草挺出也。」然

則月令註荔挺為草名，誤矣。河北平澤率生之[6]。江東頗有此物，人或種於階庭，但呼為「旱蒲」，故不識馬薤。講《禮》者乃以為馬莧；馬莧堪食，亦名豚耳，俗名馬齒。江陵嘗有一僧，面形上廣下狹；劉緩幼子民譽[7]，年始數歲，俊晤善體物[8]，見此僧云：「面似馬莧。」其伯父縚因呼為荔挺法師。縚親講《禮》名儒[9]，尚誤如此。

註釋

1《月令》：《禮記》中的《月令》章。2 鄭玄：字康成，東漢高密人，著名學者，曾經遍註五經。3 馬薤：植物名，葉子像薤但是較薤長厚，像蒲草，因此被稱為旱蒲，三月開花，五月結實，根可製刷。4《廣雅》：中國古代的一部字典，三國時期魏人張揖所撰，原書三卷，共一萬八千一百五十字。書的體例篇目基本根據《爾雅》，字按意義分部，釋義多沿用同義相釋的方法。因為這本書博採漢代經書箋註及《三蒼》、《方言》、《說文》等字書對《爾雅》進行增廣補充，所以稱《廣雅》。隋朝曹憲在為它作音釋的時候，分為十卷，後來因避隋煬帝楊廣之名諱，改名《博雅》，現在兩名通用。5《通俗文》：一部解釋經史用字的字典，漢代人服虔所撰，原書一卷，已失傳，僅散見於《漢書注》、《文選注》及唐宋類書和諸經音義之中。馬藺：蠡實的別名。多年生草本植物。根莖粗，葉子線形，花藍色。

葉子富於韌性，可用來捆東西，又可造紙，根可以製刷子。6平澤：平湖，沼澤。率：皆，遍。7劉緩：字含度，南朝梁人。8俊晤：聰明卓異。體物：描述事物，摹狀事物。9紹親：即劉紹本人。

譯文

《禮記．月令》中說：「荔挺出。」鄭玄解釋說：「荔挺，就是馬薤。」《說文解字》中說：「荔，形狀像蒲草但是比蒲草小，根可以用來做刷子。」《廣雅》中說：「馬薤，就是荔。」《通俗文》也說它是馬藺。《易統通卦驗玄圖》說：「若是荔挺不發芽，那麼國家就會多火災。」蔡邕的《月令章句》說：「荔似挺。」高誘註的《呂氏春秋》說：「荔草直立生長。」然而月令註認為荔挺是草名，這是錯誤的。黃河以北地區的湖泊沼澤裏到處都長着這種植物。江南地區也有很多這種植物，有人把它種在臺階前的庭院裏，把它叫做「旱蒲」，故而不認識馬薤。講授《禮記》的人就認為荔是馬莧，馬莧可以吃，也叫豚耳，俗名為馬齒。江陵有一個僧人，臉型上寬下窄。劉緩的小兒子劉民譽，年紀才幾歲，聰明卓異，善於描摹事物，他見到這個僧人就說：「這人的臉像馬莧一樣。」他的伯父劉紹因此就稱這個僧人為「荔挺法師」。劉紹本人就是講授《禮記》的著名學者，尚且誤解到如此地步。

《詩》云：「將其來施施[1]。」《毛傳》云：「施施，難進之意。」鄭《箋》云：「施施，舒行貌也。」《韓詩》亦重（chóng）為施施[2]。河北《毛詩》皆云「施施」。江南舊本，悉單為「施」，俗遂是之，恐為少誤。

註釋

1 施施：徐行的樣子。見《詩經．王風．丘中有麻》：「彼留子嗟，將其來施施。」

2 重為：指兩個「施」字重疊而用。

譯文

《詩經》說：「將其來施施。」《毛詩傳》說：「施施，難以行進的意思。」鄭玄的《毛詩傳箋》說：「施施，緩緩地行走的樣子。」《韓詩》中也是重疊用了「施施」兩個字。黃河以北的《毛詩》都寫作「施施」。江南地區過去的舊版本，都單作一個「施」字，習俗上就認為這是對的，恐怕這是錯誤的。

《詩》云：「有渰（yǎn）萋萋[1]，興雲祁祁[2]。」《毛傳》云：「渰，陰雲貌。萋萋，雲行貌。祁祁，徐貌也。」《箋》云：「古者，陰陽和，風雨時，其來祁祁然，不暴疾也。」案：渰已是陰雲，何勞復云「興雲祁祁」耶？「雲」當為「雨」，俗寫誤耳。班固《靈臺詩》云：「三光宣精[3]，五行布序[4]，習習祥風，祁祁甘雨。」此其證也。

註釋　1 渰：陰雲。萋萋：雲朵瀰漫的樣子。2 祁祁：舒緩的樣子。以上兩句見《詩經．小雅．大田》。3 三光：日、月、星。宣精：指日月星辰發光。4 五行：水、火、木、金、土。布序：依次展佈。

譯文　《詩經》說：「有渰萋萋，興雲祁祁。」《毛詩傳》中說：「渰，陰雲之貌。萋萋，雲朵移動的樣子。祁祁，是舒緩的樣子。」《毛詩傳箋》說：「古代的時候，陰陽調和，風雨按時而來，來的時候非常舒緩，不迅猛。」據考證：「渰」已經是指陰雲，哪需再說「興雲祁祁」呢？「雲」應當是「雨」，是一般人寫錯了。班固的《靈臺詩》說：「三光宣精，五行布序，習習祥風，祁祁甘雨。」就是這說法的例證。

《禮》云：「定猶豫，決嫌疑[1]。」《離騷》曰：「心猶豫而狐疑。」先儒未有釋者。案：《尸子》曰：「五尺犬為猶。」《說文》云：「隴西謂犬子為猶。」吾以為人將犬行，犬好豫在人前[2]，待人不得，又來迎候，如此往還，至於終日，斯乃「豫」之所以為未定也，故稱「猶豫」。或以《爾雅》曰：「猶如麂

(jī)[3]，善登木。」猶，獸名也，既聞人聲，乃豫緣木[4]，如此上下，故稱「猶豫」。狐之為獸，又多猜疑，故聽河冰無流水聲，然後敢渡。今俗云：「狐疑，虎卜[5]。」則其義也。

註釋

1「定猶豫」兩句：意為判斷嫌疑，決定猶豫。語出《禮記．曲禮上》：「卜筮者，先聖王之所以使民信時日、敬鬼神、畏法令也；所以使民決嫌疑，定猶與也。」2 豫：事先，預先。3 麂：一種小型的鹿，雄的有長牙和短角，腿細而有力，善於跳躍。4 緣木：爬樹。5 虎卜：一種占卜的方法。《太平御覽》卷八九二引晉張華《博物志》：「虎知衝破，又能畫地卜。今人有畫物上下者，推其奇偶，謂之虎卜。」

譯文

《禮記》裏說：「定猶豫，決嫌疑。」《離騷》中說：「心猶豫而狐疑。」前輩學者對此都沒有解釋。據考證：《尸子》中說：「五尺長的狗是猶。」《說文解字》中說：「隴西地區稱狗的幼崽為猶。」我認為人帶着狗走路的時候，狗喜歡預先跑在人的前面，等人等不到時，又跑回來迎候，像這樣來回往返，整天如此，這就是「豫」之所以表示不確定的緣故，所以才說「猶豫」。有人認為《爾雅》說：「猶，形狀像麂，善於爬樹。」猶是動物的名字，牠聽到人的聲音就會提前爬到樹上，這樣上下不定，因此稱為「猶豫」。狐狸是一種野獸，生性多疑，故此過河時，聽到結冰的河裏沒有流水聲之後才敢過河。現在有句俗語說：「狐狸性多疑，老虎會占卜。」就是這個意思。

《左傳》曰：「齊侯痎（jiē）[1]，遂痁（shān）[2]。」《說文》云：「痎，二日一發之瘧（nüè）[3]。痁，有熱瘧也。」案：齊侯之病，本是間日一發，漸加重乎故，為諸侯憂也。今北方猶呼「痎瘧」，音「皆」。而世間傳本多以「痎」為「疥」（jiè）[4]，杜征南亦無解釋[5]，徐仙民音「介」，俗儒就為通云：「病疥，令人惡寒，變而成瘧。」此臆說也。疥癬小疾，何足可論，寧有患疥轉作瘧乎？

註釋

1 痎：隔日發作的瘧疾。2 痁：伴隨着發熱的瘧疾，多日一發。3 瘧：一種急性傳染病。《禮記．月令》：「寒熱不節，民多瘧疾。」鄭玄註：「瘧疾，寒熱所為也。」4 疥：又稱疥癬，一種傳染性皮膚病，非常刺癢，由疥蟲寄生引起。5 杜征南：指杜預，位居征南大將軍，愛讀《左傳》，自稱有「左傳癖」，曾為《左傳》作註。

譯文

《左傳》裏說：「齊侯得了痎病，後來轉成了痁病。」《說文解字》中說：「痎，兩天一發作的瘧病。痁，是伴隨着發熱症狀的瘧病。」據考證：齊侯的病本來是隔天發作一次，逐漸加重，才令諸侯擔心。現在北方地區仍然說「痎瘧」，讀作「皆」。然而世間的傳本大多認為「痎」是「疥」，杜預對此也沒有解釋，徐仙民把「痎」注作讀「介」，一般的學者就把它解釋成：「得了疥病，使人怕寒，轉而變成瘧病。」這純粹是種臆想。疥癬這種小病，有什麼值得談論的？哪裏會有得了疥癬而轉成瘧疾的呢？

《尚書》曰：「惟影響[1]。」《周禮》云：「土圭（guī）測影[2]，影朝影夕。」《孟子》曰：「圖影失形[3]。」《莊子》云：「罔（wǎng）兩問影[4]。」如此等字，皆當為「光景」之「景」。凡陰景者[5]，因光而生，故即謂為「景」。《淮南子》呼為「景柱」，《廣雅》云：「晷柱挂景[6]。」並是也。至晉世葛洪《字苑》[7]，傍始加彡（shān）[8]，音於景反。而世間輒改治《尚書》、《周禮》、《莊》、《孟》從葛洪字，甚為失矣。

註釋

1 影響：影子和回聲，多用以形容感應迅捷。引文見《尚書·大禹謨》：「惠迪吉，從逆凶，惟影響。」2 土圭：古代用以測日影、正四時和測度土地的器具。《周禮．地官．大司徒》：「以土圭之法，測土深，正日景，以求地中。」3 圖影：畫影。4 罔兩：影子邊緣的淡薄陰影。「罔兩問影」事見《莊子．齊物論》。郭象註：「罔兩，景外之微陰也。」5 陰景：陰影。6 晷柱：即晷表，日晷上測量日影的標杆。7 葛洪：東晉人，崇信道教，著有《抱朴子》、《字苑》等書。8 彡：一種部首。

譯文

《尚書》當中說：「惟影響。」《周禮》說：「用土圭來測量日影，影朝多陰，影夕多風。」《孟子》說「圖影失形。」《莊子》說：「罔兩問影。」像這些地方的「影」字，都應當是「光景」的「景」字。所有的陰影，都是依託光明而產生的，於是就稱為「景」。《淮南子》稱「景柱」，《廣雅》中說：「晷柱挂景。」都是這麼回事。到了晉代葛洪寫的《字苑》裏，才在景字旁邊加「彡」，讀成於景反。而世間的人就擅自改動《尚書》、《周禮》、《莊子》、《孟子》等書中的「景」字，而用葛洪所說的「影」字，這是個很大的錯誤。

太公《六韜》[1]，有天陳（zhèn）、地陳、人陳、雲鳥之陳[2]。《論語》曰：「衛靈公問陳於孔子[3]。」《左傳》：「為魚麗之陳[4]。」俗本多作「阜」傍「車

乘」之「車」。案諸陳隊，並作「陳、鄭」之「陳」。夫行陳之義，取於陳列耳，此六書為假借也[5]，《蒼》、《雅》及近世字書[6]，皆無別字；唯王羲之《小學章》[7]，獨「阜」傍作「車」，縱復俗行，不宜追改《六韜》、《論語》、《左傳》也。

註釋

1《六韜》：中國古代的兵書名，舊題姜太公呂尚撰，故文中稱太公《六韜》。書分文韜、武韜、龍韜、虎韜、豹韜、犬韜六卷。2 陳：同「陣」，軍伍行列，戰鬥隊形。3 衛靈公問陳於孔子：事見《論語．衛靈公》：「衛靈公問陳於孔子。孔子對曰：『俎豆之事，則嘗聞之矣；軍旅之事，未之學也。』明日遂行。」4 魚麗：古代戰陣名。《左傳．桓公五年》：「為魚麗之陳」，晉杜預註：「《司馬法》：『車戰二十五乘為偏。以車居前，以伍次之，承偏之隙而彌縫闕漏也。五人為伍。此蓋魚麗陳法。』」5 六書：古人分析漢字造字的理論，包括象形、指事、會意、形聲、轉註、假借。假借：六書的一種，謂本無其字而依聲託事。漢許慎《說文敍》：「假借者，本無其字，依聲託事，『令、長』是也。」6《蒼》：指《蒼頡篇》。《雅》：即《爾雅》。7《小學章》：古代字書。《隋書．經籍志》載：「小學篇一卷，晉下邳內史王義撰。」而王利器作：「唯王羲之小學章。」

譯文

姜太公的《六韜》裏有天陳、地陳、人陳、雲鳥之陳。《論語・衛靈公》裏說：「衛靈公問陳於孔子。」《左傳》裏有「為魚麗之陳」的話。一般的版本大多數是將以上幾個「陳」字，寫成「阜」字旁加上「車乘」的「車」字。據考證，表示各種軍隊陳列隊伍的「陳」，都寫作「陳、鄭」的「陳」字。行陳之義，是取義於陳列，這在六書中屬於假借法。在《蒼頡篇》、《爾雅》和近代的字書裏，「陳」字都沒有寫成別的字，只有王羲之的《小學章》裏，惟獨將「陳」寫成「阜」字旁加「車」，即使這種寫法在世間通行，也不應該再去更改《六韜》、《論語》和《左傳》中的「陳」字。

《詩》云：「黃鳥于飛，集于灌木[1]。」《傳》云：「灌木，叢木也。」此乃《爾雅》之文，故李巡註曰[2]：「木叢生曰灌。」《爾雅》末章又云：「木族生為灌。」族亦叢聚也。所以江南《詩》古本皆為「叢聚」之「叢」，而古「叢」字似「冣（zuì）」字[3]，近世儒生，因改為「冣」，解云：「木之冣高長者。」案：眾家《爾雅》及解《詩》無言此者，唯周續之《毛詩注》[4]，音為徂會反，劉昌宗《詩注》[5]，音為在公反，又祖會反：皆為穿鑿，失《爾雅》訓也。

註釋

1「黃鳥」兩句：見《詩經．周南．葛覃》。意思是黃雀來回飛舞，棲息在叢生的灌木上。2李巡：東漢汝南人，曾經為《爾雅》作註。《隋書．經籍志》載：「梁有漢劉歆，犍為文學、中黃門李巡《爾雅》各三卷，亡。」其人見《後漢書．列傳第六十八》。3冣：「最」的古字。4周續之：字道祖，雁門廣武人。事見《宋書．列傳第五十三》。5劉昌宗：晉人，有《周禮音》、《儀禮音》各一卷，《禮記音》五卷。

譯文

《詩經》裏說「黃鳥于飛，集于灌木。」《毛詩傳》中說：「灌木，就是叢生的樹木。」這是《爾雅》裏面的話，因此李巡註的《爾雅》中說：「樹木叢生稱為灌。」《爾雅》中這一解釋的末段又說：「樹木族生就是灌。」族，也就是叢聚的意思。所以江南地區的《詩經》古版本都寫成「叢聚」的「叢」字，而古「叢」字的字形像「冣」，近代的儒生因此就把「叢」字改成「冣」字，並且解釋成：「樹木中長得最高大的。」據考證：各家的《爾雅》和註釋《詩經》的著述都沒有這樣說的，只有周續之的《毛詩注》把這個字注音為徂會反，劉昌宗的《詩注》把它注音為在公反，也作祖會反：這些都是牽強附會的說法，不符合《爾雅》的註釋。

「也」是語已及助句之辭[1]，文籍備有之矣。河北經傳，悉略此字，其間字有不可得無者，至如「伯也執殳（shū）[2]」，「於旅也語[3]」，「回也屢空[4]」，「風[5]，風也，教也」，及《詩傳》云：「不戢（jí）[6]，戢也；不儺（nuó）[7]，儺也。」「不多，多也。」如斯之類，儻削此文[8]，頗成廢闕[9]。《詩》言：「青青子衿（jīn）。」《傳》曰：「青衿，青領也，學子之服。」案：古者，斜領下連於衿[10]，故謂領為「衿」。孫炎、郭璞註《爾雅》，曹大家（gū）註《列女傳》[11]，並云：「衿，交領也。」鄴下詩本，既無「也」字，群儒因謬說云：「青衿、青領，是衣兩處之名，皆以青為飾。」用釋「青青」二字，其失大矣！又有俗學，聞經傳中時須「也」字，輒以意加之，每不得所，益成可笑。

註釋

1 語已：即語尾。助句：即語助詞。2 殳：古代的一種兵器，以竹或木製成，八棱，頂端裝有圓筒形金屬，無刃，也有裝金屬刺球，頂端帶矛的，多用作儀仗。引文見《詩經．衛風．伯兮》：「伯也執殳，為王前驅。」3 於旅也語：此句見《儀禮．鄉射禮》：「古者於旅也語，凡旅不洗，不洗者不祭；既旅，士不入。」4 回：顏回。屢空：經常貧困，謂貧困無財。語出《論語．先進》：「回也其庶乎！屢空。」5 風：風教，教化。見《詩經．小序》。6 不戢：不檢束，放縱。語出《詩經・小雅・桑扈》：「不戢不難，受福不那。」7 儺：難。8 儻：倘若，假如，表示假設。9 廢闕：指缺漏，遺失。10 衿：古代衣服的交領。11 曹大家：即漢代人班昭，她是班彪之女，班固、班超之妹。嫁給曹世叔，早寡，屢受召入宮，當皇后及諸貴人的教師，號曰「大家」。大家即大姑，古代對女子的尊稱。家，通「姑」。

譯文

「也」字是用作句末語氣詞和句中語助詞，文章典籍都會用到這個字。黃河以北地區的經書及傳本中，大都省略了這個字，然而其中有些地方的「也」字是不能省略的，比如像「伯也執殳」，「於旅也語」，「回也屢空」，「風，風也，教也」，以及《毛詩傳》中說的：「不戢，戢也；不儺，儺也。」「不多，多也。」諸如此類的句子，假如省略了「也」字，文章的句意就會殘缺不全。《詩經》裏說：「青青子衿」，《毛詩傳》解釋說：「青衿，青領也，學子之服。」據考證：古時候，衣服領子斜着下來與衣襟連在一起，因此將領子稱作「衿」。孫炎、郭璞註的《爾雅》、曹大家班昭註的《列女傳》，都說：「衿，就是交領。」鄴下的《詩經》的傳本，都沒有「也」字，許多儒生因而錯誤地解釋說：「青衿、青領，是衣服上兩個部分的名稱，都用青色作裝飾。」用這種說法來解釋「青青」兩個字，實在是大錯特錯。還有一些平庸的讀書人，聽說經書的傳註中常用「也」字，於是就根據自己的主觀猜測隨意添補，往往添補得不恰當，這就更加可笑了。

《易》有蜀才註[1]，江南學士，遂不知是何人。王儉《四部目錄》[2]，不言姓名，題云：「王弼後人[3]。」謝炅、夏侯該，並讀數千卷書，皆疑是譙周[4]；而《李蜀書》，一名《漢之書》，云：「姓范名長生，自稱蜀才。」南方以晉家渡江後[5]，北間傳記，皆名為偽書，不貴省讀，故不見也。

註釋

1 蜀才：東晉時成漢范賢的自稱。賢字長生，曾註《周易》。2 王儉：字仲寶，琅琊臨沂人，著有《七志》、《宋元徽元年四部書目錄》等書。《四部目錄》：分甲乙丙丁四部，計一萬五千七百零四卷。事見《南齊書．王儉傳》與《隋書．經籍志》。3 王弼：三國時期魏人，撰有《周易注》。4 譙周：字允南，三國時期蜀國人。5 晉家：指西晉王朝。

譯文

《易經》有由蜀才撰寫的註本，江南地區的學子，竟不知道蜀才是何人。王儉的

《四部目錄》中，也沒有提到他的姓名，只寫着：「他是王弼後人」。謝炅、夏侯該都讀了幾千卷書，都懷疑蜀才就是蜀國的譙周；而《李蜀書》，又名《漢之書》，說：「其人姓范名長生，自稱蜀才。」南方地區自從晉朝渡江之後，把北方的經傳文章都指為「偽書」，不認真閱讀，因此就不知道蜀才是誰。

《禮·王制》云：「贏（luǒ）股肱（gōng）[1]。」鄭註云：「謂擐（xuān）衣出其臂脛[2]。」今書皆作「擐（huàn）甲」之「擐」[3]。國子博士蕭該云[4]：「『擐』當作『擐』，音『宣』，擐是穿着之名，非出臂之義。」案《字林》，蕭讀是，徐爰音「患」[5]，非也。

註釋

1 贏：同「裸」，露出。股肱：大腿和胳膊。2 擐衣：捋起衣袖。3 擐甲：穿上甲冑。4 蕭該：南朝梁鄱陽王蕭恢之孫，性篤學，精通《漢書》。事見《隋書·儒林傳》。5 徐爰：南朝宋開陽人，著有《禮記音》。

譯文

《禮記．王制》中說：「裸股肱。」鄭玄註釋說：「是指捋起衣服露出胳膊和腿。」現在的書都寫作「擐甲」的「擐」。國子博士蕭該說：「『擐』應當是『揎』，讀作『宣』，擐是穿着的意思，不是露出手臂的意思。」依據《字林》的內容，蕭該的讀音是正確的，徐爰讀成「患」，是不對的。

《漢書》：「田肎（kěn）賀上[1]。」江南本皆作「宵」字。沛國劉顯[2]，博覽經籍，偏精班《漢》，梁代謂之「《漢》聖」。顯子臻[3]，不墜家業。讀班史，呼為「田肎」。梁元帝嘗問之，答曰：「此無義可求，但臣家舊本，以雌黃改『宵』為『肎』。」元帝無以難之。吾至江北，見本為「肎」。

註釋

1 肎：「肯」的古字。引文見《漢書．高帝紀》。2 劉顯：字嗣芳，沛國相人。博涉多通，著有《漢書音》二卷。3 臻：劉臻，劉顯之子。

譯文

《漢書》中有：「田肎賀上。」江南地區的版本都把「肎」字寫作「宵」字。沛國人劉顯，博覽經書典籍，尤其精通班固的《漢書》，梁朝人稱他為「《漢》聖」。

劉顯的兒子劉臻，繼承了家傳的學業。他讀班固的《漢書》時，讀成「田肓」。梁元帝曾經問他為什麼這樣讀，他回答說：「這沒有什麼意義可探究，只是我家的舊抄本中，用雌黃把『宵』字改成了『肓』字。」梁元帝也沒法詰難他。我到了江北地區後，見到這個字本來就是寫作「肓」。

《漢書·王莽贊》云：「紫色蛙聲，餘分閏位[1]。」蓋謂非玄黃之色[2]，不中律呂之音也[3]。近有學士，名問甚高，遂云：「王莽非直鳶髆（bó）虎視[4]，而復紫色蛙聲。」亦為誤矣。

註釋

1 閏位：非正統的帝位。2 玄黃：黑色和黃色，是正色。3 律呂：古代校正樂律的器具，比喻準則、標準。4 髆：胳膊，上臂靠近肩的部分。虎視：像老虎那樣雄視，有伺機攝取之意。

譯文

《漢書·王莽贊》中說：「紫色蛙聲，餘分閏位。」意思是說紫色不是玄黃正色，蛙聲不合聲律標準。近來有位學者，名望很高，竟然說：「王莽不僅像鳶鳥那樣雙肩高聳，像老虎那樣雄視四方，而且還有紫色的皮膚和蛙鳴一樣的聲音。」這是錯誤的。

簡「策」字，「竹」下施「朿」，末代隸書[1]，似杞、宋之「宋」[2]，亦有「竹」下遂為「夾」者，猶如「刺」字之傍應為「朿」，今亦作「夾」。徐仙民《春秋》、《禮音》，遂以「筴」為正字[3]，以「策」為音，殊為顛倒。《史記》又作「悉」字，誤而為「述」，作「妬」字[4]，誤而為「姤（gòu）」[5]，裴、徐、鄒皆以「悉」字音「述」[6]，以「妬」字音「姤」。既爾，則亦可以「亥」為「豕」字音，以「帝」為「虎」字音乎？

註釋

1 末代：末世，指一個朝代衰亡的時期。這裏指秦末。2 杞、宋：都是古國名。3 正字：字形或拼法符合標準的字，區別於異體字、錯字、別字等，亦指本字。4 妬：同「妒」。5 姤：《易》卦名。六十四卦之一。《易．姤》：「姤：女壯，勿用取女。」6 裴、徐、鄒：南朝宋人裴駰、徐野民、梁人鄒誕生。裴駰曾為《史記》作註，徐野民著《史記音義》，鄒誕生著《史記音》。

譯文

簡策的「策」字，是在「竹」下面加「朿」字，後代的隸書，這個字的字形類似杞、宋的「宋」字，也有的在「竹」字下面寫成「夾」，就好像「刺」字的偏旁應該是「朿」，現在也寫成「夾」。徐仙民的《春秋》和《禮記音》中，竟以「筴」字為正字，以「策」字作為讀音，恰好是弄顛倒了。《史記》中寫「悉」字，錯寫成「述」，寫「妬」字，錯寫成「姤」。裴駰、徐廣、鄒誕生為《史記》作註時，都把「悉」注音作「述」，把「妬」注音作「姤」。既然這樣的話，那也可以用「亥」為「豕」字注音，用「帝」為「虎」字注音嗎？

張揖云[1]：「虙（fú）[2]，今伏羲氏也。」孟康《漢書・古文注》亦云[3]：「虙，今伏。」而皇甫謐云[4]：「伏羲或謂之宓羲。」按諸經史緯候[5]，遂無「宓羲」之號。「虙」字從「虍（hū）」[6]，「宓」字從「宀（mián）」[7]，下俱為「必」，末世傳寫，遂誤以「虙」為「宓」，而《帝王世紀》因誤更立名耳。何以驗之？孔子弟子虙子賤為單父宰[8]，即虙羲之後，俗字亦為「宓」[9]，或復加山。今兗州永昌郡城，舊單（shàn）父地也，東門有子賤碑，漢世所立，乃曰：「濟南伏生[10]，即子賤之後。」是知「虙」之與「伏」，古來通字，誤以為「宓」，較可知矣。

註釋

1張揖：字稚讓，清河人，一云河間人，魏太和中博士。著有《廣雅》三卷，《埤蒼》三卷，《三蒼訓詁》三卷，《雜字》一卷，《古文字訓》三卷。2虙：通「伏」，姓，即伏羲氏，古代傳說中的三皇之一。相傳他始畫八卦，又教民漁獵，取犧牲以供庖廚，因稱庖犧。3孟康：字公休，三國時期魏安平人，曾註《漢書》。4皇甫謐：字士安，幼名靜，西晉安定朝那人，工詩賦，曾撰《帝王世紀》、《年曆》、《高士傳》、《逸士傳》、《列女傳》、《玄晏春秋》等書。5緯候：緯書與《尚書中候》的合稱，亦為緯書的通稱。6虍：部首的一種，意思是虎皮上的花紋。7宀：部首的一種，意思是房屋。《說文・宀部》：「宀，交覆深屋也。象形。」8虙子賤：即孔子的學生宓不齊，字子賤，少於孔子三十歲，孔子曾經稱許他為君子，他曾為單父的地方官，政績卓著。事見《史記・仲尼弟子列傳》。單父：春秋時期魯國的邑名。故址在今山東單縣南。9俗字：即俗體字。舊時指通俗流行而字形不合規範的漢字，別於正體字而言。10伏生：漢時濟南人，字子賤。原秦博士，治《尚書》。始皇焚書，伏生以書藏壁中。漢興後，求其書已散佚，僅得二十九篇，以教於齊魯間。漢文帝即位後，聞其能治《尚書》。欲召之。然伏生年已九十餘，老不能行，乃詔太常使掌故鼂錯往受之。西漢《尚書》學者，皆出其門下。相傳所撰有《尚書大傳》，學者懷疑是後學雜錄所聞而成。事見《漢書・儒林傳》。

譯文

張揖說：「虙，就是現在說的伏羲氏。」孟康的《漢書・古文注》也說：「虙，就是現在的伏字。」而皇甫謐說：「伏羲也稱作宓羲。」考證各種經書和典籍記載，都沒有「宓羲」的名號。「虙」字屬於「虍」部，「宓」字屬於「宀」部，兩個字的下半部分都是「必」字。後世傳抄謄寫時，錯把「虙」字寫成「宓」字，而皇甫謐的《帝王世紀》就因此錯誤地給伏羲氏另立了名號。怎樣可以驗證這種說法呢？孔子的學生虙子賤曾經做單父地區的地方官，是虙羲的後人。他的姓的俗體字也寫作「宓」，或者再加個「山」字。現在的兗州永昌郡城，就是過去的單父地區，郡城的東門有子賤碑，是漢代的時候立的，碑文說：「濟南的伏生，就是子賤的後人。」由此可知「虙」字和「伏」字，自古以來就是通用的字，虙羲的「虙」被錯寫為「宓」的原因，就清楚可知了。

賞析與點評

顏之推博覽群書，尤精文字、訓詁、音韻學等學問。故此他不僅能引證文獻，還能以方言口語和實物（如碑刻、文物等）進行印證，這種多方求證的治學方法，嚴謹負責，實可為後世師法。

《太史公記》曰[1]：「寧為雞口，無為牛後[2]。」此是刪《戰國策》耳。案：延篤《戰國策音義》曰[3]：「尸，雞中之主。從，牛子。」然則，「口」當為「尸」，「後」當為「從」，俗寫誤也。

註釋

1《太史公記》：即《史記》，漢、魏、南北朝人稱司馬遷《史記》為《太史公記》。
2「寧為」兩句：引文見《史記．蘇秦列傳》，意思是寧居小者之首，不為大者之後。3 延篤：字叔堅，東漢時人，曾經從馬融受業，博通經傳及百家之言，能著文章，當時甚有名氣。《隋書．經籍志》載其撰有《戰國策論》一卷。其人見《後漢書．吳延史盧趙列傳》。

譯文

《太史公記》中說：「寧為雞口，無為牛後。」這句話節錄自《戰國策》中的文字。據考證，延篤的《戰國策音義》中說：「尸，是雞中的主宰；從，是牛犢。」那麼，《太史公記》中的「口」應該是「尸」字，「後」應當是「從」字，世俗的傳本是抄寫錯了。

應劭（shào）《風俗通》云[1]：「《太史公記》：『高漸離變名易姓[2]，為人庸保[3]，匿作於宋子[4]，久之作苦，聞其家堂上有客擊筑（zhù）[5]，技癢，不能無出言。』」案：技癢者，懷其技而腹癢也。是以潘岳《射雉賦》亦云：「徒心煩而技癢。」今《史記》並作「徘徊」，或作「彷徨不能無出言」，是為俗傳寫誤耳。

註釋

1 應劭：人名。字仲瑗，東漢汝南人，生卒年不詳，曾為太山太守。博學多聞，獻帝時遷都，典章湮沒，劭乃著漢官禮儀故事，朝廷制度，多取則焉，又撰《風俗通》等。《隨書．經籍志》載其撰有《風俗通義》三十一卷。2 高漸離：戰國時期燕國人，擅長擊筑，與荊軻十分友好，曾經在易水擊筑為荊軻送行。秦統一天下後，他變換姓名，隱居於宋子，終因技癢難耐而顯露身份。秦始皇因愛惜他的音樂才能，赦免了他的死罪，只熏瞎了他的眼睛，使他擊筑為樂。秦始皇減低了對他的防範之後，高漸離便將鉛塊藏在樂器中，撲擊秦始皇，結果擊而不中，被秦始皇誅殺。事見《史記．刺客列傳》。3 庸保：傭工、傭人。4 宋子：縣名，在今河北鉅鹿。5 筑：古代絃樂器，形似琴，有十三絃。

譯文

應劭的《風俗通》說：「《太史公記》中說：『高漸離改名換姓，藏身在宋子縣，給人作僕役。時間久了，勞作辛苦，聽到家中堂上有客人擊筑而歌，他技癢難耐，不能一言不發。』」據考證，所謂技癢，就是懷有某種技藝，因不能展示而心癢難耐。因此，潘岳《射雉賦》也說：「只是心煩和技癢。」現在的《史記》都寫成「徘徊」，或者是「彷徨不能無出言」，這是世俗的人傳抄謄寫錯了。

太史公論英布曰[1]：「禍之興自愛姬，生於妒媢[2]，以至滅國。」又《漢書·外戚傳》亦云：「成結寵妾妒媢之誅[3]。」此二「媢」並當作「媢（mào）」[4]，媢亦妒也，義見《禮記》、《三蒼》[5]。且《五宗世家》亦云：「常山憲王后妒媢[6]。」王充《論衡》云[7]：「妒夫媢婦生，則忿怒鬥訟。」益知「媢」是「妒」之別名。原英布之誅為意賁赫耳[8]，不得言「媢」。

註釋

1 英布：漢六縣人。曾犯法被黥面，故又稱黥布，秦末時率驪山刑徒起事，歸附項羽，封九江王，奉項羽的命令追殺義帝於郴縣。楚漢相爭時，隨何說服他歸附漢軍，封淮南王，從劉邦擊滅項羽於垓下。高祖十一年，韓信、彭越被殺，英布起兵造反。被漢高祖擊敗後，為長江王誘殺。事見《史記·黥布列傳》。2 媢：逢迎取悅。3 成結：形成，釀成。4 媢：嫉妒。5《三蒼》：古代三部字書的合稱。

漢初，合李斯《蒼頡篇》、趙高《爰歷篇》和胡母敬《博學篇》為一書，稱《三蒼》，亦統稱《蒼頡篇》，凡三千三百字。魏晉時，又以《蒼頡篇》為上卷，揚雄《訓纂篇》為中卷，賈魴《滂喜篇》為下卷，合為一部，亦稱《三蒼》。6 常山憲王：即劉舜，漢景帝之子，立為常山王，卒謚號為「憲」。7 王充：字仲任，會稽上虞人，東漢著名學者，著有《論衡》三十卷。事見《後漢書·王充王符仲長統列傳》。8 賁赫：漢人，初為淮南王中大夫，後因揭發英布謀反之事而被封為將軍。

譯文

太史公司馬遷在評論英布時說：「災禍因他的愛姬而引起，根源於妒媚之心，導致邦國滅亡。」另外，《漢書·外戚傳》中也說：「殺身之禍是由寵妾妒媚釀成的。」這兩處的「媚」字都應該是「媢」字，媢就是嫉妒的意思，它的釋義參見《禮記》和《三蒼》。而且《五宗世家》也說：「常山憲王的王后為人妒媢。」王充的《論衡》中說：「有妒夫媢婦出現，就會互相忿恨惱怒產生爭鬥訴訟。」更加可以知道「媢」就是「妒」的別名。推究《史記》之中英布被殺的原因，應是意指賁赫，不能說是「媚」。

《史記·始皇本紀》：「二十八年，丞相隗（wěi）林、丞相王綰等[1]，議於

海上[2]。」諸本皆作「山林」之「林」。開皇二年五月[3]，長安民掘得秦時鐵稱權[4]，旁有銅塗（dù）鐫（juān）銘二所[5]。其一所曰：「廿六年，皇帝盡并兼天下諸侯，黔首大安，立號為皇帝，乃詔丞相狀、綰，法度量則不壹、嫌疑者[6]，皆明壹之。」凡四十字。其一所曰：「元年，制詔丞相斯、去疾，法度量，盡始皇帝為之，皆有刻辭焉。今襲號而刻辭不稱始皇帝，其於久遠也，如後嗣為之者，不稱成功盛德，刻此詔□左[7]，使毋疑。」凡五十八字，一字磨滅，見有五十七字，了了分明[8]。其書兼為古隸。余被敕寫讀（dòu）之[9]，與內史令李德林對[10]，見此稱權，今在官庫；其「丞相狀」字，乃為「狀貌」之「狀」，「爿」旁作「犬」；則知俗作「隗林」，非也，當為「隗狀」耳。

註釋

1 隗林：秦始皇時代的丞相。2 海上：指東海之濱。3 開皇：隋文帝年號。開皇二年即公元五八二年。4 鐵稱權：即鐵製秤錘。5 塗：以金飾物。後作「鍍」。鐫：鑿，雕刻。6 黔首：黎民、老百姓。法：通「廢」，廢棄。度量：用以計量長短和容積的標準。則：標準權衡器。7 左：通「佐」。「詔」與「佐」之間一字為原文缺漏。8 了了：明白，清楚。9 敕：委任。寫：描摹繕寫。讀：語句中的停頓。古代誦讀文章，分句和讀，短的停頓叫讀，稍長的停頓叫句。後亦把「讀」

寫成「逗」。這裏應該是標點、點斷的意思。10 對：核對，校對。

譯文

《史記・始皇本紀》中記載：「二十八年，丞相隗林、丞相王綰等人，在東海之濱議事。」各種的版本都將「隗林」的「林」寫作山林的「林」。隋文帝開皇二年五月，長安地區的百姓挖到秦朝的鐵秤錘，鐵秤錘的側邊有兩處鍍銅的銘刻。其中一處刻着：「二十六年，皇帝吞滅兼併了天下所有的諸侯國，百姓太平無事，（秦王）立號為皇帝，於是命丞相隗狀、王綰廢除不一致或不明確的度量衡器，令其變得明確統一。」原文共四十個字。另一處說：「元年，制詔丞相斯、去疾，法度量，盡始皇帝為之，皆有刻辭焉。今襲號而刻辭不稱始皇帝，其於久遠也，如後嗣為之者，不稱成功盛德，刻此詔□左，使毋疑。」一共五十八個字，其中一個字磨損消失了，能看見的有五十七個字，都可以清楚辨明。銘文的字體都是古隸書。我被委派抄寫、點斷這些銘文，與內史令李德林相校對，看到了這個秤錘，它現在保存在官庫裏。它上面的「丞相狀」幾個字，就是「狀貌」的「狀」，「爿」字旁加「犬」字；由此可知世人寫作「隗林」是錯誤的，應當是「隗狀」。

《漢書》云：「中外禔（zhī）福[1]。」字當從「示」。禔，安也，音「匙匕」

之「匙」，義見《蒼》、《雅》、《方言》[2]。河北學士皆云如此。而江南書本，多誤從「手」[3]，屬文者對耦[4]，並為「提挈（qiè）」之意[5]，恐為誤也。

註釋

1 提福：安寧幸福。引文見《漢書·司馬相如傳》：「遐邇一體，中外提福，不亦康乎？」2《方言》：全名《輶軒使者絕代語釋別國方言》，原書十五卷，《隋書·經籍志》以後定為十三卷，作者是漢代揚雄。該書仿《爾雅》的體例，彙集古今各地同義詞語，分別註明通行範圍，取材或來自古籍，或為直接調查所得，由此可以考察漢代語言的分佈狀況，是研究中國古代詞彙的重要材料。3 從：聚合，歸屬。4 對耦：即對偶，是一種修辭格，用對稱的字句加強語言的表達效果。5 提挈：提攜，牽扶。

譯文

《漢書》中說：「中外禔福。」「禔」字應當從「示」部。「禔」是「安」的意思，讀作「匙匕」的「匙」，它的含義可見於《蒼》、《爾雅》和《方言》。黃河以北地區的學士都認為如此。可是江南通行的抄本中，都把「禔」字錯寫成從「手」部的字，寫文章的人為了對偶，都把它理解為「提挈」的意思，恐怕是錯誤的。

或問：「《漢書注》：『為元后父名禁[1]，故禁中為省中。』何故以『省』代『禁』？」答曰：「案：《周禮．宮正》：『掌王宮之戒令糾禁。』鄭註云：『糾[2]，猶割也，察也。』李登云[3]：『省，察也。』張揖云：『省，今省詧也[4]。』然則小井、所領二反，並得訓『察』。其處既常有禁衛省察，故以『省』代『禁』。詧，古察字也。」

註釋

1 元后：指漢元帝的皇后，她父親名叫王禁。2 糾：督察，督責。3 李登：三國時期魏國人，著有《聲類》十卷，是中國最早的一部韻書。4 詧：同「察」。

譯文

有人問：「《漢書注》記載：『因為漢元帝的皇后的父親名叫「禁」，所以將禁中改稱為省中。』為什麼用『省』字代替『禁』呢？」回答說：「據考證：《周禮．宮正》記載：『掌管王宮的禁令，負責糾察禁絕之事。』鄭玄的註釋說：『糾，相當於割、察之意。』李登說：『省，就是察。』張揖說：『省，就是如今的省詧。』這樣的話，那麼小井反和所領反兩種讀音所代表的意義，都要解釋為『察』。王宮那裏既然總有禁衛軍負責省察之事，因此用『省』來代替『禁』字。詧，是古代的察字。」

《漢・明帝紀》：「為四姓小侯立學[1]。」案：桓帝加元服[2]，又賜四姓及梁、鄧小侯帛，是知皆外戚也。明帝時[3]，外戚有樊氏、郭氏、陰氏、馬氏為四姓。謂之小侯者，或以年小獲封，故須立學耳。或以侍祠猥（wěi）朝[4]，侯非列侯，故曰小侯，《禮》云：「庶方小侯[5]。」則其義也。

註釋

1 四姓：四個名門貴族姓氏的合稱，指下文提到的東漢明帝時外戚樊、郭、陰、馬四姓。見《後漢書・明帝紀》。小侯：舊時稱功臣子孫或外戚子弟之封侯者，以其非列侯，故稱小侯。2 桓帝：指漢桓帝劉志。元服：指冠。古稱行冠禮為加元服。3 明帝：指漢明帝劉莊。4 侍祠：陪從祭祀，此處指侍祠侯。漢代，王子封為侯者稱諸侯；異姓的群臣以功勳封侯者稱徹侯。在長安者，皆奉朝請。其有賜特進者，位在三公下，稱朝侯。位次在卿之下者，只是陪從祭祀而沒有朝位的，稱侍祠侯。猥朝：即猥朝侯，漢代異姓侯的一種，不是朝侯也不是侍祠侯，而是被分封到偏遠小國的皇室至親，若公主子孫，或奉先侯墳墓在京師的，隨時接受皇帝的見會，稱猥朝侯。5 庶方小侯：荒遠地區的方國小侯。語出《禮記・曲禮下》：「庶方小侯入天子之國，曰某人，於外曰子，自稱曰孤。」

譯文

《後漢書・明帝紀》記載：「為四姓小侯立學。」據考證：漢桓帝行冠禮時，又賞賜給四姓和梁、鄧小侯束帛，由此可以知道這些人都是外戚。漢明帝時，外戚中的樊氏、郭氏、陰氏、馬氏被稱為四姓。《後漢書》中稱他們為小侯，可能是因為年紀很小就獲得封號，因此須為其設立學校；也可能是因為他們都是侍祠侯或猥朝侯，雖然是侯但並不是上等侯，所以稱小侯。《禮記》中說的「荒遠地區的方國小侯」，就是這個意思。

《後漢書》云：「鸛雀銜三鱔魚。」多假借為「鱣鮪（zhān wěi）」之「鱣」[1]；俗之學士，因謂之為「鱣魚」。案：魏武《四時食制》：「鱣魚大如五斗奩（lián）[2]，長一丈。」郭璞註《爾雅》：「鱣長二三丈。」安有鸛雀能勝一者，況三乎？鱣又純灰色，無文章也[3]。鱣魚長者不過三尺，大者不過三指，黃地黑文；故都講云[4]：「蛇鱣，卿大夫服之象也[5]。」《續漢書》及《搜神記》亦說此事[6]，皆作「鱔」字。孫卿云：「魚鱉鰍鱣。」及《韓非》、《說苑》皆曰：「鱣似蛇，蠶似蠋（zhú）[7]。」並作「鱣」字。假「鱣」為「鱔」，其來久矣。

註釋

1 鱣：即鱘鰉魚。鮪：鱘魚和鰉魚的古稱。2 奩：指盒匣一類的盛物器具。3 文章：錯雜的色彩或花紋。4 都講：古代學舍中協助博士講經的儒生。選擇高材者充之。5「蛇鱔」兩句：事見《後漢書．楊震列傳》：「常客居於湖，不荅州郡禮命數十年，眾人謂之晚暮，而震志愈篤。後有冠雀銜三鱣魚，飛集講堂前，都講取魚進曰：『蛇鱣者，卿大夫服之象也。數三者，法三台也。先生自此升矣。』年五十，乃始仕州郡。」6《續漢書》：晉司馬彪撰，共八十三卷。《搜神記》：晉干寶撰，共三十卷，收集了大量民間傳聞及鬼神靈異之事。7 蠋：鱗翅目昆蟲的幼蟲。色青，形似蠶，大如手指。

譯文

《後漢書》中說：「鸛雀銜三鱔魚。」其中「鱔」字常常假借為「鱣鮪」的「鱣」字。世間的學者，因此就認為《後漢書》中說的是鱣魚。據考證：魏武的《四時食制》裏說：「鱣魚像能盛五斗的盒子那樣大，長一丈。」郭璞註的《爾雅》中說：「鱣魚長達二三丈。」哪有鸛雀能銜住一條這樣的大魚呢？何況還是三條？鱣魚又是純灰色的，沒有花紋。鱔魚長的也不超過三尺，大的也沒有三指寬，魚身是黃色的，上面有黑色的花紋，所以《後漢書》都說：「蛇鱔，是卿大夫官服上的裝飾圖像。」《續漢書》和《搜神記》中也說到這件事，兩本書中都寫作「鱔」字。荀子說：「魚鱉鰍鱣。」《韓非子》、《說苑》都說：「鱣形狀像蛇，蠶的形狀像蠋。」都寫作

「鱣」字。假借「鱣」為「鱔」字，這種用法由來已久了。

《後漢書》：「酷吏樊曄為天水郡守[1]，涼州為之歌曰：『寧見乳虎穴，不入冀府寺[2]。』」而江南書本「穴」皆誤作「六」。學士因循，迷而不寤。夫虎豹穴居，事之較者；所以班超云：「不探虎穴，安得虎子？」寧當論其六七耶？

註釋

1 酷吏：指濫用刑法殘害百姓的官吏。2 冀府寺：「冀」為天水太守治所。「府寺」為古代公卿的官舍，冀府寺即天水太守官署。

譯文

《後漢書》載：「酷吏樊曄任天水太守時，涼州的百姓為他編了歌謠說：『寧願看見育子的老虎洞穴，也不入冀府寺。』」可是江南地區不同版本的《後漢書》，都把「穴」誤寫成「六」。學士們沿襲這個錯誤，且迷誤不覺。虎豹都是穴居的，這是明明白白的事。因此班超說：「不探虎穴，安得虎子？」難道他說的是六頭老虎或七頭老虎嗎？

《後漢書．楊由傳》云：「風吹削胏。」此是削札牘之柹（fèi）耳[1]。古者，書誤則削之，故《左傳》云「削而投之」是也。或即謂「札」為「削」，王褒《童約》曰：「書削代牘。」蘇竟書云[2]：「昔以摩研編削之才。」皆其證也。《詩》云：「伐木滸滸[3]。」《毛傳》云：「滸滸，柹貌也。」史家假借為肝肺字，俗本因是悉作「脯腊」之「脯」，或為「反哺」之「哺」。學士因解云：「削哺，是屏障之名[4]。」既無證據，亦為妄矣！此是風角占候耳[5]。《風角書》曰：「庶人風者[6]，拂地揚塵轉削[7]。」若是屏障，何由可轉也？

註釋

1 札牘：札與牘都是古代書寫用的小木片，借指為簿冊。柹：削下的木片、木皮。2 蘇竟：字伯況，東漢扶風平陵人。3 滸滸：伐木聲。4 屏障：屏風，泛指遮蔽、阻擋之物。5 風角：古代的一種占卜方法，以五音占四方之風而定吉凶。占候：根據天象變化預測自然界的災異和天氣變化。6 庶人風：謂卑惡之風。語出戰國楚人宋玉《風賦》。7 轉削：吹動木屑。

譯文

《後漢書．楊由傳》說：「風吹削胏。」這裏的「胏」是指削札牘時落下的小木片。古時候，寫錯了字就用刀將它削掉，因此《左傳》中說：「削而投之」，說的就是這個。有人認為「札」就是「削」，王褒的《童約》中說：「書削代牘」。蘇竟寫道：

「昔以摩研編削之才。」都是證明札就是削的依據。《詩經》中說：「伐木滸滸。」《毛詩傳》說：「滸滸，柿貌也。」史家將「柿」字假借成肝肺的「肺」字，世間流行的版本因此都寫成「脯腊」的「脯」字，或是「反哺」的「哺」字。學者因而解釋說：「削哺，是屏風的名稱。」這種解釋既沒有依據，也很虛妄。這句話指的是利用風角占驗吉凶。《風角書》中說：「惡劣的風，吹過地面揚起塵土，吹轉碎木屑。」如果削肺是屏風的話，怎麼能吹轉它呢？

《三輔決錄》云[1]：「前隊（suì）大夫范仲公[2]，鹽豉蒜果共一筩（tǒng）[3]。」「果」當作「魏顆」之「顆」[4]。北土通呼物一塊，改為一顆，「蒜顆」是俗間常語耳。故陳思王《鷂雀賦》曰：「頭如果蒜，目似擘（bò）椒[5]。」又《道經》云：「合口誦經聲璅璅（suǒ）[6]，眼中淚出珠子碟（kē）[7]。」其字雖異，其音與義頗同。江南但呼為「蒜符」，不知謂為「顆」。學士相承，讀為「裹結」之「裹」，言鹽與蒜共一苞裹，內筩中耳。《正史削繁音義》又音「蒜顆」為苦戈反[8]，皆失也。

註釋

1《三輔決錄》：《隋書・經籍志》有載，書共七卷，漢代趙岐所撰。2 前隊大夫：南陽郡太守。王莽時置六隊，改南陽郡為前隊。每隊設大夫一人，職位相當於太守。3 箭：同「筒」。《康熙字典》：「徒東切」、「竹筩也」。4 魏顆：春秋時期晉國大夫。5 擘：分開，剖裂。6 瓅瓅：形容聲音細碎。7 磥：同「顆」，顆粒。8《正史削繁音義》：南朝梁阮孝緒撰，共九十四卷。

譯文

《三輔決錄》中說：「前隊大夫范仲公，鹽豉蒜果共一筩。」這裏的「果」應當是「魏顆」的「顆」字。北方地區都把一塊物體說成一顆，「蒜顆」是民間的常用語。因此陳思王曹植的《鷂雀賦》中說：「頭如果蒜，目似擘椒。」《道經》中又說：「合口誦經聲瓅瓅，眼中淚出珠子磥。」「果」、「顆」、「磥」這幾個字的字形雖然不同，但它們的讀音和意義卻大致相同。江南地區都說「蒜符」，不知道稱為「顆」。學士遞相沿襲，把「果」讀成「裹結」的「裹」，說是把鹽和蒜放在同一個包裹裏，納入竹筒中。《正史削繁音義》又將蒜顆的「顆」注音為苦戈反，這些都錯了。

有人訪吾曰：「《魏志》蔣濟上書云『弊攰（guì）之民[1]』，是何字也？」

余應之曰：「意為『攰』即是『皷（guì）倦』之『皷』耳[2]。張揖、呂忱並云：

『支傍作刀劍之刀，亦是剞（jī）字[3]。』不知蔣氏自造『支』傍作『筋力』之『力』，或借『剞』字，終當音九偽反。」

註釋

1 蔣濟：字子通，三國時期魏國人，魏明帝時為護軍將軍，曾多次上書反對大修宮室。事見《三國志．魏書．蔣濟傳》。攰：困疲。廣東話保留此用法，見於日常語言及寫作。2 𩚵：疲弊。3 剞：刻鏤的刀具。

譯文

有人詢問我說：「《魏志》裏記載蔣濟給朝廷上書說『弊攰之民』，『攰』是什麼字呀？」我回答說：「我想『攰』就是『𩚵倦』的『𩚵』字。張揖和呂忱都說：『支字旁加上刀劍的刀，也就是剞字。』不知道蔣濟是自己造了這個『支』字旁加『筋力』的『力』組成的『攰』字，還是借了『剞』字，不論是哪種情況，這個字終究都應當讀成九偽反。」

《晉中興書》[1]：「太山羊曼[2]，常頹縱任俠，飲酒誕節[3]，兗州號為『濌（tà）伯』[4]。」此字皆無音訓[5]。梁孝元帝常謂吾曰：「由來不識。唯張簡憲見教[6]，呼為『嚃（tà）羹』之『嚃』[7]。自爾便遵承之，亦不知所出。」簡憲是湘

州刺史張續謚也，江南號為碩學。案：法盛世代殊近，當是耆（qí）老相傳[8]；俗間又有「黭黭」語，蓋無所不施，無所不容之意也。顧野王《玉篇》誤為「黑」傍「沓」[9]。顧雖博物，猶出簡憲、孝元之下，而二人皆云重邊。吾所見數本，並無作「黑」者。「重沓」是多饒積厚之意，從「黑」更無義旨。

註釋

1《晉中興書》：南朝宋何法盛所撰，全書共七十八卷，記錄年代起自東晉。2 太山：即泰山。羊曼：字祖延，晉代人，為人放縱無羈，好飲酒。3 誕節：放縱不拘。4 黭伯：放縱豁達的人。晉人特指羊曼。5 音訓：對古籍中的字詞注音釋義。6 張簡憲：即張續，字伯緒，謚簡憲。7 嚃羹：謂飲羹時不加咀嚼便連菜吞下。8 耆老：老年人。耆，古稱六十歲曰耆，亦泛指壽考。9 顧野王：南朝梁至陳人，精通經史，著有《玉篇》三十卷。

譯文

《晉中興書》說：「泰山人羊曼，平常為人放縱任俠，喜好飲酒，不拘禮節，兗州人稱他為『黭伯』。」「黭」這個字沒有注音釋義。梁孝元帝曾經對我說：「我本來不認識這個字。只有張簡憲曾經教過我，說這個字應讀成『嚃羹』的『嚃』，那次之後，我就遵從這個讀音，也不知道它的出處。」張簡憲是湘州刺史張續的謚號，江南地區的人都稱他學問淵博。據考證：《晉中興書》的作者何法盛生活的年代距離當時年代很近，很多事應該是聽年紀大的老人說的，況且民間又有「黯黯」這個詞，大概是無所不施，無所不容的意思。顧野王的《玉篇》錯把這個字寫成「黑」字旁加「沓」字。顧野王雖然博學多識，但他的學識還是在張纘和孝元帝之下，而他們兩個人都說這個字應該是「重」字旁。我所見的各種版本，都沒有把這個字寫成「黑」字旁的。「重沓」是充裕豐足、儲備豐厚的意思，要是從「黑」部便沒有意義了。

《古樂府》歌詞，先述三子，次及三婦，婦是對舅姑之稱。其末章云：「丈人且安坐，調絃未遽（jù）央[1]。」古者，子婦供事舅姑，旦夕在側，與兒女無異，故有此言。「丈人」亦長老之目，今世俗猶呼其祖考為先亡丈人。又疑「丈」當作「大」，北間風俗，婦呼舅為「大人公」。「丈」之與「大」，易為誤耳。近代文士，頗作《三婦詩》，乃為匹嫡並耦己之群妻之意[2]，又加鄭、衛之辭，大雅君子，何其謬乎？

註釋　1 遽：匆忙。2 匹嫡：締結婚姻。

譯文

《古樂府》的歌詞，先講述三子，再提及三個兒媳婦，婦是相對於公婆而言的稱呼。歌詞的最後一段說：「丈人且安坐，調絃未遽央。」古時候，兒媳婦侍奉公婆，早晚都陪在他們身邊，和兒女沒什麼區別，因此才有這詩中的話。「丈人」也是對老年人的稱呼，現如今民間百姓還稱他們死去的祖父為「先亡丈人」。又懷疑「丈」字應該是「大」字，北方地區的風俗，兒媳婦稱公公為「大人公」。「丈」字與「大」字，很容易弄錯。近代的文人寫了很多《三婦詩》，但都是表達締結婚姻和自己與妻妾配對成雙的意思，又在詩中用了很多淫詞豔語，那些高尚雅正的君子，怎麼會錯到這個地步呢？

《古樂府》歌百里奚詞曰[1]：「百里奚，五羊皮。憶別時，烹伏雌[2]，吹扊扅（yǎn yí）[3]；今日富貴忘我為！」「吹」當作「炊煮」之「炊」。案：蔡邕《月令章句》曰：「鍵，關牡也，所以止扉[4]，或謂之剡（yǎn）移[5]。」然則當時貧困，并以門牡木作薪炊耳。《聲類》作「扊」，又或作「扂（diàn）」[6]。

註釋

1 百里奚：春秋時期的賢相。本為虞國大夫，晉滅虞時被俘，為秦穆公夫人陪嫁之臣，後出逃至宛，被楚人抓獲。秦穆公聽說他有賢能，於是用五張羊皮將他贖了回來。2 伏雌：指母雞。3 扊扅：門閂。4 扉：門扇。5 剡移：門閂。6 扂：門閂。

譯文

《古樂府》中歌唱百里奚的歌詞說：「百里奚，五羊皮。憶別時，烹伏雌，吹扊扅；今日富貴忘我為！」其中「吹」應當寫作「炊煮」的「炊」字。據考證，蔡邕《月令章句》說：「鍵，就是門閂，是用來閂門的，也有人稱它為剡移。」這樣看來，百里奚家中貧窮，把門閂當柴燒了。《聲類》中把它寫成「扊」，又有一些書寫作「扂」。

《通俗文》，世間題云「河南服虔字子慎造[1]」。虔既是漢人，其敘乃引蘇林、張揖；蘇、張皆是魏人。且鄭玄以前，全不解反語[2]，通俗反音，甚會近俗[3]。阮孝緒又云「李虔所造[4]」。河北此書，家藏一本，遂無作李虔者。《晉中經簿》及《七志》，並無其目，竟不得知誰製。然其文義允愜[5]，實是高才。殷仲堪《常用字訓》[6]，亦引服虔《俗說》，今復無此書，未知即是《通俗文》，為當有異？近代或更有服虔乎？不能明也。

註釋

1服虔：字子慎，初名重，又名祇，後改為虔，東漢滎陽人。著有《春秋左氏傳解誼》等書。2反語：即反切，古代的一種注音方法。3會：符合，相合。4阮孝緒：字士宗，南朝梁人，著有《七錄》、《削繁》。5允愜：妥帖，適當。6殷仲堪：東晉陳郡長平人，曾任荊州刺史，著有《常用字訓》一卷，已亡佚。

譯文

《通俗文》這本書，世間都標作「河南服虔字子慎造」。服虔是漢朝人，《通俗文》的〈敍〉卻引用了蘇林、張揖等人的話，可是蘇林和張揖都是三國時期魏朝人。況且在鄭玄所處的時代之前的人們，根本不懂反切，《通俗文》中的反切注音十分符合近世的注音習慣。阮孝緒又說「是李虔所著」。河北地區抄錄的這本書，我家就收藏了一本，根本沒有寫成李虔的。《晉中經簿》以及《七志》中，都沒有關於這本書的條目，竟然無法得知這本書是誰撰寫的。然而這本書的文辭妥帖恰當，作者實在是才華高絕之人。殷仲堪的《常用字訓》，還引用到服虔的《俗說》，現在已經沒有這本書了，不知這是否就是《通俗文》，抑或是另一本書？近代或許另外有個叫服虔的人？真是搞不清楚。

或問：「《山海經》，夏禹及益所記，而有長沙、零陵、桂陽、諸暨，如此

郡縣不少，以為何也？」答曰：「史之闕文，為日久矣；加復秦人滅學[1]，董卓焚書[2]，典籍錯亂，非止於此。譬猶《本草》神農所述，而有豫章、朱崖、趙國、常山、奉高、真定、臨淄、馮翊等郡縣名，出諸藥物；《爾雅》周公所作，而云『張仲孝友[3]』；仲尼修《春秋》，而《經》書孔丘卒[4]；《世本》左丘明所書[5]，而有燕王喜、漢高祖；《汲冢瑣語》[6]，乃載秦望碑[7]；《蒼頡篇》李斯所造，而云『漢兼天下，海內并廁，豨黥（xī qíng）韓覆[8]，畔討滅殘』；《列仙傳》劉向所造，而《贊》云『七十四人出佛經』；《列女傳》亦向所造，其子歆又作《頌》[9]，終於趙悼后[10]，而傳有更始韓夫人、明德馬后及梁夫人嫕（yì）[11]：皆由後人所羼（chàn）[12]，非本文也。」

註釋

1 秦人滅學：指秦始皇焚書坑儒之事。2 董卓焚書：指東漢末年董卓作亂時，燒焫觀閣，毀壞經典之事。3 張仲：西周宣王時人，在周公之後約百餘年。孝友：事父母孝順，對兄弟友愛。《詩經．小雅．六月》：「侯誰在矣，張仲孝友。」4《經》：此處指《左傳》。5《世本》：書名。《漢書．藝文志》載有「《世本》十五篇」，《漢書．司馬遷傳》也曾提到此書。這本書主要記載黃帝至春秋時（後人增補至漢）列國帝王諸侯大夫的氏姓、世系、居（都邑）、作（製作）等，書在唐代時已有殘缺，至宋末亡佚。6《汲塚瑣語》：西晉太康二年，汲郡人不準盜發魏襄王墓，得書數十車，有《瑣語》十一篇，為戰國時卜夢妖怪相書。7 秦望碑：指秦始皇東遊秦望山時所立的碑。事見《史記·秦始皇本紀》。8 豨：指漢人陳豨。黥：黥刑，墨刑。韓：指韓信。9 歆：即劉歆，字子駿，後改名秀，字穎叔。西漢經學家，與父親劉向總校群書，父親死後繼承父業，整理五經群書，編成《七略》。10 趙悼后：戰國時期趙悼襄王趙偃之王后。11 更始韓夫人：指漢更始帝劉玄的寵姬韓夫人。明德馬后：指東漢光武帝劉秀之皇后。梁夫人嫕：漢和帝姨梁嫕。12 羼：本為羊群雜居，引申為錯亂攙雜。

譯文

有人問道：「《山海經》這本書，是夏禹和伯益所記錄的，而裏面卻有長沙、零陵、桂陽、諸暨等地名，像這樣的郡縣名在這本書裏提到不少，你認為這是怎麼回事呢？」我回答說：「史書的缺佚可疑之處，由來已久。再加上秦朝滅絕學術，董卓焚燒書籍，導致經書典籍雜亂無序，失去本來的面貌，其中的錯誤不只這些。譬如《本草》這本書本是神農氏所著，而其中卻出現了豫章、朱崖、趙國、常山、奉高、真定、臨淄、馮翊等郡縣名，以及當地出產的各種藥物。《爾雅》是周公所撰，然而卻說『（西周人）張仲孝敬父母，友愛兄弟』。孔子修訂了《春秋》，而《春秋左氏傳》中卻記載了孔子去世之事。《世本》是春秋時人左丘明所著，而當中卻提到戰國時期的燕王喜和漢高祖劉邦。戰國成書的《汲塚瑣語》，竟然還記載了秦始皇東遊秦望山時所立的碑。《蒼頡篇》是秦人李斯所著，然而書中卻說：『漢朝兼併天下，海內一統，陳豨被黥，韓信覆亡，討伐叛亂消滅殘兵。』《列仙傳》是西漢人劉向所寫，而這本書的《贊》中卻說『七十四人出佛經』；《列女傳》也是劉向所著，他的兒子劉歆又為這本書寫了《頌》的部分，止於戰國趙后，此書的註本中卻述及漢朝更始帝的寵姬韓夫人、光武帝的馬皇后以及東漢梁夫人嫕。這些內容都是由後人攙雜到書中的，不是原文。」

賞析與點評

古代學者常常喜歡在經典中攙進自己想說的話，沒有保護原典完整的意識。本來這也算是一家之言，如校之於原典，自可辨其真偽。惟秦代焚書坑儒後，天下之書幾乎毀於一旦，經典只能靠口耳相傳，記憶難免有錯，以致記錄有謬誤。譬如，漢朝之古文經學與今文經學之爭，千年來爭論不休。故此，我們閱讀古籍要破除「惟古是信」，並且要稍懂文字學、訓詁學，這樣才能做到「疑古辨偽」。

或問曰：「《東宮舊事》何以呼『鴟尾』為『祠尾』[1]？」答曰：「張敞者，吳人，不甚稽古[2]，隨宜記注，逐鄉俗訛謬（miù）[3]，造作書字耳。吳人呼『祠祀』為『鴟祀』，故以『祠』代『鴟』字；呼『紺（gàn）』為『禁』[4]，故以『糸』傍作『禁』代『紺』字；呼『盞』為竹簡反，故以『木』傍作『展』代『盞』字；呼『鑊』字為『霍』字[5]，故以『金』傍作『霍』代『鑊（huò）』字；又『金』傍作『患』為『鐶（huán）』字[6]，『木』傍作『鬼』為『魁』字，『火』傍作『庶』為『炙』字，『既』下作『毛』為『髻』字；金花則『金』傍作『華』，窗扇則『木』傍作『扇』：諸如此類，專輒不少[7]。」

註釋

1《東宮舊事》：張敞所撰，共十卷。2 稽古：考察古事。3 訛謬：偽訛謬誤。4 紺：天青色，深青透紅之色。5 鑊：無足鼎，古時用來煮肉及魚、臘肉等的器具。6 鐶：環，泛指圓形有孔物。7 專輒：專斷，專擅。

譯文

有人問道：「《東宮舊事》為什麼把『鴟尾』稱為『祠尾』？」回答說：「《東宮舊事》的作者張敞是吳郡人，不注重考察古事，隨意記錄史實，順隨民間時俗的訛傳誤說，偽造文字罷了。吳地的人稱『祠祀』為『鴟祀』，所以張敞用『祠』字來代替『鴟』字；把『紺』字讀成『禁』，所以用『糸』字旁加『禁』字來代替『紺』字；把『盞』字讀為竹簡反，因此用『木』字旁加『展』來代替『盞』字；把『鑊』字讀成『霍』字，因此用『金』字旁加『霍』字來代替『鑊』字；又在『金』字旁加『患』字造『鐶』字，在『木』字旁加『鬼』字作為『魁』字，在『火』字旁加『庶』字作為『炙』字，在『既』字下面加『毛』字當作『髻』字；金花則在『金』字旁加『華』字，窗扇的『扇』字則是在『木』字旁加『扇』；像這樣的例子，主觀專斷的成分很大。」

又問：「《東宮舊事》『六色罽（jì）緵[1]』，是何等物？當作何音？」答曰：「案：《說文》云：『莙（jūn）[2]，牛藻也，讀若「威」。』《音隱》[3]：『塢瑰反。』即陸機所謂『聚藻，葉如蓬』者也。又郭璞註《三蒼》亦云：『蘊，藻之類也，細葉蓬茸生[4]。』然今水中有此物，一節長數寸，細茸如絲，

圓繞可愛，長者二三十節，猶呼為『莙』。又寸斷五色絲，橫著線股間繩之，以象莙草，用以飾物，即名為『莙』；於時當紲（xiè）六色罽[5]，作此莙以飾緄（gǔn）帶[6]，張敞因造『糸』旁『畏』耳，宜作『隈』。」

註釋

1 罽：用毛做成的氈子一類的東西。2 莙：一種水藻。3《音隱》：書名。《隋書．經籍志》載有《說文音隱》四卷。原文：「《說文音隱》四卷，《字林》七卷，晉弦令呂忱撰。」4 蓬：雜亂、鬆散的樣子。5 紲：拴，縛。6 緄帶：以色絲織成的束帶。

譯文

又問道：「《東宮舊事》中提到的『六色罽緦』是何物？應該怎麼讀？」回答說：「據考證：《說文解字》中說：『莙就是牛藻，讀音如「威」字。』《音隱》中的注音是『塢瑰反』。就是陸機所說的『聚藻，葉子像蓬草一樣』的那種植物。再者郭璞註的《三蒼》也說：『蘊是藻類的一種，葉子形狀細長，上面長着鬆散的茸毛。』現在的水中生長着這種植物，一節枝莖約長幾寸，細細的茸毛像絲一樣，隨着水流迴環繚繞，十分令人喜愛，長的有二三十節，仍然稱為『莙』。另外，將五色絲線截成一寸長，橫着加在線股中編成繩子，做成莙草形狀，用來裝飾物品，這種絲織物就稱為『莙』。那時候應該是編結六色的絲毛，做成這種莙來裝飾絲帶。張敞就因此造了『糸』字旁加『畏』的字，音應讀作『隈』。」

柏人城東北有一孤山[1]，古書無載者。唯闞（kàn）駰《十三州志》以為舜納於大麓[2]，即謂此山，其上今猶有堯祠焉；世俗或呼為「宣務山」，或呼為「虛無山」，莫知所出。趙郡士族有李穆叔、季節兄弟，李普濟[3]，亦為學問，並不能定鄉邑此山。余嘗為趙州佐，共太原王邵讀柏人城西門內碑。碑是漢桓帝時柏人縣民為縣令徐整所立，銘曰：「山有巏嵍（quán wù）[4]，王喬所仙[5]。」方知此「巏嵍」山也。「巏」字遂無所出。「嵍」字依諸字書，即「旄丘」之「旄」也[6]；「旄」字，《字林》一音亡付反，今依附俗名，當音「權務」耳。入鄴，為魏收說之，收大嘉歎。值其為《趙州莊嚴寺碑銘》，因云：「權務之精」，即用此也。

註釋

1 柏人城：古地名。在今河北唐山西。春秋晉地，戰國屬趙，漢置縣。2 闞駰：字玄陰，北魏敦煌人，撰有《十三州志》。3 李穆叔：即李公緒，博通經史。季節：李概，字季節，趙郡柏人人，李公緒之弟。少好學，然性倨傲，每對諸兄弟露髻披服，略無少長之禮。4 巏嵍：堯山，在今河北隆堯縣。5 王喬：即傳說中的仙人王子喬。6 旄丘：前高後低的山丘。

譯文

柏人城的東北方向有一座孤山，古書中都沒有它的記載。只有闞駰的《十三州志》中認為堯曾經納舜於大麓，麓指的就是這座山，這座山上現在還存有堯的祠堂。民間有的把它叫做「宣務山」，有的稱作「虛無山」，沒人知道兩者的出處。趙郡的士大夫中有李穆叔、李季節兄弟和李普濟，他們都很有學問，可是都不能判定家鄉這座山的名稱及由來。我曾在趙郡為州佐，和太原人王邵一起研讀過柏人城西門內的石碑。那塊石碑是漢桓帝時的柏人縣百姓為縣令徐整所立的，上面刻着：「縣內有巏嵍山，是王喬成仙的地方。」由此才知道這座山就是巏嵍山。「巏」字沒有出處，「嵍」字根據字書記載，就是「旄丘」的「旄」字。「旄」這個字，《字林》注音為亡付反，現在順從俗名，應當讀作「權務」。我到了鄴城之後，向魏收說起這件事，魏收大為讚歎。等他撰寫《趙州莊嚴寺碑銘》時，因而寫了「權務之精」，就是用了這一典故。

或問：「一夜何故五更？更何所訓？」答曰：「漢、魏以來，謂為甲夜、乙

夜、丙夜、丁夜、戊夜，又云『鼓』，一鼓、二鼓、三鼓、四鼓、五鼓，亦云一更、二更、三更、四更、五更，皆以『五』為節。《西都賦》亦云：『衛以嚴更之署[1]。』所以爾者，假令正月建寅[2]，斗柄夕則指寅[3]，曉則指午矣；自寅至午，凡歷五辰[4]。冬夏之月，雖復長短參差，然辰間遼闊，盈不過六，縮不至四，進退常在五者之間。更，歷也，經也，故曰五更爾。」

註釋

1 嚴更：督查巡夜的更鼓。2 建寅：古代的人以北斗星斗柄的運轉計算月份，斗柄指向十二辰中的寅即為夏曆正月。3 斗柄：也稱斗杓，指北斗的第五至第七星，即玉衡、開陽、搖光三星。北斗第一至第四星像斗，第五至第七星像柄。

4 五辰：五個時辰。辰，舊時計時的單位，把一晝夜平分為十二段，每段叫做一個時辰，即現在的兩個小時。

譯文

有人問：「一夜為什麼劃分為五更？更是什麼意思？」回答說：「漢、魏以來，稱為甲夜、乙夜、丙夜、丁夜、戊夜；又稱『鼓』，分為一鼓、二鼓、三鼓、四鼓、五鼓；也叫一更、二更、三更、四更、五更，都以『五』為節數。《西都賦》中又說：『衛以嚴更之署。』之所以這樣，是因為假如是正月建寅，北斗星的斗柄傍晚時會指向寅位，早晨就指向午位，從寅轉到午，總共經過五個時辰。冬天和夏天，雖然經歷的時間長短不一，然而時辰之間的長短差別，最長的不超過六個時辰，短的不少於四個時辰，範圍常在五個時辰左右。更，就是經歷、經過的意思，所以稱五更。」

《爾雅》云：「朮[1]，山薊（jì）也[2]。」郭璞註云：「今朮似薊而生山中。」案：朮葉其體似薊，近世文士，遂讀「薊」為「筋肉」之「筋」，以耦「地骨」用之[3]，恐失其義。

註釋

1 朮：草名，有白朮、蒼朮等數種。2 山薊：朮的別名。3 耦：匹敵，相對。地骨：枸杞的別名。

譯文

《爾雅》中說：「朮，就是山薊。」郭璞註釋說：「朮長得像薊草，長在山裏。」據考證：朮葉的形狀像薊草，近代的文人於是就把「薊」讀成「筋肉」的「筋」，用來和「地骨」對偶，這恐怕不符合它的意思。

或問：「俗名『傀儡子』為『郭禿』[1]，有故實乎[2]？」答曰：「《風俗通》云：『諸郭皆諱禿。』當是前代人有姓郭而病禿者，滑稽戲調，故後人為其象，呼為『郭禿』，猶《文康》象庾亮耳[3]。」

註釋

1 傀儡子：即傀儡戲。2 故實：出處，典故。3《文康》：又名《禮畢》，舞樂名。在這種舞蹈中，舞者扮演晉代的庾亮，因為庾亮的謚號叫文康，故名《文康》。事見《隋書·音樂志下》。

譯文

有人問：「俗稱傀儡戲為『郭禿』，有什麼典故嗎？」我回答說：「《風俗通》說：『姓郭的人都忌諱禿字。』這可能是前代有姓郭的人得了禿頭病，又喜歡滑稽調笑，所以後人把木偶做成他的樣子，稱為郭禿，就好像《文康》舞模仿庾亮一樣。」

或問曰：「何故名『治獄參軍』為『長流』乎[1]？」答曰：「《帝王世紀》云：『帝少昊崩[2]，其神降於長流之山，於祀主秋。』案：《周禮·秋官》，司寇主刑罰。長流之職，漢、魏捕賊掾（yuàn）耳[3]。晉、宋以來，始為參軍，上屬司寇，故取秋帝所居為嘉名焉[4]。」

註釋

1長流：指治獄參軍，也稱長流參軍，司禁防。2少昊：也稱「少皞」。傳說中古代東夷首領，名摯（一作質），號金天氏。東夷曾以鳥為圖騰，相傳少昊曾以鳥名為官名，傳說他死後成為西方之神。3掾：官府中輔佐官吏的通稱。4嘉名：美名。

譯文

有人問：「為什麼稱治獄參軍叫長流呢？」我回答說：「《帝王世紀》說：『少昊帝死了以後，他的神靈降至長流山上，在這裏主持秋祭。』據考證：《周禮．秋官》說：司寇主刑罰。長流的職務，就是漢、魏時期的捕賊掾。兩晉、劉宋以來，朝廷才開始稱此為參軍之職，向上歸屬於司寇管轄，因此用秋帝少昊降臨的地方作為它的美稱。」

客有難主人曰：「今之經典，子皆謂非，《說文》所言，子皆云是，然則許慎勝孔子乎？」主人拊（fǔ）掌大笑[1]，應之曰：「今之經典，皆孔子手跡耶？」客曰：「今之《說文》，皆許慎手跡乎？」答曰：「許慎檢以六文[2]，貫以部分[3]，使不得誤，誤則覺之。孔子存其義而不論其文也。先儒尚得改文從意，何況書寫流傳耶？必如《左傳》『止戈』為『武』，『反正』為『乏』，『皿蟲』為

『蟲』，『亥』有『二首六身』之類，後人自不得輒改也，安敢以《說文》校其是非哉？且余亦不專以《說文》為是也，其有援引經傳，與今乖者，未之敢從。又相如《封禪書》曰：『導一莖六穗於庖，犧雙觡（gé）共抵之獸[4]。』此『導』訓『擇』，光武詔云：『非徒有豫養導擇之勞』是也。而《說文》云：『導是禾名。』引《封禪書》為證；無妨自當有禾名導，非相如所用也。『禾一莖六穗於庖』，豈成文乎？縱使相如天才鄙拙，強為此語；則下句當云『麟雙觡共抵之獸』，不得云『犧』也。吾嘗笑許純儒[5]，不達文章之體，如此之流，不足憑信。大抵服其為書，隱括有條例[6]，剖析窮根源，鄭玄註書，往往引以為證；若不信其說，則冥冥不知一點一畫[7]，有何意焉。」

註釋

1 拊掌：拍手，鼓掌。表示歡樂或憤激。2 檢：考察，察驗。六文：指六書。3 貫以部分：按部首分類。4 觡：有蹄獸類的骨質實心的角。5 純儒：純粹的儒者。6 隱括：用以矯正邪曲的器具，引申為標準、規範。7 冥冥：懵懂無知的樣子。

譯文

有位客人責難主人說：「現在流傳的經書典籍中的文字，你都說是錯誤的，而《說文解字》對文字的解釋，你認為都是正確的，這樣說來，難道許慎比孔子高明嗎？」主人拍手大笑，回答說：「現在的經典都是孔子的手跡嗎？」客人反問道：

「現在的《說文解字》都是許慎的手跡嗎？」回答說：「許慎依據六書來分析字形解釋字義，將文字按部首分類，使文字的形、音、義都沒有錯誤，一旦有錯誤就能發現錯在何處。孔子只保存文章大意而不究論文字。前代的學者尚且還得改動文字以順從文意，何況又經過了眾人的抄寫流傳？必須是像《左傳》中的『止戈』為『武』，『反正』為『乏』，『皿蟲』為『蠱』，『亥』有『二首六身』這種明確地說出字體結構的情況，後人自然無法隨意改變，我又怎麼敢用《說文解字》去考校這種說法的對與錯呢？況且我也不認為《說文解字》是完全正確的，書中引用的典籍原文，如果與現在通行的典籍有出入，我也不敢盲目依從。例如司馬相如的《封禪書》中說：『導一莖六穗於庖，犧雙觡共抵之獸。』這裏的『導』解釋成『擇』，漢光武帝的詔書說：『非徒有豫養導擇之勞』中的『導』也是這種情況。而《說文解字》卻解釋說：『導是一種禾的名字』，並且引用《封禪書》作為例證；或許真的有一種禾名叫『導』，但那並不是司馬相如《封禪書》中所用的『導』。如果照許慎的解釋，那就是『禾一莖六穗於庖』，這個句子還能講得通嗎？縱然是司馬相如天生粗鄙拙劣，生硬地寫出這種句子，那麼下句就應該寫成『麟雙觡共抵之獸』，而不會說『犧雙觡共抵之獸』。我曾經說笑許慎是個純粹的儒生，不懂得文學作品的體裁和風格，像這一類的例證，就不足信賴。總體來說，我還是信服許慎寫的這本書，審訂文字有體例可循，剖析形體窮究根源。鄭玄註釋經書時，常常援引《說文解字》作為論據；如果不相信許慎的解說，就會糊里糊塗地不懂得文字的形體結構有什麼意義了。」

世間小學者，不通古今，必依小篆，是正書記[1]；凡《爾雅》、《三蒼》、《說文》，豈能悉得蒼頡本指哉[2]？亦是隨代損益，互有同異。西晉已往字書，何可全非？但令體例成就，不為專輒耳。考校是非，特須消息[3]。至如「仲尼居」，三字之中，兩字非體，《三蒼》「尼」旁益「丘」，《說文》「尸」下施「几」：如此之類，何由可從？古無二字[4]，又多假借，以「中」為「仲」，以「說」為「悅」，以「召」為「邵」，以「閒」為「閑」：如此之徒，亦不勞改。自有訛謬，過成鄙俗，「亂」旁為「舌」，「揖」下無「耳」，「黿」、「鼉」從「龜」，「奮」、「奪」從「雚（guàn）[5]」，「席」中加「帶」，「惡」上安「西」，「鼓」外設「皮」，「鑿」頭生「毀」，「離」則配「禹」，「壑」乃施「豁」，「巫」混「經」旁，「皋」分「澤」片，「獵」化為「獦（liè）[6]」，「寵」變成「竉（lǒng）[7]」，「業」左益「片」，「靈」底著「器」，「率」字自有「律」音，強改為別；「單」字自有「善」音，輒析成異：如此之類，不可不治。吾昔初看《說文》，蚩薄世字[8]，從正則懼人不識，隨俗則意嫌其非，略是不得下筆也。所見漸廣，更知通變，救前之執，將欲半焉。若文章著述，猶擇微相影響者行之[9]，官曹文書，世間尺牘[10]，幸不違俗也。

註釋

1 是正：訂正，校正。書記：書本。2 本指：原意。3 消息：斟酌。4 二字：指一個字有兩個形體，兩種寫法。5 翟：一種水鳥，即白鶴，形似鷺。6 獵：指打獵，捕捉禽獸。7 竅：孔，洞。8 蚩薄：譏嘲鄙薄。蚩，通「嗤」，嘲笑，譏笑。9 微相影響：稍微近似。10 尺牘：信札，書信。

譯文

世上那些研究文字學的學者，不明白古今字體的演變規則，必定依據小篆的形體來校正現在的文字。只是，《爾雅》、《三蒼》、《說文解字》等書，哪能盡得蒼頡所造字體的本意呢？這些字書也是隨着時代的發展而有所變化，相互之間有同有異的。西晉以前的字書，怎麼能夠全部加以否定呢？只要它能使體例完備，不隨意妄為就行了。考訂校對文字的對錯，尤其需要仔細斟酌。像「仲尼居」，三個字中，就有兩個字不合正體。《三蒼》中的「尼」字旁邊多了個「丘」字，《說文解字》中的「尼」是在「尸」字下面加「几」字：像這樣的情況，怎麼能夠盲目依從呢？古時候不存在一個字有兩種形體這種情況，同時有很多假借的現象，以「中」字假借「仲」字，「説」字假借「悦」字，「召」字假借「邵」字，「閒」字假借「閑」字：像這種情況的字，也不用更改。自然也有訛誤錯謬的文字，這些錯誤形成了鄙陋的習俗。如把「亂」字的偏旁寫成「舌」，「揖」字下面沒有「耳」字，將「黿」字、「鼉」字寫成「龜」字旁，將「奮」字和「奪」字寫成「雚」字旁，把「席」字中間寫成「帶」字，「惡」字上部寫成「西」字，「鼓」字右邊寫成「皮」字，「鑿」字的頂部寫成「毀」字，將「離」字左邊配成「禹」字，「壑」字上面寫成「豁」字，「巫」字和「經」字的部首相混，「皋」字寫成「澤」的半邊，「獵」字變成了「獦」字，「寵」字變成「竉」字，「業」字的左邊加了「片」字，「靈」字的底下寫成「器」字，「率」字本就有讀成「律」的時候，非得改成別的字；「單」字本來就有「善」這個讀音，往往被分析成別的讀音：像這樣的情況，不能不修改。我以前初讀《説文解字》時，鄙薄這些流行的俗字，按照正體寫怕別人不認識，順從流俗，心裏又厭惡寫錯字，如此就無法下筆。隨着見識日漸廣博，懂得適時變通，糾正以前拘泥的做法，打算取二者中間。要是撰寫文章著書立説，就選擇稍微近似的正體字來用；要是寫官府公文及一般的書信，就不違背通行的用字習慣了。

案：彌亙（gèn）字從二間舟[1]，《詩》云：「亙之秬秠（jù pī）」是也[2]。今之隸書，轉「舟」為「日」；而何法盛《中興書》乃以「舟」在「二」間為舟「航」字，謬也。《春秋說》以「人十四心」為「德」，《詩說》以「二在天下」為「酉」，《漢書》以「貨泉」為「白水真人」[3]，《新論》以「金昆」為「銀」[4]，《國志》以「天上有口」為「吳」[5]，《晉書》以「黃頭小人」為「恭」[6]，《宋書》以「召刀」為「劭」[7]，《參同契》以「人負告」為「造」[8]：如此之例，蓋數術謬語，假借依附，雜以戲笑耳。如猶轉「貢」字為「項」，以「叱」為「匕」，安可用此定文字音讀乎？潘、陸諸子《離合詩》、《賦》、《栻（shì）卜》、《破字經》[9]，及鮑昭《謎字》[10]，皆取會流俗，不足以形聲論之也。

註釋

1 亙：假借為「亘」字。2 秬秠：秬是黑黍的大名。秠是黑黍中一稃二米者。3 白水真人：漢代錢幣「貨泉」的別稱。4 金昆：指銀子。5《國志》：即晉陳壽所著《三國志》。6 黃頭小人：隱語，指「恭」字。《宋書．五行志二》：「王恭在京口，民間忽云：『黃頭小人欲作賊，阿公在城下，指縛得。』又云：『黃頭小人欲作亂，賴得金刀作蕃扞。』『黃』字上，『恭』字頭也；『小人』，『恭』字下也。」

7 召刀：隱語，指「劭」字。見《南史．列傳第四》：「初命之曰劭，在文為召刀，後惡焉，改刀為力。」8《參同契》：全名《周易參同契》，是最早有系統地論述道教煉丹的書。9《離合詩》：雜體詩名，實際是文字遊戲。常見的一種是拆開字形合成詩句。漢魏六朝時已有這類詩。《栻卜》：占卜書名。栻，古代占卜時的器具，後稱為星盤。《破字經》：書名。破字，即拆字，以漢字加減筆畫，拆開偏旁或打亂字體結構，加以附會，以推算吉凶。10《謎字》：即《字謎》，鮑照所作。鮑昭即鮑照。

譯文

據考證：「彌亙」的「亙」字，從屬於「二」字當中加「舟」字，《詩經》裏說的「亙之秬秠」的「亙」就是這個字。現在的隸書，把「二」字中間的「舟」字轉化成了「日」字；而何法盛的《晉中興書》中竟然認為「舟」字加在「二」字中間所組成的字是「航」字，這是謬誤。《春秋說》中以「人十四心」作「德」字，《詩說》中以「二在天下」暗指「酉」字，《漢書》中把「貨泉」稱為「白水真人」，《新論》中以「金昆」暗指「銀」字，《三國志》中用「天上有口」暗指「吳」字，《晉書》當中用「黃頭小人」暗指王恭的「恭」字，《宋書》當中用「召刀」暗指「劭」字，《周易參同契》中以「人負告」暗指「造」字：像這樣的例子，都是術數附會的荒謬說法，假借別的字來穿鑿附會，並攙雜戲謔玩笑罷了。就好像把「貢」字轉化為「項」字，把「叱」字當作「匕」字，哪能根據這些說法來確定文字的讀音呢？潘岳、陸機等人所寫的《離合詩》、《賦》、《杙卜》、《破字經》，以及鮑昭的《謎字》，都是為迎合社會流俗而創作，不值得用形聲造字的方法理論來評價它們。

河間邢芳語吾云：「《賈誼傳》云：『日中必熭（wèi）[1]。』註：『熭，暴也。』曾見人解云：『此是暴疾之意，正言日中不須臾，卒然便昃（zè）耳[2]。』此釋為當乎？」吾謂邢曰：「此語本出太公《六韜》，案字書，古者『暴曬』字與『暴疾』字相似[3]，唯下少異，後人專輒加傍『日』耳。言日中時，必須暴曬，不爾者，失其時也。晉灼已有詳釋[4]。」芳笑服而退。

註釋

1 熭：曝曬，烤乾。2 昃：指日西斜。3 㬥：「暴」的異體字。4 晉灼：河南人，晉尚書郎，著有《漢書音義》。

譯文

河間人邢芳對我說：「《漢書·賈誼傳》裏說：『日中必熭』，註釋說：『熭，就是暴的意思。』我曾經見到別人解釋說：『這是迅猛的意思，就是說正午的時間不長，太陽很快就西斜了。』這個解釋合適嗎？」我對邢芳說：「這句話本來出自姜太公的《六韜》，考證字書中的說法，古時候『暴曬』的『暴』字和『暴疾』的『暴』字形體相似，只是下半部分稍有差別，後人擅自給『暴』字加了『日』字旁。這句話的意思是說太陽正中時，必須把物品晾曬在陽光下，否則就失了天時。晉灼對此已經有過詳細的解釋。」邢芳心悦誠服地回去了。

賞析與點評

孟子說：「盡信書，則不如無書。」這是考證應有的態度。第一，中國古代印刷術並不發達，經典流傳日久，難免缺字失義，自不可全信；第二，一個人就算有天縱之資，其識見仍然有限，不可能讀遍天下書，明白天下事。作者鼓勵人們抱持大膽提出疑問，小心考證源流的態度，必須「隱括有條例，剖析窮根源」。真正做學問，首先要道出問題所在，然後分析各種可能性，最後道出何為最佳。作者的胸襟、學問和識見，可為後世效法。

卷七

音辭第十八

本篇導讀——

顏之推擅長研究文字、聲韻、校勘之學，而本篇就是他對語言和聲韻學的專論。他認為自古以來，各地的方言就存在種種差異。由於作者曾遍歷南北各地，所以他對南北語音都很熟悉。自東漢以後的數百年，洛陽音成為北方語音的「正音」，而南方在晉室南渡後，攙有洛陽音的建康音是江南地區的「正音」。顏之推認為應正視當時因南北對峙所造成的差異，同以洛陽音、建康音為「正音」，以此來討論歷代韻書、字書的得失。顏氏的聲韻之學對後世影響甚大。

夫九州之人，言語不同，生民已來，固常然矣。自《春秋》標齊言之傳，《離騷》目楚詞之經，此蓋其較明之初也。後有揚雄著《方言》，其言大備[1]。然皆考名物之同異[2]，不顯聲讀之是非也。逮鄭玄註《六經》，高誘解《呂覽》、《淮南》，許慎造《說文》，劉熹製《釋名》[3]，始有譬況假藉以證音字耳[4]。而古語與今殊別，其間輕重清濁，猶未可曉；加以內言外言[5]、急言徐言[6]、讀若之類[7]，益使人疑。孫叔言創《爾雅音義》，是漢末人獨知反語。至於魏世，此事大行[8]。高貴鄉公不解反語[9]，以為怪異。自茲厥後，音韻鋒出，各有土風[10]，遞相非笑[11]，指馬之諭[12]，未知孰是。共以帝王都邑，參校方俗，考核古今，為之折衷。搉而量之，獨金陵與洛下耳。南方水土和柔，其音清舉而切詣（yì）[13]，失在浮淺，其辭多鄙俗。北方山川深厚，其音沉濁而鈋（é）鈍[14]，得其質直，其辭多古語。然冠冕君子，南方為優；閭里小人，北方為愈。易服而與之談，南方士庶，數言可辯；隔垣（yuán）而聽其語[15]，北方朝野[16]，終日難分。而南染吳、越，北雜夷虜，皆有深弊，不可具論。其謬失輕微者，則南人以「錢」為「涎」，以「石」為「射」，以「賤」為「羨」，以「是」為「舐」；北人以「庶」為「戍」，以「如」為「儒」，以「紫」為「姊」，以「洽」為「狎」。如此之例，兩失甚多。至鄴已來，唯見崔子約、崔瞻叔姪，李祖仁、李蔚兄弟，頗事言詞，少為切正[17]。李季節著《音韻決疑》，時有錯失；陽休之造《切韻》，殊為疏野。吾家兒女，雖在孩稚，便漸督正之；一言訛替[18]，以為己罪矣。云為品物，未考書記者，不敢輒名，汝曹所知也。

註釋

1 **備**：完備，齊備。2 **名物**：事物的名稱、特徵等。3 **《釋名》**：書名，漢代劉熙所撰，書共八卷，以探求詞源為主要目的，以聲訓為主要手段，是漢語中第一部解釋事物命名緣由的專書。4 **譬況**：古代的一種注音方法，即用近似的字來比照說明某個字的發音。5 **內言外言**：古代註家譬況字音用語。所謂內外，是指韻之洪細而言，內言發洪音，外言發細音。6 **急言**：漢代註家譬況字音用語。與「緩言」、「徐言」對言。有[i]介音的細音字，因發音時口腔的氣道先窄而後寬，肌肉先緊而後鬆，其音急促，故名。徐言：緩言，緩氣言之。7 **讀若**：古代注音用語，即讀音相似。8 **大行**：廣為推行，普遍流行。9 **高貴鄉公**：指曹髦，魏文帝曹丕之孫。10 **土風**：方言。11 **遞相非笑**：互相譏笑。12 **指馬**：戰國時公孫龍提出「物莫非指，而指非指」、「白馬非馬」等命題，討論名與實之間的關係。《莊子·齊物論》則謂「以指喻指之非指，不若以非指喻指之非指也；以馬喻馬之非馬，不若以非馬喻馬之非馬也。天地一指也，萬物一馬也。」認為世界是一個統一體，應各任自然，不分彼此、是非、長短、多少。後以「指馬」為爭辯是非、差別的代稱。13 清舉：聲音清脆而悠揚。切詣：發音迅急。14 鈋鈍：渾厚，不尖鋭。15 垣：矮牆。16 朝野：朝廷與民間，這裏指官員和普通百姓。17 切正：切磋相正。18 訛替：差誤。

譯文

九州範圍內的百姓，言語互不相同，從人類誕生以來，就一向如此。自《春秋》有了標明齊地方言的傳本，《離騷》被視為楚地的經典，這大概是古人明白方言存在差異的開始。後來揚雄寫了《方言》一書，其中關於各地方言不同的論述非常完備。然而這本書中的內容都是考證事物名稱的異同，並不能顯示出讀音的對或錯。到了鄭玄註釋《六經》，高誘註解《呂氏春秋》、《淮南子》，許慎撰寫《說文解字》，劉熹撰寫《釋名》的時候，才開始用譬況或假借的方法來為音同或音近的字注音。然而古代的讀音和現代的發音很不同，其中語音的輕重、清濁，還不能明瞭；再加上他們注音時所用的內言、外言，急言、徐言，讀若之類的說法，更加讓人迷惑。孫叔言撰寫了《爾雅音義》，他是漢朝末年中惟一一個懂得反切注音法的人。到了曹魏時期，用反切來為漢字注音的方法大行於世。高貴鄉公曹髦不懂這種反切注音法，被當時的人看作是一件怪異的事。從此之後，韻書疊出，這些書記錄各地方言，相互非議譏笑，各是其是，各非其非，難辨誰是誰非。後來大家都用帝王首都的語音，參考比較各地方言俗語，研究考證古今讀音，制定準則來調和這些爭執。經過斟酌和權衡，大家認定建康音和洛陽音能夠代表南北地區的發音標準。南方地區水土柔和，語音清亮悠揚而發音急切，不足之處在於發音淺而浮，言辭大多鄙陋粗俗。北方地區山高水深，語音低沉濁重而渾厚，長處是質樸平實，言辭中保留了很多古語。然而就士大夫的言談水準而論，南方優於北方；而從市井百姓的說話水準來看，則北方勝過南方。假如給兩個不同階層的人交換了服裝讓他們交談，南方的士大夫和平民，只需聽他們說幾句話便可分辨出他們的真正身份。隔着牆壁聽人家說話，若是談話的是北方的官員和百姓，即使聽一天也難以區分二人的身份。然而南方地區的語言沾染了吳語、越語的語音，北方話夾雜着蠻夷外族的語言，二者都存在着很大的弊病，這裏不能具體論述。有些情況中錯失是輕微的，例如南方人把「錢」讀作「涎」，把「石」讀作「射」，把「賤」讀作「羨」，把「是」讀作「舐」；北方人把「庶」讀作「戍」，把「如」讀作「儒」，把「紫」讀作「姊」，把「洽」讀作「狎」。像例子中所說的這種情況，南方與北方都錯得很多。我到鄴城以來，只知道崔子約、崔瞻叔姪二人，李祖仁和李蔚兄弟倆對語言略有研究，稍微做了些切磋補正的工作。李季節寫《音韻決疑》，經常出現差錯；陽休之所撰的《切韻》，十分粗略草率。我家的兒女，縱然年齡還很小，我已逐步糾正他們的發音，他們若是有一個字說得不對，我就認為那是我的過錯。所有物品，沒有在書籍記錄中得到考證，我就不敢隨便稱呼，這些都是你們知道的事情。

古今言語，時俗不同；著述之人，楚、夏各異。《蒼頡訓詁》[1]，反「稗」為「逋賣」，反「娃」為「於乖」；《戰國策》音「刎」為「免」，《穆天子傳》音「諫」為「間」；《說文》音「戛」為「棘」，讀「皿」為「猛」；《字林》音「看」為「口甘反」，音「伸」為「辛」；《韻集》以成、仍、宏、登合成兩韻，為、奇、益、石分作四章；李登《聲類》以「系」音「羿」，劉昌宗《周官音》讀「乘」若「承」：此例甚廣，必須考校。前世反語，又多不切，徐仙民《毛詩音》反「驟」為「在遘」，《左傳音》切「椽」為「徒緣」，不可依信，亦為眾矣。今之學士，語亦不正；古獨何人，必應隨其訛僻乎[2]？《通俗文》曰：「入室求曰搜。」反為「兄侯」。然則「兄」當音「所榮反」。今北俗通行此音，亦古語之不可用者。璵璠（yú fán）[3]，魯人寶玉，當音「餘煩」，江南皆音「藩屏」之「藩」。「岐」山當音為「奇」，江南皆呼為「神祇」之「祇」。江陵陷沒，此音被於關中，不知二者何所承案。以吾淺學，未之前聞也。

註釋

1《蒼頡訓詁》：書名，東漢杜林所撰。2 訛僻：訛誤。3 璵璠：美玉。漢朝桓寬《鹽鐵論・晁錯》：「夫以璵璠之玼而棄其璞，以一人之罪而兼其眾，則天下無美寶信士也。」

譯文

古今的語言，因為時俗習慣的差異而有所不同；撰述文章的人，也是南楚北夏各不相同。《蒼頡訓詁》中給「稗」注的音是「逋賣反」，給「娃」注的音是「於乖反」；《戰國策》把「刎」讀成「免」；《穆天子傳》給「諫」注音為「間」；《說文解字》將「戛」注音為「棘」，將「皿」讀作「猛」；《字林》中給「看」注的音是「口甘反」，把「伸」注音為「辛」；《韻集》中把「成」、「仍」、「宏」、「登」合為兩個韻，又把「為」、「奇」、「益」、「石」分入四個韻部；李登的《聲類》用「系」給「羿」注音；劉昌宗的《周官音》將「乘」讀若「承」：這些例子有很多，必須注意考證校正。前代的反切注音，又有很多是不準確的。徐仙民的《毛詩音》中將「驟」的讀音注為「在遘反」，《左傳音》中將「椽」注為「徒緣切」，這些不能信從的例子也是很多的。現在的學者，注音也有不正確的。古人是什麼人，後人一定要沿襲他們的錯誤嗎？《通俗文》中說：「入室求曰搜。」作者將「搜」注為「兄侯反」。如果是這樣的話，那麼「兄」就應該讀作「所榮反」。現在北方民間通行這個讀音，這也是古代語言中不能沿用的例子。璵璠，是魯國的寶玉，應該讀成

「餘煩」，江南地區的人都把「璠」讀成「藩屏」的「藩」。「岐山」的「岐」應該讀作「奇」，江南地區的人都將它讀作「神祇」的「祇」。江陵陷落以後，這兩種讀音在關中普遍流傳，不知道它們的依據是什麼。因為我才疏學淺，還沒有聽說過。

北人之音，多以「舉」、「莒」為「矩」；唯李季節云：「齊桓公與管仲於臺上謀伐莒，東郭牙望見桓公口開而不閉，故知所言者莒也。然則莒、矩必不同呼[1]。」此為知音矣[2]。

註釋

1 呼：音韻學名詞。漢語音韻學家依據口、脣的形態將韻母分為開口呼、齊齒呼、合口呼、撮口呼四類，合稱四呼。2 知音：懂得音韻的人。

譯文

北方人的語音，經常把「舉」、「莒」讀成「矩」；只有李季節說：「齊桓公與管仲在臺上商議討伐莒國的事情時，東郭牙遠遠望見桓公說話的時候嘴張開而不合上，因而知道他們談論的對象是莒國。這樣的話，『莒』、『矩』二字的發音方法必定有開口、合口的不同。」他是懂音韻的人。

夫物體自有精粗，精粗謂之好惡（hǎo è）[1]；人心有所去取，去取謂之好惡（hào wù）[2]。此音見於葛洪、徐邈。而河北學士讀《尚書》云好生惡殺[3]。是為一論物體，一就人情，殊不通矣。

註釋　1好惡：好壞。2好惡：喜好與嫌惡。3好生惡殺：愛惜生靈，厭惡殺生。河北地區的學者可能是讀成了好（hǎo）生惡（è）殺，所以顏之推認為他們讀錯了。

譯文　物體本身有精良、粗劣的分別，精粗也就是好惡；人的心意對事物有捨棄或保留，這種捨棄或保留的心理就是好惡。後一種好惡的讀音見於葛洪和徐邈的著作。而黃河以北地區的讀書人在讀《尚書》時卻將「好（hào）生惡（wù）殺」讀作「好（hǎo）生惡（è）殺」。這兩種讀音一種是評論物體質地的，一種是表達人類情緒的，將這兩種讀音混為一談實在是說不通。

賞析與點評

廣東話有九聲六調，九聲調分別是陰平、陰上、陰去、陰入、中入、陽平、陽上、陽去、陽入。有些字，雖為同一個字，但在不同的聲調下就有不同的意思，如「衣」，表示衣服時，讀「依」，可是成語「衣錦還鄉」的「衣」，卻讀「意」；同樣，「靚仔」與「覸仔」讀音相差不遠，「靚」是第六聲，「覸」卻是第一聲，兩者意思迴然不同。近年，香港提倡正音正字運動，而香港中學文憑試的中文科亦有測試語音的朗讀部分，目的是讓人懂得朗讀正確讀音，有助理解字詞的意思。

甫者，男子之美稱，古書多假借為「父」字；北人遂無一人呼為「甫」者，亦所未喻[1]。唯管仲、范增之號[2]，須依字讀耳。

註釋

1 喻：知曉明白。2 管仲、范增之號：管仲號仲父，范增號亞父。

譯文

「甫」是男子的美稱，古代寫的時候多假借為「父」字；北方人竟然沒有一個人將這個「父」字讀成「甫」，這是因為他們不明白二者的假借關係。只有管仲（仲父）和范增（亞父）二人名號中的「父」字應該依本字而讀。

案：諸字書，焉者鳥名，或云語詞[1]，皆音「於愆反」。自葛洪《要用字苑》分焉字音訓：若訓「何」訓「安」，當音「於愆反」，「於焉逍遙」、「於焉嘉客」、「焉用佞」、「焉得仁」之類是也；若送句及助詞[2]，當音「矣愆反」，「故稱龍焉」、「故稱血焉」、「有民人焉」、「有社稷焉」、「託始焉爾」、「晉、鄭焉依」之類是也。江南至今行此分別，昭然易曉；而河北混同一音，雖依古讀，不可行於今也。

註釋

1 語詞：即「語辭」，文言虛詞。2 送句：句末語氣詞。王利器《顏氏家訓集解》：「古言文章，有發送之說：發句安頭，送句施尾。」

譯文

據考證：各種字書都認為「焉」是鳥名，也有說是虛詞，都注音為「於愆反」。自葛洪的《要用字苑》起，才開始區別「焉」字的讀音和意義：如果解釋作「何」、「安」，就應該讀作「於愆反」，「於焉逍遙」、「於焉嘉客」、「焉用佞」、「焉得仁」之類的句子就是這樣；如果「焉」字是用作句末語氣詞及結構助詞，就應該讀作「矣愆反」，「故稱龍焉」、「故稱血焉」、「有民人焉」、「有社稷焉」、「託始焉爾」、「晉、鄭焉依」這類句子就是如此。江南地區至今沿用這種不同讀音，字的意思非常明瞭易懂；而黃河以北地區把兩種讀音混為一種，這雖然遵從古音，卻不能用在如今的世代。

邪者，未定之詞[1]。《左傳》曰：「不知天之棄魯邪？抑魯君有罪於鬼神邪？」《莊子》云：「天邪地邪？」《漢書》云：「是邪非邪？」之類是也。而北人即呼為也，亦為誤矣。難者曰：「《繫辭》云：『乾坤，易之門戶邪？』此又為未定辭乎？」答曰：「何為不爾！上先標問，下方列德以折之耳[2]。」

註釋

1 未定之詞：即疑問詞。2 折：判斷，裁決。

譯文

「邪」是表示疑問的語氣詞。《左傳》說：「不知天之棄魯邪？抑魯君有罪於鬼神邪？」《莊子》上說：「天邪地邪？」《漢書》說：「是邪非邪？」這些例子中的「邪」字就是這種用法。不過北方人卻把「邪」字讀作「也」，這就錯了。有人詰難我說：「《繫辭》裏說：『乾坤，易之門戶邪？』這個『邪』字難道也是疑問語氣詞嗎？」我回答說：「為什麼不是呢！前面先提出問題，後面才陳述陰陽之德作為裁斷啊。」

江南學士讀《左傳》，口相傳述，自為凡例，軍自敗曰「敗」，打破人軍曰「敗」。諸記傳未見「補敗反」，徐仙民讀《左傳》，唯一處有此音，又不言自敗、敗人之別，此為穿鑿耳。

譯文

江南地區的學子讀《左傳》，是靠口授遞相傳述的，他們自行制定了一套音讀章法，軍隊自己潰敗說「敗」，打敗對方軍隊也說「敗」。各種記載和傳本中都沒有見過「補敗反」這個注音。徐仙民讀《左傳》的時候，只在一處注了這個讀音，並沒有說自敗和打敗別人的分別，這就是牽強附會了。

古人云：「膏粱難整[1]。」以其為驕奢自足，不能克勵也[2]。吾見王侯外戚，語多不正，亦由內染賤保傅[3]，外無良師友故耳。梁世有一侯，嘗對元帝飲謔，自陳「癡鈍」，乃成「颸（sī）段」[4]，元帝答之云：「颸異涼風，段非干木。」謂「郢州」為「永州」，元帝啟報簡文，簡文云：「庚辰吳入[5]，遂成司隸[6]。」如此之類，舉口皆然。元帝手教諸子侍讀[7]，以此為誡。

註釋

1 膏粱：指富貴人家及其後嗣。2 克勵：克制私慾，力求上進。3 保傅：古代保育、教導太子等貴族子弟及未成年帝王、諸侯的男女官員，統稱為保傅。

4 颸：涼風。5 庚辰吳入：指的是春秋時期吳國軍隊攻入楚國郢都的事。《春秋》記載：「（定公四年）冬十有一月庚午，蔡侯以吳子及楚人戰於柏舉，楚師敗績，楚囊瓦出奔鄭。庚辰，吳入郢。」簡文帝此處故意省略了「郢」字。

6 司隸：指東漢司隸校尉鮑永，簡文帝此處暗用「永」字。7 侍讀：古代官名。其職責是陪侍帝王讀書論學或為皇子等授書講學。南北朝、唐、宋諸王屬官，有侍讀，侍講。

譯文

古人說過：「整天享用精美食物的人，他們的品行很少是端正的。」這是因為他們的生活自滿驕橫奢侈，不能克制勉勵自己。我見到的王侯外戚，語音多數都不標準，這是因為他們在內受到那些下賤保傅的熏染，在外又沒有良師益友的緣故。梁朝有一位侯爵，曾經和梁元帝一起飲酒玩笑，他自稱「癡鈍」，卻把這兩個字讀成了「颸段」。元帝回答他說：「你說的這個『颸』不是涼風，『段』也不是段干木。」他還把「郢州」說成「永州」。元帝把這件事告訴了簡文帝，簡文帝說：「庚辰日吳人攻入的地方，竟然變成了後漢的司隸校尉。」像這種發音不準的例子，那些王公貴戚張口都是。元帝親自教導諸位皇子的侍讀，就以此事來告誡他們。

河北切「攻」字為「古琮」，與「工」、「公」、「功」三字不同，殊為僻也。比世有人名暹（xiān）[1]，自稱為「纖」；名琨，自稱為「袞」；名洸，自稱為「汪」；名勬，自稱為「獡（shuò）」[2]。非唯音韻舛（chuǎn）錯[3]，亦使其兒孫避諱紛紜矣。

註釋

1 暹：太陽升起。2 獡：驚怕的樣子。3 舛錯：差錯，不正確。

譯文

黃河以北地區的人將「攻」字注音為「古琮切」，與「工」、「公」、「功」三字的讀音不同，這是十分錯誤的。近代有人名叫「暹」，他自己將「暹」讀成「纖」；有人名叫「琨」，他自己將「琨」讀成「袞」；有人名叫「洸」，他自己將「洸」讀成「汪」；有人名叫「勬」，他自己將「勬」讀成「獡」。這不僅在音韻上有錯誤，也使子孫後代的避諱變得紛繁雜亂了。

賞析與點評

香港近年根據古籍古音推行「正音運動」，這本是好事。惟不少字的讀音年長日久，習非成是。至於「正音」多是照搬經典古籍，啟用一些廢棄不用的古音，我們應該使用這些古音，還是注重實際情況，根據完整可稽查的文獻，在不影響溝通的前提下，矯正錯的讀音？這是個難題。語言是演變的，正如顏之推所言：「古語與今殊別」。現在提倡正音的人根據的是《廣韻》、《集韻》等書，而這些書的記錄方式是反切，反切其實無法準確地記錄某字的讀音，比如「灘」字是「他丹切」，那麼也只能說明「灘」字的聲母與「他」相同，「灘」字的韻母與「丹」相同，卻不能證明「灘」字的聲母在古時真的讀 [t]，「丹」字的韻母真的讀 [an]。所以，說來說去，根據《廣韻》的反切，我們只能知道字與字之間讀音的異同關係，卻不能知道這些字在古時的真正讀音。就是說根據所謂古代權威的讀音字典如《廣韻》和《集韻》，還是讀不出某字在古時的讀音，因此對於正音，除非一些俗音的確影響人們對某字或某詞的理解，否則最重要的是看大部分人約定俗成的讀音。

雜藝第十九

本篇導讀——

作者在這一篇主要討論了書法、繪畫、騎射、博弈、投壺、算術、醫學等技藝，他認為這些事情或者可以修身，或者可以怡情，或者可以有助於日常生活。不過，作者對這些技藝持着「微須留意」的態度，認為不可專精，否則不僅可能玩物喪志，更可能會因此而被人役使。通過作者的敘述，我們可以從中窺視晉宋以來這些「雜藝」的發展水平，進而增加我們對這一時期的社會生活的認識。

真草書跡[1]，微須留意。江南諺云：「尺牘書疏，千里面目也。」承晉、宋餘俗，相與事之，故無頓狼狽者。吾幼承門業，加性愛重，所見法書亦多，而玩

習功夫頗至，遂不能佳者，良由無分故也。然而此藝不須過精。夫巧者勞而智者憂，常為人所役使，更覺為累；韋仲將遺戒[2]，深有以也。

註釋

1 真草：書體名，真書和草書。真書，即楷書。2 韋仲將：魏代書法家。《世說新語．巧藝》中說魏明帝興造宮殿，命韋仲將登梯題字，韋仲將累得鬢髮斑白，因此告誡子孫不要學書法。

譯文

楷書、草書等書法技藝，是要稍加留意的。江南的諺語說：「一封短信，就是千里之外給人看的面目。」現在的人繼承了東晉和劉宋以來的風氣，都用功學習書法，因此在這方面從沒有突然感到為難窘迫的時候。我自小繼承家傳的學業，加上本身也很愛好書法，看過的書法字帖也很多，而且在臨摹玩味上也下了不少功夫，最終還是不能達到很高的水準，大概是因為缺少天分的緣故。然而這門技藝沒有必要學得太精深。巧者多勞，智者多憂，若因此而常被人家支使，反而會令精通書法成為一種負累。魏代書法家韋仲將給兒孫留下「不要學書法」的訓誡，是很有道理的。

王逸少風流才士，蕭散名人[1]，舉世唯知其書，翻以能自蔽也。蕭子雲每歎曰：「吾著《齊書》，勒成一典，文章弘義[2]，自謂可觀；唯以筆跡得名，亦異事也。」王褒地胄（zhòu）清華[3]，才學優敏，後雖入關，亦被禮遇。猶以書工，崎嶇碑碣之間，辛苦筆硯之役，嘗悔恨曰：「假使吾不知書，可不至今日邪？」以此觀之，慎勿以書自命。雖然，廝猥之人[4]，以能書拔擢（zhuó）者多矣[5]。故道不同不相為謀也。

註釋

1 蕭散：猶瀟灑。形容舉止、神情、風格等自然，不拘束，閒散舒適。2 弘義：大義，正道。3 地胄：南北朝時，稱皇族帝室為「天潢」，世家豪門為「地胄」，後亦泛指門第。地胄清華指門第清高顯貴。4 廝猥：地位卑微。5 拔擢：選拔提升。見《後漢書．岑彭傳》：「蒙薦舉拔擢，常思有以報恩。」

譯文

王羲之是一位瀟脫飄逸的才子，瀟灑而不受約束的名士，世間所有人都只知道他的書法精妙，可是這卻掩蓋了他其他方面的才華。蕭子雲常常感歎說：「我撰寫的《齊書》，編定一朝的典要，書中的文章大義，我自以為很值得一看，可是我卻因書中的書法精妙而得名，這真是怪事。」王褒出身高貴門第，學識淵博，文思敏捷，後來雖然到了關中，但依然受到禮遇。他因為擅長書法，而經常困頓於碑碣之間，辛辛苦苦替別人寫字，他曾後悔說：「假如我不精通書法，就不至於像現在這樣吧？」由此看來，千萬不要以精通書法而自命不凡。話雖這樣說，但地位低下的人，因寫得一手好字而被提拔的事例有很多。所以說，目標不同的人是不能一起謀劃的。

梁氏祕閣散逸以來[1]，吾見二王真草多矣，家中嘗得十卷；方知陶隱居、阮交州、蕭祭酒諸書[2]，莫不得羲之之體，故是書之淵源。蕭晚節所變，乃右軍年少時法也。

註釋

1 祕閣：皇宮中收藏圖書祕笈之所。2 陶隱居：陶弘景，南朝著名隱士。阮交州：指梁朝人阮研，字文幾，陳留人，官至交州刺史，善書。蕭祭酒：指蕭子雲，他曾任國子監祭酒。

譯文

梁朝祕閣珍藏的圖書文籍散失以後，我見過很多王羲之、王獻之的楷書、草書作品，家裏曾經有十卷。看了這些作品才知道陶弘景、阮研、蕭子雲等人的字，無不是學習了王羲之的字體佈局，因此說王羲之的字是書法的淵源。蕭子雲晚年時所寫的字有所變化，就是學習了王羲之年輕時所寫的字。

晉、宋以來，多能書者。故其時俗，遞相染尚，所有部帙[1]，楷正可觀，不無俗字，非為大損。至梁天監之間，斯風未變；大同之末，訛替滋生。蕭子雲改易字體，邵陵王頗行偽字[2]；朝野翕（xī）然[3]，以為楷式[4]，畫虎不成，多所傷敗。至為一字，唯見數點，或妄斟酌，逐便轉移。爾後墳籍，略不可看。北朝喪亂之餘，書跡鄙陋，加以專輒造字，猥拙甚於江南。乃以「百」「念」為「憂」，「言」「反」為「變」，「不」「用」為「罷」，「追」「來」為「歸」，「更」「生」為「蘇」，「先」「人」為「老」，如此非一，遍滿經傳。唯有姚元標工於楷隸[5]，留心小學，後生師之者眾。洎（jì）於齊末[6]，祕書繕寫，賢於往日多矣。

註釋

1 部帙：書籍的部次卷帙。2 偽字：指不規範的字。3 翕然：一致。4 楷式：法則，典範。5 姚元標：南北朝人，官至左光祿大夫，以書法見稱。6 洎：到，及，至。

譯文

東晉、劉宋以來，有很多精通書法的人，因此一時形成了風氣，人們彼此互相影響，所有的書籍文獻都抄錄得非常端正美觀。雖然難免出現個別俗體字，但並沒有太大損害。直到梁武帝天監年間，這種風氣也沒有改變；到了大同末年的時候，異體錯訛之字開始大量出現。蕭子雲改變字的形體，邵陵王常常使用不規範的字；朝野上下都一致仿效，將他們奉為典範，結果畫虎不成反類犬，造成很大的損害。這導致一個字被簡化成只有數點，有的人把字體隨意安排，任意改變偏旁的位置。自從那時以後的文獻書籍，幾乎讓人無法閱讀。北朝經歷長期的兵荒馬亂以後，人們的書寫字跡變得醜陋難看，再加上人們擅自生造新字，情況比江南地區還要拙劣。甚至出現將「百」、「念」兩字組合成「憂」字，把「言」、「反」兩字組合成「變」字，將「不」、「用」兩字組合成「罷」字，把「追」、「來」兩字組合成「歸」字，將「更」、「生」兩字組合成「蘇」字，把「先」、「人」兩字組合成「老」字，像這樣的情況不是個別的，而是遍佈於經籍傳書之中。只有姚元標擅長楷書、隸書，專心研究文字訓詁的學問，跟從他學習的年輕人有很多。到了北齊末年，祕閣書籍的抄寫就比以前好多了。

江南閭里間有《畫書賦》，乃陶隱居弟子杜道士所為；其人未甚識字，輕為軌則[1]，託名貴師，世俗傳信，後生頗為所誤也。

註釋

1 軌則：規則，準則。

譯文

江南民間流傳《畫書賦》一書，是陶弘景的弟子杜道士撰寫的。這個人不怎麼認識字，卻輕率地規定字體的法則，假託名師，世人以訛傳訛，信以為真，年輕學子多被他所誤導。

畫繪之工，亦為妙矣；自古名士，多或能之。吾家嘗有梁元帝手畫蟬雀白團扇及馬圖，亦難及也。武烈太子偏能寫真[1]，坐上賓客，隨宜點染，即成數人，以問童孺，皆知姓名矣。蕭賁、劉孝先、劉靈[2]，並文學已外，復佳此法。玩閱古今，特可寶愛。若官未通顯，每被公私使令，亦為猥役。吳縣顧士端出身湘東王國侍郎，後為鎮南府刑獄參軍，有子曰庭，西朝中書舍人，父子並有琴書之藝，尤妙丹青，常被元帝所使，每懷羞恨。彭城劉岳，橐之子也，仕為驃騎府管記、平氏縣令，才學快士，而畫絕倫。後隨武陵王入蜀，下牢之敗[3]，遂為陸護軍畫支江寺壁[4]，與諸工巧雜處[5]。向使三賢都不曉畫，直運素業，豈見此恥乎？

註釋

1 武烈太子：即梁元帝長子蕭方等，字實相。寫真：畫人的真容。2 蕭賁：字文奐，南齊竟陵王蕭子良之孫，有文才，善書畫。劉孝先：南朝梁人，善寫五言詩。劉靈：南朝梁人，工文善畫。3 下牢：即下牢關，在今湖北宜昌市西北。4 陸護軍：指陸法和。5 工巧：泛指匠人，工匠。

譯文

擅長繪畫，也是件好事。自古以來的名人，很多都擅長繪畫。我家曾保存梁元帝親手畫的蟬雀白團扇和馬圖，這些畫達到了一般人難以企及的水平。武烈太子蕭方等特別擅長畫人物肖像，對於在座的賓客，他只要用筆隨意點染，就能畫出這些人的樣子，拿這些畫像去問小孩，小孩都能指出畫中人物的姓名。還有蕭賁、劉孝先、劉靈，他們除了精通文學創作之外，繪畫技術也高。賞玩古今名畫，確實讓人愛不釋手。不過如果善於作畫的人官位不顯貴，就會因為擅長繪畫而常被公家或私人使喚，作畫就成了一種下賤的差使。吳縣顧士端曾是湘東王國的侍郎，後來任鎮南府刑獄參軍，他有個兒子名叫顧庭，是梁元帝的中書舍人，父子倆都通曉琴藝和書法，尤其精通繪畫，常因此被梁元帝使喚，時常感到羞愧悔恨。彭城人劉岳，是劉橐的兒子，擔任過驃騎府管記、平氏縣令，富有才學，為人豪爽，繪畫技藝十分高超。後來他跟隨武陵王到蜀地，下牢關戰敗後，就為陸護軍畫支江寺壁畫，和那些工匠一起雜處。如果這三位賢能的人都不懂得繪畫，一直專心致力於清高儒雅的事業，怎麼會受到這樣的恥辱呢？

弧矢之利[1]，以威天下，先王所以觀德擇賢，亦濟身之急務也。江南謂世之常射，以為兵射，冠冕儒生，多不習此；別有博射[2]，弱弓長箭，施於準的，揖讓升降，以行禮焉。防禦寇難，了無所益。亂離之後，此術遂亡。河北文士，率曉兵射，非直葛洪一箭[3]，已解追兵，三九宴集，常縻（mí）榮賜[4]。雖然要輕禽，截狡獸，不願汝輩為之。

註釋

1 弧矢：弓箭。2 博射：中國古代一種遊戲性的習射方式。3 直：只。4 縻：分得，獲得。

譯文

弓箭的鋒利，可以威震天下，古代的帝王以射箭來考察人的德行，選擇賢者，同時操弓射箭也是保全自己性命的要事。江南的人將世上常見的射箭，稱為「兵射」，士大夫和讀書人都不肯學習此道。另外有一種「博射」，弓的力量很弱，箭身較長，射在箭垛上，賓主相見時揖讓進退，以此表達禮節。這種射箭對於防禦敵寇，一點幫助都沒有。戰亂之後，這種「博射」就沒人玩了。北方的文人，都懂得「兵射」，不僅能像葛洪那樣一箭射死追兵，而且在三公九卿宴會時也常常因精於射箭獲得賞賜。儘管是這樣，用射箭去獵獲飛禽走獸這種事，我仍是不願意你們去做的。

賞析與點評

老子雖說：「兵者不祥之器」，惟俗語也說：「人無害虎心，虎有傷人意」，因此國家必須常備兵甲。當人身處亂世，為了保身全家，不可放棄武力；即使身處太平之世，個人亦不可輕易放棄保護自己的能力，因為權益是要爭取的，只有用雙手爭取回來的，才能長久屬於自己。比如說，美國允許民眾持槍的原意，就是當有人破壞規則，損害民眾權益時，就賦予他們反抗的權力。故此，兵者雖為凶器，若為自由、民主、平等故，亦有其用途。

卜筮者，聖人之業也；但近世無復佳師，多不能中。古者，卜以決疑，今人生疑於卜；何者？守道信謀，欲行一事，卜得惡卦，反令怵（chì）怵[1]，此之謂乎！且十中六七，以為上手，粗知大意，又不委曲[2]。凡射奇偶[3]，自然半收，何足賴也。世傳云：「解陰陽者，為鬼所嫉，坎壈（kǎn lǎn）貧窮[4]，多不稱泰。」吾觀近古以來，尤精妙者，唯京房、管輅、郭璞耳[5]，皆無官位，多或罹災，此言令人益信。儻值世網嚴密，強負此名，便有詿（guà）誤[6]，亦禍源也。及星文風氣，率不勞為之。吾嘗學《六壬（rén）式》[7]，亦值世間好匠，聚得《龍首》、

《金匱》、《玉軨變》、《玉曆》十許種書，討求無驗，尋亦悔罷。凡陰陽之術，與天地俱生，亦吉凶德刑，不可不信；但去聖既遠，世傳術書，皆出流俗，言辭鄙淺，驗少妄多。至如反支不行[8]，竟以遇害；歸忌寄宿[9]，不免凶終：拘而多忌，亦無益也。

註釋

1 怵怵：憂懼不安的樣子。2 委曲：知其詳盡。3 射：猜度。4 坎壈：困頓不得志。5 京房：西漢人，以易學聞名。管輅：東漢末年人，長於占卜。郭璞：晉人，長於占卜。6 詿誤：貽誤，連累。7《六壬式》：動用陰陽五行進行占卜凶吉的方法之一。8 反支：即反支日，古代術數星命之說，以反支日為禁忌之日。《漢書·游俠傳》記載張竦因在反支日不肯出行，為賊所殺之事。9 歸忌：陰陽家認為某些日子不宜在家。《後漢書·郭躬傳》記載汝南人陳伯敬小心翼翼，遇到歸忌之日，寧可寄宿在外，但最終被女婿連累，被殺。

譯文

卜筮，是聖人的事務。可是近世沒有高明的巫師，他們的占卜大多數都不靈驗。古時候，占卜是用來解除疑惑的，現在的人反而因為占卜而產生了疑惑，為什麼呢？堅守道德規範，相信自己謀劃的人，打算去辦一件事，占卜時卻得到了不好的卦，反而讓他感到憂慮不安，生疑於卜就是這個意思吧。況且，現在的人十次占卜，其中只有六七次應驗，人們就認為他是高手，其實他只是粗略地知道占卜的大意，並不精通。但凡是猜測奇偶正負，自然會有一半猜中的機會，這樣的結果怎麼值得信賴呢？世人傳說：「精通陰陽占卜的人，被鬼神所憎惡，一生坎坷貧窮，大多過得不太平。」我看近古以來，特別精通占卜的人，也就是京房、管輅、郭璞三人罷了。他們都沒有官職，又多遭災禍，因此這個傳言就更加讓人覺得可信。倘若適逢世間法網嚴密，勉強地背負占卜的名聲，就會受到牽累禍害，這就是禍根呀。至於看天文、觀星相、測氣候之類，一概都不要去研究。我曾學過《六壬式》，也遇到過世上的占卜高手，收集了《龍首》、《金匱》、《玉軨變》、《玉曆》等十幾種占卜的書，探討一番之後發現書中所說的並沒有應驗，不久就因後悔而作罷了。陰陽占卜之術，與天地共生，它所昭示的吉兆凶象、施加的恩澤與懲罰，是不能不信的。只是現在離聖人的年代已久，世上流傳的占卜書，都是庸人所撰，言詞粗鄙淺陋，應驗的少，虛妄的多。至於有人在反支日不敢遠行，反而因此遇害；有人在歸忌日寄居在外，還是免不了一死：因拘泥於此類說法而忌諱多多，是沒什麼益處的。

算術亦是六藝要事，自古儒士論天道，定律曆者，皆學通之。然可以兼明，不可以專業[1]。江南此學殊少，唯范陽祖暅精之[2]，位至南康太守。河北多曉此術。

註釋

1 專業：專門從事某種學業或職業。2 祖暅：即祖暅之，祖沖之的兒子，字景爍，中國南北朝時期數學家、天文學家。

譯文

算術也是六藝中重要的一項，自古以來的讀書人中能談論天文，推定律曆的人，都精通算術。然而，可以在學習其他知識的同時學習算術，不要專門學習它。江南通曉算術的人很少，只有范陽人祖暅精通，他官至南康太守，河北地區的人大多通曉這門學問。

醫方之事，取妙極難，不勸汝曹以自命也。微解藥性，小小和合[1]，居家得以救急，亦為勝事，皇甫謐、殷仲堪則其人也。

註釋

1 和合：調和，混和。

譯文

醫道這種事，要達到精妙極為困難，我不鼓勵你們以會看病自許。稍微懂得一些藥性，稍微能夠配藥，日常生活中能夠用來救急，也是一件美事。皇甫謐、殷仲堪就是這樣的人。

《禮》曰：「君子無故不徹琴瑟[1]。」古來名士，多所愛好。洎於梁初，衣冠子孫，不知琴者，號有所闕；大同以末，斯風頓盡。然而此樂愔（yīn）愔雅致[2]，有深味哉！今世曲解[3]，雖變於古，猶足以暢神情也。唯不可令有稱譽，見役勳貴，處之下坐，以取殘杯冷炙之辱。戴安道猶遭之[4]，況爾曹乎！

註釋

1 徹：撤除，撤去。2 愔愔：和悅安舒貌。3 曲解：古樂府一節稱一解，泛指樂曲。4 戴安道：晉人戴逵，字安道，他善於彈琴，武陵王司馬晞一次召他彈琴，他不去，當着使者的面摔壞了琴，表示不做王門伶人。事見《晉書·列傳第六十四》。

譯文

《禮記》裏說：「君子無故不撤去琴瑟。」自古以來的名士，大多愛好彈琴。到了梁朝初期，如果貴族子弟不懂彈琴，就會被指有缺失；到了大同末年，這種風氣就已經蕩然無存了。不過這種音樂安閒和雅，確實有着深厚的意味啊！現在的琴曲歌詞，雖然不同於古曲，聽了之後還是能夠使人心情舒暢。只是不要以擅長彈琴聞名，那樣就會被達官貴人所役使，坐在宴席下面，身受伶人般的屈辱。戴安道尚且遭遇過這樣的事，何況你們呢？

《家語》曰[1]：「君子不博，為其兼行惡道故也。」《論語》云：「不有博弈者乎？為之，猶賢乎已。」然則聖人不用博弈為教，但以學者不可常精，有時疲倦，則儻為之，猶勝飽食昏睡，兀然端坐耳[2]。至如吳太子以為無益，命韋昭論之[3]；王肅、葛洪、陶侃之徒[4]，不許目觀手執，此並勤篤之志也。能爾為佳。古為大博則六箸[5]，小博則二煢（qióng）[6]，今無曉者。比世所行，一煢十二棋，數術淺短，不足可玩。圍棋有手談、坐隱之目[7]，頗為雅戲；但令人耽憒（kuì）[8]，廢喪實多，不可常也。

註釋

1《家語》：即《孔子家語》，魏人王肅所作偽書。2 兀然：無知的樣子。3 韋昭：即韋曜，他本名昭，史書為避晉諱改作曜。曜字弘嗣，三國時期吳郡雲陽人，曾為太子中庶子。時蔡穎亦在東宮，蔡穎喜歡博弈，太子和認為無益，命曜論之。事見《三國志・吳書・韋曜傳》。4王肅：魏人，著名學者。葛洪：著有《抱朴子》。陶侃：晉朝名將，東晉初年曾平王敦之亂。三人都不許門人子弟近於博弈之具。5博：指博戲，又叫局戲，是古代的一種遊戲，有六箸十二棋。六箸：古代博弈之具。6煢：賭具，骰子。7手談、坐隱：都是下圍棋的別稱。8耽憒：沉迷昏聵。

譯文

《孔子家語》說：「君子不參與博戲，是因為它能很快使人走上不正之道。」《論語》說：「不是有玩博弈下棋等遊戲嗎？玩博弈下棋，總比什麼都不做好。」話雖如此，但聖人不會以博弈來教學生，只是認為讀書人不可能總是一直專注學習，有的時候感到疲倦了，偶爾玩玩，總比吃飽飯昏昏而睡，或是傻愣愣的坐着好罷了。至於吳太子認為博弈毫無益處，他命韋昭寫文章議論這件事；王肅、葛洪、陶侃等人，不許圍觀及參與博弈，這都是勤奮專一的標誌。能做到這樣當然更好。古時候，大的博戲用六箸，小的則擲二骰，現在已經沒有人懂得玩了。近代流行的是用一個骰子和十二個棋子，路數技巧簡單乏味，不值得深玩。圍棋另有「手談」、「坐隱」的名稱，可算是一種高雅的遊戲，但是會令人沉迷其中，容易廢事喪時，不能經常玩。

投壺之禮[1]，近世愈精。古者，實以小豆，為其矢之躍也。今則唯欲其驍（xiāo）[2]，益多益喜，乃有倚竿、帶劍、狼壺、豹尾、龍首之名[3]。其尤妙者，有蓮花驍。汝南周璝，弘正之子，會稽賀徽，賀革之子，並能一箭四十餘驍。賀又嘗為小障，置壺其外，隔障投之，無所失也。至鄴以來，亦見廣寧、蘭陵諸王，有此校具[4]，舉國遂無投得一驍者。彈棋亦近世雅戲，消愁釋憒，時可為之。

註釋

1 投壺：古代宴會禮制，亦是一種娛樂活動。賓主依次用矢投向盛酒的壺口，以投中多少決勝負，負者飲酒。2 驍：古代投壺遊戲，箭從壺中跳出，用手接住再投，屢投屢躍，箭不墜地，稱之「驍」。見《西京雜記》：「郭舍人則激矢令還，一矢百餘反，謂之為驍。」3 倚竿：投壺招數，箭斜倚在壺口中。帶劍：投壺招數，把箭投插入壺耳中。狼壺：投壺招數，箭旋轉壺口之上，最後像倚竿那樣斜倚壺口中。豹尾：投壺招數，即龍尾，箭斜倚在壺口中，而箭羽正面朝向投壺之人。龍首：投壺招數，箭斜倚壺口中而箭首正面朝向投壺之人。4 校具：被裝飾的物品。

譯文

投壺這種禮事，近代越發精妙。古時候，壺裏要裝滿小豆子，怕箭從壺中跳出來。現在人在投壺的時候卻只想讓箭能從壺中跳出來，跳出來的次數越多越高興，於是就有了倚竿、帶劍、狼壺、豹尾、龍首等名目。其中最精妙的是蓮花驍。汝南人周璝，是周弘正的兒子，會稽人賀徽，是賀革的兒子，他們都能使一支箭連續投躍四十多次。賀徽曾經安置了一個小屏風，把壺放在屏風的外面，他隔着屏風投壺，無所不中。自從我到鄴城以來，也看見廣寧王、蘭陵王等王公也有投壺的設備，但是舉國上下竟然沒有人能投一驍。彈棋也是近代一種高雅的遊戲，用來消愁解悶，可以偶爾為之。

賞析與點評

作者認為：「夫巧者勞而智者憂，常為人所役使，更覺為累」，這種怕被「役使」的價值觀與現代不同，現代人喜歡被關注，被需要，由此獲得存在感，假如個人的技藝能在工作中被人賞識更佳。顏氏又認為：「若官未通顯，每被公私使令，亦為猥役」，可見，當時的人認為畫畫等雜藝只是小藝，只可用來娛樂。如果技藝過人，反而容易為上級役使，即使有升官發財的機會，顏氏卻不以此為榮，反而覺得羞恥，這就是讀書人所言的「恥辱」。「富與貴，是人之所欲也，不以其道得之，不處也」，這也是第六章所提及的「風操」，可見作者的思想在本書中是一以貫之的。

終制第二十

本篇導讀——

終制即送終之制，類似現在的遺囑，作者細說了自己一生的坎坷遭遇，並且抒發了未能將父母的靈柩遷葬故土的負疚心情。在這一篇中，作者預先安排自己的身後之事，他叮囑子女將他薄葬，提出了不少殮葬從簡的方法，如不用隨葬品，不樹不封，不須招魂復魄，不許用酒肉作祭品等等。此外，他還勸誡子孫要以立身揚名為重，不要因為顧戀他為他守墓而埋沒前程。本篇有關殮葬的描述，展示了南北朝時期的喪葬風格。

死者，人之常分，不可免也。吾年十九，值梁家喪亂，其間與白刃為伍者[1]，亦常數輩；幸承餘福，得至於今。古人云：「五十不為夭。」吾已六十餘，故心

坦然，不以殘年為念。先有風氣之疾[2]，常疑奄然[3]，聊書素懷，以為汝誡。

註釋 1白刃：鋒利的刀。2風氣：病名。3奄然：突然死去。

譯文 死亡，對於每個人來說是必然的歸宿，無可避免。我十九歲的時候，正值梁朝覆亡，動亂期間出沒於刀光劍影中，已有很多次了；幸虧蒙受祖上的福蔭，我才能活到今天。古人說：「活到五十歲就不算短命了。」我如今六十多歲了，因此面對死亡心裏非常坦然，不因殘年無多而掛懷。我以前患有風氣病，常懷疑自己會突然死去，因而姑且記下自己平時的想法，作為對你們的囑咐。

先君先夫人皆未還建鄴舊山[1]，旅葬江陵東郭。承聖末，已啟求揚都，欲營遷厝（cuò）[2]。蒙詔賜銀百兩，已於揚州小郊北地燒磚，便值本朝淪沒[3]，流離如此，數十年間，絕於還望。今雖混一，家道罄窮[4]，何由辦此奉營資費？且揚都污毀，無復孑遺，還被下濕，未為得計。自咎自責，貫心刻髓。計吾兄弟，不當仕進；但以門衰，骨肉單弱，五服之內[5]，傍無一人，播越他鄉，無復資蔭[6]；使汝等沉淪廝役，以為先世之恥；故靦（tiǎn）冒人間[7]，不敢墜失[8]。兼以北方政教嚴切，全無隱退者故也。

註釋

1 舊山：舊墳墓。2 遷厝：遷葬。3 本朝：古人稱自己曾任職的王朝。4 罄窮：精光，蕩然無存。5 五服：五等喪服。分為斬衰、齊衰、大功、小功、緦麻五種，以親疏為差等。這裏指近親。6 資蔭：憑先代的勳功或官爵而得到授官封爵。7 靦冒：厚顏冒昧。8 墜失：失去，廢弛。

譯文

我的亡父與亡母的靈柩都無法葬回建鄴祖墳，因為他們客死他鄉，暫時葬在江陵城的東郊。承聖末年，我已經啟奏要求回揚都，準備進行遷葬。承蒙元帝下詔賜銀百兩，我已在揚州近郊北邊燒製墓磚。那時，遭逢梁朝滅亡，我輾轉流離來到這裏，幾十年來，已滅絕了歸還的希望。現在天下雖然已經統一，但是家境困窘，哪能籌集這筆奉還營葬所需的費用？況且揚都已遭破壞，什麼也沒有殘存下來。將亡父亡母的靈柩運返揚都，葬在低窪潮濕的地方，也不算得當。我自己怪罪自己，愧疚之情如利劍穿心，痛入骨髓。思量我們幾個兄弟本來不該做官，只是因為家道衰落，人口孤單，力量薄弱，至親之中，沒有一人可以依傍，加上逃亡在外地，失去了門第的庇蔭。如果讓你們淪落到給人作雜役的境地，那就是祖先的恥辱。因此我才厚着臉皮在社會營役，不敢辭官退隱。此外，也因為北方政紀嚴格，根本不允許官員隱退的緣故。

今年老疾侵，儻然奄忽[1]，豈求備禮乎？一日放臂[2]，沐浴而已，不勞復魄，殮（liàn）以常衣[3]。先夫人棄背之時，屬世荒饉，家塗空迫，兄弟幼弱，棺器率薄[4]，藏（zàng）內無磚[5]。吾當松棺二寸，衣帽已外，一不得自隨，牀上唯施七星板[6]；至如蠟弩（nǔ）牙、玉豚、錫人之屬[7]，並須停省，糧罌（yīng）明器[8]，故不得營，碑誌旒旐（liú zhào）[9]，彌在言外。載以鱉甲車[10]，襯土而下，平地無墳；若懼拜掃不知兆域[11]，當築一堵低牆於左右前後，隨為私記耳。靈筵勿設枕几，朔望祥禫（dàn）[12]，唯下白粥清水乾棗，不得有酒肉餅果之祭。親友來餟酹（lèi）者[13]，一皆拒之。汝曹若違吾心，有加先妣，則陷父不孝，在汝安乎？其內典功德，隨力所至，勿刳（kū）竭生資[14]，使凍餒也。四時祭祀，周、孔所教，欲人勿死其親，不忘孝道也。求諸內典，則無益焉。殺生為之，翻增罪累。若報罔極之德，霜露之悲，有時齋供，及七月半盂（yú）蘭盆[15]，望於汝也。

註釋　1 奄忽：同「奄然」，指突然死去。2 放臂：指人死亡。3 殮：為死者穿衣入棺。

《玉篇·歹部》：「殮，殯殮也。入棺也。」4 棺器：棺材。5 藏：墓穴，墳墓。6 七星板：舊時停屍牀上及棺內放置的木板，上鑿七孔，斜鑿梘槽一道，使七孔相連，大殮時納於棺內。7 蠟弩牙：古代的明器，蠟製的弩弓。弩牙，弩上發矢的機件。玉豚：古時用來殉葬的玉器，豬形。錫人：用錫鑄造的人像，古代用以殉葬。8 糧罌：盛糧的陶器，大肚小口，古代墓葬用為明器。明器：即冥器。專為隨葬而製作的器物，一般用竹、木或陶土製成。9 碑誌：碑記，刻在碑上的紀念文字。旒旐：指銘旌。豎在靈柩前標誌死者官職和姓名的旗幡。多用絳帛粉書。品官則借銜題寫曰某官某公之柩，士或平民則稱顯考顯妣。10 鱉甲車：靈車。11 兆域：墓地四周的疆界，亦稱墓地。《周禮·春官·冢人》：「掌公墓之地，辨其兆域而為之圖。」12 朔望：朔日和望日，舊曆每月初一日和十五日。祥禫：喪祭名。語出《禮記·雜記下》：「期之喪，十一月而練，十三月而祥，十五月而禫。」13 酹：以酒澆地，表示祭奠。14 剞：從中間破開再挖空。15 盂蘭盆：梵文 ullambana，意譯為「救倒懸」。舊傳目連從佛言，於農曆七月十五日置百味五果，供養三寶，以解救其亡母於餓鬼道中所受倒懸之苦。南朝梁以來，成為民間超度先人的節日，每年在農曆七月十五日這一天，百姓就會請僧尼到盂蘭盆會，誦經施食。後來演變成為只有祭祀儀式而不請僧尼的活動。

譯文

我現在已經老了，而且疾病纏身，假如突然死了，難道還要求喪事一定要禮儀完備嗎？我撒手離世那天，只要幫我沐浴身體就可以了，不用再舉行復魄的儀式，給我穿上我日常所穿的衣服裝殮。我的亡母辭世的時候，到處都在鬧饑荒，家境貧困窘迫，我們兄弟年幼孤弱，所以她的棺木很薄，墳內也沒有用磚。因此，埋葬我時應當用兩寸厚的松木棺材，裏面除了衣服和帽子之外，什麼都不要放進去，棺材的底部只放一塊七星板。至於像蠟弩牙、玉豚、錫人之類的隨葬品，都要撤掉不用。糧罌之類的明器，不要置辦，就更不用說碑誌銘旌了。棺木用鱉甲車運送，墓室底部用土襯墊一層就可入葬，墓頂跟地面平齊，不要堆墳。你們要是擔心以後祭拜掃墓時不知道墓的四周疆界，可以在墓的前後左右建一堵矮牆，或者你們隨意做一些標記。靈牀上不要放置枕几，朔日、望日、祥日和禫日祭奠的時候，只要放些白米粥、清水和乾棗就行，不准有酒、肉、糕餅、鮮果等祭品。親友們如果要來祭奠，一概回拒他們。你們要是違背我的心意，營葬的標準超過我亡故的母親，那你們就是陷你們的父親於不孝，這樣的話，你們能夠心安嗎？像誦經施捨這些功德事，你們只要量力而行，不要傾盡家財，以致你們自己飢寒交迫。四季的祭祀，是周公、孔子所教導的，目的是使人不要忘記死去的親人，不要忘記奉行孝道。若按照佛經的觀點來看，這都是沒有用處的。要是宰殺生靈進行祭祀，反而會增加死者的罪孽。你們要是想報答父親的無盡之恩，表達你們的追思之情，那麼除了時常齋供外，到七月十五日的盂蘭盆會時，我期望你們能來拜祭。

孔子之葬親也，云：「古者，墓而不墳。丘東西南北之人也[1]，不可以弗識也。」於是封之崇四尺[2]。然則君子應世行道，亦有不守墳墓之時，況為事際所逼也！吾今羈旅，身若浮雲，竟未知何鄉是吾葬地；唯當氣絕便埋之耳。汝曹宜以傳業揚名為務，不可顧戀朽壤[3]，以取堙（yīn）沒也[4]。

註釋

1 東西南北之人：到處奔走、居無定所的人。2 崇：高度，從下向上的距離。3 朽壤：腐土。見《左傳・成公五年》：「山有朽壤而崩。」此處指墳墓。4 堙沒：埋沒，湮沒。

譯文

孔子安葬親人時說道：「古時候建墓而不堆墳。我孔丘是一個四處奔走的人，不能不留個標誌。」於是在墓上堆了個四尺高的墳。這樣看來，君子處世行道，也有不能守着墳墓的時候，何況是為情勢所逼迫呢！我現在滯留異鄉，身若浮雲，漂泊不定，竟不知道哪方土地是我的葬身之所，在我氣絕身亡後，隨地埋葬就行了。你們應該致力於傳承家業、弘揚聲名，不可以因為顧念留戀我的葬身之處，而埋沒了自己的前程。

賞析與點評

顏之推謂：「吾今羈旅，身若浮雲」，古代人經歷戰亂流離，漂泊感、無根感、疏離感油然而生，其實現代的香港人也有這種「旅居」之感，這些都反映在部分電影和書籍中。例如《阿飛正傳》中的「無腳小鳥」就象徵了香港人的漂泊感和無根感；在《香港製造》中，中秋被父母及社會拋棄，令他產生疏離感；《無間道》裏面的卧底偵探梁朝偉，乃隱喻了某種身份錯亂感，表現了香港人的羈旅之感。也許如西西的《浮城誌異》所言，這個城市的人腳踏「實地」，卻身處浮城，現代人想要找到自己該處的位置和找到心靈停泊的港灣，殊為不易。

名句索引

二畫

三畫

四畫

五畫

兄弟者，分形連氣之人也。方其幼也，父母左提右挈，前襟後裾，食則同案，衣則傳服，學則連業，游則共方，雖有悖亂之人，不能不相愛也。 ○三五

六畫

名之與實，猶形之與影也。德藝周厚，則名必善焉；容色姝麗，則影必美焉。 二○五

自古明王聖帝猶須勤學，況凡庶乎！ 一二八

自見之謂明，此誠難也。 一八二

而古語與今殊別，其間輕重清濁，猶未可曉；加以內言外言、急言徐言、讀若之類，益使人疑。 三六○

同言而信，信其所親；同命而行，行其所服。禁童子之暴謔，則師友之誡，不如傅婢之指揮；止凡人之鬥鬩，則堯、舜之道，不如寡妻之誨諭。 ○一八

宇宙可臻其極，情性不知其窮，唯在少欲知足，為立涯限爾。 二四○

多為少善，不如執一；鼫鼠五能，不成技術。 二二六

江南諺云：「尺牘書疏，千里面目也。」 三七五

有偏寵者，雖欲以厚之，更所以禍之。 ○三一

七畫

八畫

九畫

則亦堯、舜之云虛，周、孔之不實也，又欲安所依信而立身乎？ 二六八

十三畫

農商工賈，廝役奴隸，釣魚屠肉，飯牛牧羊，皆有先達，可為師表，博學求之，無不利於事也。 一三六

十四畫

與善人居，如入芝蘭之室，久而自芳也。與惡人居，如入鮑魚之肆，久而自臭也。 一一六

十五畫

墨翟之徒，世謂熱腹，楊朱之侶，世謂冷腸；腸不可冷，腹不可熱，當以仁義為節文爾。 二三五

養生者先須慮禍，全身保性，有此生然後養之，勿徒養其無生也。 二五四

十六畫

學者猶種樹也，春玩其華，秋登其實；講論文章，春華也，修身利行，秋實也。 一四一

十七畫

謙虛沖損，可以免害。 二四一

二十二畫

驕慢已習，方復制之，捶撻至死而無威，忿怒日隆而增怨，逮於成長，終為敗德。 〇二三